"东北林业大学物流工程重点专业建设项目"资助

ERP 沙盘模拟企业经营实训教程

李　洋　杨慧敏　主　编
马成林　丛　磊　副主编

中国财富出版社

图书在版编目（CIP）数据

ERP沙盘模拟企业经营实训教程/李洋，杨慧敏主编 . —北京：中国财富出版社，2015.7
ISBN 978 - 7 - 5047 - 5766 - 1

Ⅰ.①E⋯　Ⅱ.①李⋯②杨⋯　Ⅲ.①企业管理—计算机管理系统—高等学校—教材
Ⅳ.①F270.7

中国版本图书馆 CIP 数据核字（2015）第 139350 号

| 策划编辑 | 颜学静 | 责任编辑 | 颜学静 | | |
| 责任印制 | 方朋远 | 责任校对 | 杨小静 | 责任发行 | 斯　琴 |

出版发行	中国财富出版社	
社　　址	北京市丰台区南四环西路 188 号 5 区 20 楼	邮政编码　100070
电　　话	010 - 52227568（发行部）	010 - 52227588 转 307（总编室）
	010 - 68589540（读者服务部）	010 - 52227588 转 305（质检部）
网　　址	http://www.cfpress.com.cn	
经　　销	新华书店	
印　　刷	北京京都六环印刷厂	
书　　号	ISBN 978 - 7 - 5047 - 5766 - 1/F · 2420	
开　　本	787mm×1092mm　1/16	版　　次　2015 年 7 月第 1 版
印　　张	21.75	印　　次　2015 年 7 月第 1 次印刷
字　　数	502 千字	定　　价　45.00 元

前　言

ERP 全称 Enterprise Resource Planning，即企业资源计划，是建立在信息技术基础上，利用现代企业的先进管理思想，全面集成了企业的所有资源信息，并为企业提供决策、计划、控制与经营业绩评估的全方位和系统化的管理平台。近年来，全国已有上万家企业实施了 ERP 系统，据不完全统计，成功率只有 20% 左右。ERP 实施高失败率的一个主要原因是高素质人才的匮乏，因此，培养和造就一支正规化、专业化、职业化的 ERP 人才队伍已是当务之急。

ERP 沙盘模拟通过直观的企业经营沙盘，来模拟企业运行状况，该门课程的教学相比其他专业课程的教学有很大的不同。本书在深入了解企业生产经营过程的基础上，充分调研了 ERP 职业人才市场的需求，在编写过程中按照学生学习由浅到深的认识规律，将 ERP 的基本理论和应用分为基础理论篇、实施管理篇、沙盘模拟经营篇和沙盘模拟实训篇。书中对难于理解的理论内容配以图表、案例和实训，以体验式教学方法引导学生进行真实的企业经营模拟沙盘学习，强化理论应用，使整本书通俗易懂，难易适中，既做到面面俱到，又重点突出，可极大地增强学习的娱乐性，并使枯燥的课程变得生动、有趣，在培养实践应用型人才方面，突显出其独特的作用。

本书具体的编写分工如下：第一章、第三章由李洋编写，第八章、第九章、第十一章的第一节至第三节、第十二章、附录 A、附录 B、附录 C 由杨慧敏编写，第二章、第五章至第七章由马成林编写，第四章、第十章由丛磊编写，第十一章的第四节至第六节由杨广祺编写。本书在编写过程中借鉴了国内外多位专家的观点、论文以及资料，在此表示感谢。

由于时间仓促，本书难免有不足之处，敬请各位读者批评指正。

编　者
2015 年 5 月 1 日

目 录

第一篇　ERP 基础理论

第一章　ERP 概述

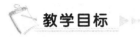

　　本章通过学习 ERP 的概念及发展历程、ERP 沙盘模拟课程的内容、沙盘模拟过程中的角色扮演与任务、沙盘模拟团队的组建和策略的选择等内容，使读者对 ERP 沙盘有一个完整、详细的认识和了解，为后面章节的学习打下坚实基础。

第一节　ERP 概念及发展历程

一、ERP 的概念

　　ERP 是 Enterprise Resource Planning 的缩写，含义为企业资源计划。ERP 最早是由美国 Gartner Group Inc. 咨询公司提出的，是当今国际上先进的企业管理模式。其主要宗旨是对企业所拥有的人、财、物、信息、时间和空间等综合资源进行综合平衡和优化管理，面向全球市场，协调企业各管理部门，围绕市场导向开展业务活动，使企业在激烈的市场竞争中全方位地发挥足够的作用，从而取得最好的经济效益。

　　目前，不同的研究机构、学者从不同的角度对 ERP 给出了不同的定义，ERP 概念可以从管理思想、软件产品和管理系统三个不同层次进行理解（见图 1-1），按照信息系统的认识规律，从不同角度为 ERP 的理解提供了新的定义。

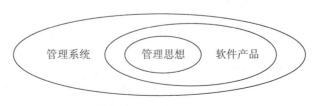

图 1-1　ERP 概念层次图

（1）ERP 是由美国著名的计算机技术咨询和评估集团 Gartner Group Inc. 提出的一整套企业管理系统体系标准，其实质是在 MRPⅡ（Manufacturing Resource Planning，制造资源计划）基础上进一步发展而成的面向供应链（Supply Chain）的管理思想。

（2）ERP 是综合应用了客户机/服务器体系、关系数据库结构、面向对象技术、图形用户界面、第四代语言（4GL）、网络通信等信息产业成果，以 ERP 管理思想为灵魂的软件产品。

（3）ERP 是整合了企业管理理念、业务流程、基础数据、人力物力、计算机硬件和软件于一体的企业资源管理系统。

二、ERP 的发展历程

ERP 是伴随着管理矛盾的解决与新矛盾的产生而不断发展的，经历了从简单、局部应用到高级、全面解决管理问题的一段比较长时期的发展历程，管理的侧重点也从原先的侧重于物流（原料、产品）扩展到物流与资金流相结合，进而扩展到再与信息流结合在一起。综合来看，从 20 世纪 40 年代到现在，ERP 的发展经历了以下五个主要阶段：订货点法、时段式 MRP、闭环 MRP、制造资源计划（MRPⅡ）、企业资源计划（ERP）。

（一）订货点法

20 世纪 40 年代初期，西方经济学家通过对库存物料随时间推移而被使用和消耗的规律的研究，提出了订货点的方法和理论，并将其运用于企业库存计划管理中。

订货点法阶段，对于某种物料或产品，由于库存物料随着时间的推移而使用和消耗，库存数量逐渐减少，当某一时刻的库存数量可供生产使用消耗的时间等于采购此种物料所需用的时间（提前期）时，就要进行订货，以补充库存。决定库存时间的数量和时间即订货点。一般情况下，订货点的库存量已考虑了安全库存量，即在安全库存量的基础上增加一定数量的库存。这个库存量作为物料订货期间的供应量，应该满足这样的条件，即当物料的供应到货时，物料的消耗刚好到了安全库存量。这种控制模型必须确定两个参数：订货点与订货批量。如图 1-2 所示。

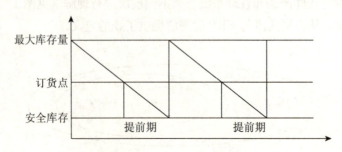

图 1-2　订货点法示意图

即：订货点＝单位时段的需求量×订货提前期＋安全库存量

库存订货点理论对企业的库存控制起到了一定的作用，但是，随着市场的变化和产品的日趋复杂，在实际应用中库存订货点理论受到如物料消耗是否稳定、原材料供应是否稳定、原材料的价格不能过高等条件的限制，而且在应用中如果提前期和需求量预测不准确可能造成库存储备量过大或缺货损失，所以，库存订货点理论是一种仅适应于离散式独立需求的库存控制方法。

（二）时段式 MRP

20 世纪 60 年代以多品种小批量生产为主要的生产模式，但生产中多余的消耗和资源分配的不合理大多表现在物料的多余库存上。时段式 MRP（Material Requirement Planning，物料需求计划）是在解决订货点法缺陷的基础上发展起来的，将一个产品按其结构分拆成零部件，形成物料清单（Bill of Materials，BOM），根据交货期、交货量以及物料清单中各零部件的工艺路线、工时定额与采购周期确定每个零部件及相应原材料的加工采购提前期，这样排出的生产计划，按实际的生产能力调整后，就是物料需求计划。

时段式 MRP 的阶段同时编制零件生产计划和采购计划，回答"何时订货""订多少货""何时生产"及"生产多少"等问题。时段式 MRP 的工作逻辑流程如图 1－3 所示。

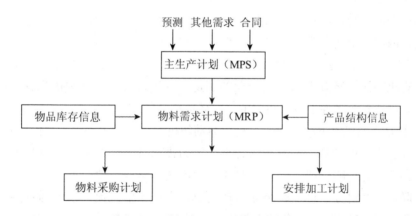

图 1－3 时段式 MRP 的工作逻辑流程

（三）闭环 MRP

MRP 系统要能正常运行，需要有一个相对稳定、切实可行的主生产计划。但是，随着企业的需求发展和竞争的加剧，企业对自身资源管理范围扩大、对制造资源计划细化和精确化，以及企业内外信息的不断变化，此时利用 MRP 原理制订的生产计划与采购计划往往容易造成不可行，计划的严肃性受到挑战。可见，计划的可行性必须符合客观实际，信息必须及时地上下、内外沟通，既要有自上而下的目标和计划信息，又要有自下而上的执行和反馈信息，形成信息回路。随着市场的发展及 MRP 的应用与实践，在 MRP 的基础上增加了能力计划和执行计划的功能，于 20 世纪 80 年代发展形成了闭环 MRP。这里的闭环，指的是信息的闭环和管理运作的闭环。

所谓闭环 MRP 有以下两种含义：

（1）闭环 MRP 在时段 MRP 的基础上，把需要与可能结合起来，通过能力与负荷的反复平衡，实现了一个完整的计划与控制系统。即通过把主生产能力计划、车间作业计划和采购作业计划等功能纳入到 MRP，形成一个封闭系统。

（2）在计划执行过程中，必须有来自车间、供应商和计划人员的反馈信息，并利用这些反馈信息进行计划调整平衡，从而使生产计划方面的各个子系统得到协调统一。其工作是一个"计划—执行—评价—反馈—计划"的过程。

闭环 MRP 的目的是使计划落实可行，主要方法是反复进行需求与供给的平衡。这种需求和能力的平衡包括两个方面：在运行 MPS 时，要进行粗能力计划，同关键工作中心能力等进行平衡，它的计划对象为独立需求件，主要面向的是主生产计划。在运行 MRP 时要进行能力需求计划，或称细能力计划，它的计划对象为相关需求件，同所有工作中心的能力进行平衡。

（四）制造资源计划（MRPⅡ）

20 世纪 80 年代，随着生产的发展，只着眼于物料管理的 MRP 管理模式已不适应企业的需要，企业需要对所有的制造资源进行管理和优化。在此背景下，一种比物料需求计划更全面的管理模式——制造资源计划（MRPⅡ）应运而生。制造资源计划是对制造企业内部的制造资源（物料、设备、资金等）进行有效计划管理的一整套方法。它仍以 MRP 为核心，运用科学的方法把企业内部的产、供、财、物等各生产经营环节组成一个有机整体。MRPⅡ可以对企业的制造资源进行总体计划和优化管理，以达到在企业有限制造资源条件下取得更大的经济效益的目的。

MRPⅡ是市场机制下的产物，是订单驱动的机制，它真正实现了"以销定产"；它把销售计划、主生产计划、物料需求计划、能力需求计划、车间任务管理、车间作业管理、库存管理、采购管理等模块与财务管理模块相集成，使企业经营的状况与财务状况相关联，通过财务信息反映企业生产情况，完成了信息流、物流与资金流的有机集成和优化运行。20 世纪 80 年代后期，MRPⅡ已得到了较为广泛的应用，在提高生产率、降低库存以及减少采购物料费用等方面均取得了很好的效果。

（五）企业资源计划（ERP）

随着时代的前进，MRPⅡ逐渐暴露出它的缺点和不足。MRPⅡ的管理范围和功能主要局限于企业内部，没有延伸到外部市场。在当前的市场经济中，企业仅仅依靠削减成本和缩短生产周期是不够的，它需要跟踪和监控市场信息，了解客户的需求、合作伙伴的情况以及竞争对手的动向，这就需要一种功能更加全面的系统来管理企业。在这样的背景下，产生了以 MRPⅡ为基础的功能更加强大的 ERP 系统。

ERP 以供应链思想为基础，融现代管理思想于一身，以现代化的计算机及网络通信技术为运行平台，集企业的各项管理功能于一身，并能对供应链上所有资源进行有效控制的计算机管理系统。ERP 的核心思想主要体现在以下三个方面。

第一，管理整个供应链资源。现代企业间的竞争不再是单个企业与单个企业之间的竞争，而已经演变为一条供应链与另一条供应链之间的竞争。企业仅靠自己的资源不可能有效地参与市场竞争，它必须把经营过程中的有关利益方（如供应商、制造商、分销网络、客户等）纳入到一个供应链中，才能有效地安排企业自身的产供销活动，从而满足企业利用全社会一切市场资源快速、高效地进行生产经营的需求，使之在市场上获得竞争优势。

第二，精益生产与敏捷制造。ERP 的管理思想表现在两个方面：一是"精益生产"，企业按大批量生产方式组织生产时，要把客户、销售商、供应商、协作商、供应商、协作单位等纳入生产体系，要同他们从简单的业务关系变为利益共享的合作伙伴关系，组织企业的供应链。二是"敏捷制造"，当市场发生变化，企业遇到新的机会，企业的合作伙伴不一定能满足新产品开发生产的要求，企业会组织一个有特定的供应商和销售渠道组成的短期或一次性供应链，形成"虚拟工厂"，把供应和协作单位看成是企业的一个组成部分，运用"同步工程"方式组织生产活动，用最短的时间将新产品打入市场，时刻保持产品的高质量、多样化和灵活性。

第三，事先计划与事中控制。ERP 系统中的计划体系主要包括：主生产计划、物料需求计划、能力计划、采购计划、销售计划、经营预算、财务预算等，并且这些计划功能与价值控制功能已经完全集成到整个供应链系统中，保证了企业对生产经营活动的事先控制。同时，ERP 系统通过定义事务处理相关会计核算科目与核算方式，在事务处理发生时会自动生成会计核算分录，保证了资金流与物流的同步记录和数据的一致性，便于实现事中控制和实时决策。

ERP 的管理范围涉及企业的所有供需过程，是供应链的全面管理。企业运作的供需结构如图 1-4 所示。

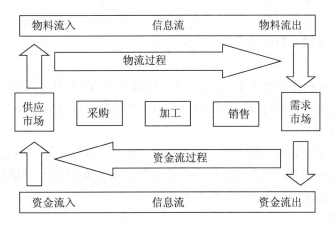

图 1-4　企业运作的供需结构

第二节　ERP 沙盘模拟课程简介

一、课程内容

"ERP 沙盘模拟"课程的基础背景设定为一家已经经营若干年的生产型企业，此课程将受训者分为 4～6 组，每组 4～6 人，每组各代表一个不同的虚拟公司。在这个训练中，每个小组的成员将分别担任公司中的重要职位，如总裁（CEO）、财务总监（CFO）、市场（营销）总监（CMO）、生产（运营）总监（PD）等。各个公司都是同行业中的竞争对手，他们从先前的管理团队中接手企业，在面对来自其他企业（其他受训者小组）的激烈竞争中，将企业向前推进、发展。在这个课程中，受训者必须做出众多决策，如新产品开发、生产设施的改造、新市场中销售潜能的开发等。每个独立的决策似乎容易，然而当它们综合在一起时，就会自然而然地产生许多不同的选择方案。

ERF 沙盘模拟通过对企业经营管理的全方位展现，综合应用企业管理的知识，如战略管理、市场营销、产品研发、生产管理、财务管理、人力资源管理等多个方面。

1. 战略管理

通过评估内部资源与外部环境，制定企业的长期和中短期策略。成功的企业一定有着明确的企业战略，包括产品战略、市场战略、竞争战略及资金运用战略等。从最初的战略制定到最后的战略目标达成分析，经过几年的模拟，经历迷茫、挫折、探索，学生将学会用战略的眼光看待企业的业务和经营，保证业务与战略的一致，在未来的工作中获取更多的战略性成功。

2. 市场营销

市场营销就是企业用产品价值不断来满足客户需求的过程。企业所有的行为和资源，无非都是要满足客户的需求。模拟企业在几年中的市场竞争对抗，学生将学会如何分析市场、关注竞争对手、把握消费者需求、制定营销战略、定位目标市场，制订并有效实施销售计划，最终达成企业战略目标。

3. 产品研发

在模拟中，根据企业的产品战略和产品结构图（BOM 图），结合企业的资金流，制定产品研发决策，必要时修正产品研发计划，甚至中断项目决定等。

4. 生产管理

在模拟中，把企业的采购管理、生产管理、ISO 质量管理统一纳入生产管理领域，则产品研发、原料采购、生产运作管理、库存管理等一系列决策问题就呈现在学生面前，学生将充分运用所学知识，积极思考。

5. 财务管理

在沙盘模拟过程中，团队成员将清晰掌握资产负债表、损益表的结构，掌握报表重点和数据含义；制订投资计划；理解现金流对企业经营的影响；洞悉资金短缺前兆，以最佳方式筹资；掌握资金来源与用途，控制融资成本；运用财务指标进行内部诊断，解读企业经营的全局；协助企业管理者进行管理决策，提高资金使用效率。

6. 人力资源管理

从岗位分工、职位定义、沟通协作、工作流程到绩效考评，沙盘模拟中每个团队经过初期组建、短暂磨合，逐渐形成团队默契，直至完全进入协作状态。在这个过程中，各自为政导致的效率低下、无效沟通引起的争论不休、职责不清导致的秩序混乱等情况，可以使学生深刻地理解局部最优不等于总体最优的道理，学会换位思考；明确只有在组织的全体成员有着共同愿景、朝着共同的绩效目标、遵守相应的工作规范、彼此信任和支持的氛围下，企业才能取得成功。

二、课程特色

1. 生动有趣，体验实战

在目前的学历教育中，大部分管理课程都是以"理论＋案例"为主，理论比较枯燥，而案例虽以当前实现企业的管理问题为例，但学生很难有切身感受。因此，学生无法迅速掌握有关的管理理论知识并运用到实际中。而ERP沙盘课程通过构建仿真企业环境，让学生扮演总经理、财务总监、市场总监、生产总监等重要角色，并置身于各个模拟公司中，自己去经营和管理，亲身体会和感受如何管理和经营企业。这种体验式教学增加了学习的趣味性，使枯燥的课程变得生动有趣。在同一个市场环境下的对抗演练，激发学生的竞争热情和主观能动性，使学生学会收集、加工和利用信息，积累管理经验，为以后的学习增添了动力。

2. 直观体验，团队合作

ERP沙盘模拟课程将企业结构和管理的操作全部展示在模拟沙盘上，让学生以最直观的方式体验和学习复杂、抽象的经营管理理论，能使学生对所学内容理解更透、记忆更深。同时，每个学生模拟担任公司不同的角色，其职责范围不同，在经营过程中会产生不同的观点，经常进行沟通和协商，可增强学生的沟通协调能力，使其学会如何以团队的方式进行工作，从而培养他们的情商。

3. 提高素质，全面升华

高校经管类专业一般都设置微观经济学、财务管理、经济法、市场营销学等专业主干课程，但各科之间存在壁垒，联系比较薄弱。ERP沙盘模拟课程模拟企业全面的经营管理，要求学生将这些单科知识联系起来，用到企业经营的重大决策上，去解决实际问题，并通过产生的效果来检验学生的能力。学生在精通本专业知识的同时也对其他专业的知识有所了解，在不断的成功与失败中获取新知，知识储备更加牢固、丰富，提升了综合应用能力。

4. 实现从感性到理性的飞跃

在ERP沙盘模拟课程中，学习者经历了一个从理论到实践再到理论的上升过程。学生借助ERP沙盘推演自己的企业经营管理思路，每一次基于现场的案例分析及基于数据分析的企业诊断，都会使其恍然大悟，最终把亲身经历的宝贵实践经验转化为全面的理论模型，达到磨炼其商业决策敏感度、提升决策能力及长期规划能力的目的，为以后的工作打下坚实的基础。

三、课程教具

实物沙盘由各种用于 ERP 沙盘模拟的实物道具组成，每个模拟企业都配备一套实物沙盘道具，包括一张系统盘面，不同颜色的原材料、现金币、小塑料桶、产品标识、生产线标牌、生产资格证书、市场准入证书、ISO 资格认证证书等。实物沙盘是一家制造企业的缩影，它反映企业经营的过程和结果，具有直观、形象的特点，在学生进行模拟经营过程中具有不可替代的作用。在学生进行电子沙盘模拟经营操作之前，可反复在实物沙盘上进行推演。

ERP 沙盘盘面按照生产制造企业的主要职能部门的设置划分为四个职能中心，分别为营销与规划中心、生产中心、物流中心和财务中心，如图 1-5 所示。各职能中心覆盖了企业运营的所有关键环节：战略规划、市场营销、生产管理、采购管理、库存管理、财务管理等。

（一）营销与规划中心

在盘面上，营销与规划中心主要包括三个区域：市场开拓规划区域、产品研发规划区域和 ISO 认证规划区域。

市场开拓规划区域：确定企业需要开发哪些市场。模拟企业已经进入本地市场，可供选择开拓的市场主要有区域市场、国内市场、亚洲市场和国际市场。

产品研发规划区域：确定企业需要研发哪些产品。模拟企业已经研发完成产品 P1，可供选择研发的产品有 P2 产品、P3 产品和 P4 产品。

ISO 认证规划区域：确定企业需要争取获得哪些国际认证，包括 ISO 9000 质量认证和 ISO 14000 环境认证。

企业只有取得相应的资格认证，才能进入相应的市场、获得相应的产品生产资格。

（二）物流中心

在盘面上物流中心主要体现为原材料订单、在途原材料、原材料库、产成品库和产品订单五个区域。

原材料订单区域：代表与供应商签订的订货合同，订货数量用放在原材料订单处的空桶数量表示。原材料订单按 R1、R2、R3 和 R4 品种分别列示。

在途原材料区域：R1、R2 原材料的采购提前期为一个季度；R3、R4 原材料的采购提前期为两个季度，这就导致 R3、R4 原材料有一个季度为在途原材料，在"在途原材料"区域列示。

原材料库区域：分别按照原材料品种列示，用于存放 R1、R2、R3、R4 原材料，每个价值为 1M（1 Million）。

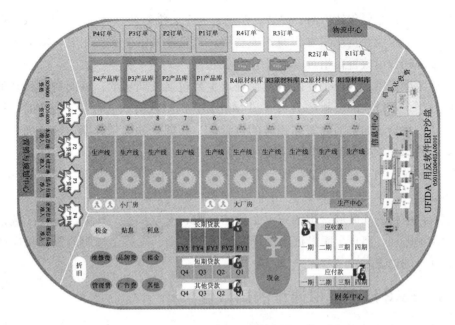

图1-5　ERP沙盘盘面

产成品库区域：分别按照产品品种列示，用于存放P1、P2、P3、P4产成品。

产品订单区域：分别按照P1、P2、P3、P4产品的品种列示，用于放置企业取得的产品订单。

（三）生产中心

在盘面上，生产中心主要由厂房、生产线、产品标识和价值区构成。

厂房：沙盘盘面上设计了大、小两种厂房，大厂房内可以安装6条生产线；小厂房内可以安装4条生产线，厂房的上方为其价值区，以"￥"表示，若厂房为企业所有，将厂房相应的价值放置在价值区上。

生产线：生产线的种类有手工生产线、半自动生产线、全自动生产线、柔性生产线，不同生产线生产效率及灵活性不同，企业拥有哪种生产线就将其放置在哪种相应的标识上。

产品标识：企业可供选择的生产或研发后生产的产品种类有四种，分别为P1、P2、P3、P4产品，企业的生产线生产哪种产品，就将其产品标识放置在相对应的生产线的下方。

价值区：产品标识的下方，代表的是生产线的价值区处，将企业拥有的生产线价值放置在其对应的产品标识下方的价值区处。

（四）财务中心

在盘面上，财务中心涵盖的内容更为广泛，这里将其分为四个大的区域：费用区域、贷款区域、现金区域、应收款项区域。

费用区域：主要包括折旧、税费、贴息、利息、维修费、转产费、租金、管理费、广告费和其他企业经营期间发生的各项费用。当企业发生上述费用时，财务主管将同等费用金额的钱币放置在相对应的费用名称处。

贷款区域：用于体现企业的贷款情况，主要包括长期贷款、短期贷款和其他贷款（高利贷）。企业贷款的金额是 20M（20 Million）的整数倍。企业发生贷款时，按照贷款的性质，将贷款的空桶放置在相应的位置上。长期贷款按年分期，最长为 5 年；短期贷款和其他贷款按季度分期，最长为 4 期。

现金区域：用于存放现金，现金用灰币表示，每个价值 100 万元（1 Million，简写作 1M）。

应收、应付款项区域：用于列示企业的应收、应付款项。其中，应收区域按照季度分为 4 个账期，离现金库最近的为即将收回的款项。账款金额用放置在相应位置上的装有现金的桶表示。

四、ERP 沙盘模拟课程的局限性

1. 课程本身存在的局限性

从我国部分高校开设的 ERP 沙盘模拟实训课程情况看，课程实施效果好，受学生欢迎。但是该课程本身也存在一定局限性，主要表现为两个方面：一方面由于学生在模拟运营的过程中常常因各种原因难以严格控制时间进度，教师在实施教学时除了需要考虑教学进度，也要具有一定的监控能力和课堂驾驭能力；另一方面是对指导教师的要求，承担该课程教学的教师要具有宽泛的经济管理专业知识，具备良好的组织协调能力和课堂综合控制能力、应变能力，才能保证 ERP 沙盘综合模拟教学的顺利实施。

2. 实训教学中常见的问题

亲身体验式的学习让学生对这门课程充满了兴趣，也投入了很多的精力，但由于这门课程涉及综合的经营管理知识，学生缺乏实际的经验，再加上部分专业学生在财务会计、财务管理和 ERP 原理等专业知识方面存在不足，导致在 ERP 沙盘演练过程中，各模拟企业很容易出现一些问题，具体包括：

（1）不做现金预算或现金预算做得不好，不能够做到事先计划，经常出现现金断流或者到期不能偿还债务的情况，只能用高利贷解决，影响企业经营的业绩，严重时甚至引起企业破产；

（2）财务会计知识不扎实，对会计科目的含义理解不清，发生的业务和费用不知如何记账，致使财务报表尤其是资产负债表总是不平；

（3）财务管理知识欠缺，不能够合理安排资金，没有一个详细的规划，例如，何时应该长期贷款、何时应该短期贷款、何时应该进行应收款贴现以及抵押厂房等；

（4）ERP 知识的不足使部分专业的学生不能够很好地制订生产计划与物料用求计划表、采购计划表和产能预估表，生产采购随意，没有进行合理安排；

（5）市场总监在拿订单的时候与生产总监配合不默契，要么生产能力过剩，要么不能按时交货，影响企业的经营发展。

除上述情况外，各模拟企业在操作过程中还会出现一些违规现象，可能会导致竞争的不公平性。

因此，作为实训课程的指导教师，还应积极地探索 ERP 沙盘模拟演练课程的教学方式，实现企业经营管理实验教学形式的多样化，以学生为中心，督促学生整体把握和全面理解该门课程所涉及的综合管理知识，使学生真正学会借助于 ERP 的管理思想和理念来提升企业竞争力。

第三节　ERP 沙盘模拟的角色扮演与任务

一、教师的角色与任务

在 ERP 沙盘模拟课程中，指导教师的角色随着模拟演练的进展程度而发生变化，具体扮演的角色及承担的任务如表 1-1 所示。

表 1-1　　　　ERP 沙盘模拟课程中指导教师所扮演的角色和承担的任务

课程阶段	课程内容	教师角色	具体任务	学生角色
1	ERP 沙盘模拟课程简介	教师	（1）简单介绍企业经营理论与工具、ERP 沙盘； （2）ERP 沙盘的体验式教学及局限性； （3）介绍 ERP 沙盘教具代表的含义及其操作	学生
2	指导学生分组	引导者	（1）引导学生组建团队（模拟企业）； （2）做游戏，增强团队协作与配合	认领角色组建团队
3	企业基本情况介绍	教师企业旧任管理层	（1）企业基本情况介绍； （2）初始盘面摆放； （3）资产负债表和损益表中有关项目的介绍	新任管理层
4	企业基本情况分析	教师企业旧任管理层	（1）模拟企业运营流程介绍； （2）模拟企业的各项经营规则详细介绍	新任管理层

课程阶段	课程内容	教师角色	具体任务	学生角色
5	起始年运营	引导者	(1) 带领学生进行起始年运营； (2) 讲解编写报表的注意事项； (3) 分配任务	角色扮演
6	各企业竞争模拟演练	教师、银行、媒体信息发布、客户、供应商、咨询顾问、监督员、政府部门等	(1) 解答学生演练过程中的所有疑问； (2) 为各个小组贷款； (3) 发放销售订单； (4) 接受销售订单交货并给予现金或应收账款； (5) 接受原料订单下达并交付原材料； (6) 为小组提供建议； (7) 监督各个小组的规则执行情况； (8) 收取税金	角色扮演
7	各年经营情况小结	评论者 分析者	(1) 点评企业的经营状况； (2) 分析企业经营中存在的问题	角色扮演
8	综合成绩评定	教师	(1) 评定各小组综合成绩； (2) 排名	角色扮演

二、学生的角色与任务

任何一个企业在创建之初都要建立与企业类型相适应的组织结构。组织结构是保证企业正常运转的基本条件。在 ERP 沙盘模拟经营课程中，采用了简化的组织结构，即企业组织由几个主要角色代表组成，不同的人员肩负不同的职能。如总经理（CEO）主要负责整个企业的决策和整体规划，财务总监（CFO）负责报表编制及筹资等工作，市场总监（CMO）负责订单的争夺，生产总监（COO）负责生产运作，采购总监（CPO）负责原料的订购，信息总监（CIO）负责搜集商务情报等。各个角色在完成自身岗位工作的同时，还要做到沟通顺畅，团队协作，才能保证企业的各项工作顺利进行。

（一）总经理

在 ERP 沙盘模拟实训中，省略了股东会和董事会，企业所有的重大决策均由总经理带领团队成员共同决定，如果大家意见不同，总经理负责协调，并拍板决定。总经理是公司的舵手，负责整体战略的制定，对公司的发展方向和团队的协调起重要作用。

总经理是企业团队的建立者和激励者，要特别关注每个人是否能胜任其岗位，知人善任，建立起目标明确、相互信任、相互支持、技能互补的有默契、有效率的团队。在公司经营一帆风顺的时候能带领团队冷静思考，公司遇到挫折的时候能鼓舞大家继续前进。

（二）财务总监

在企业中，财务与会计的职能常常是分离的，他们有着不同的目标和工作内容。会计主要负责日常现金收支管理，定期核查企业的经营状况，核算企业的经营成果，制订预算及对成本数据进行分类和分析。财务的职责主要是负责资金的筹集、管理；做好现金预算，管好、用好资金，妥善控制成本。如果说资金是企业的血液，财务部门就是企业的心脏。财务总监要参与企业重大决策方案的讨论，如设备投资、产品研发、市场开拓、ISO 资格认证、购置厂房等。公司进出的任何一笔资金，都要经过财务部门。

在学生较少时，将上述两大职能归并到财务总监身上，统一负责对企业的资金进行预测、筹集、调度与监控。其主要任务是管理现金流，评估应收款金额与回收期，预估长、短期资金需求，按需求支付各项费用，核算成本，做好财务分析；进行现金预算，洞悉资金短缺前兆，采用经济有效的方式筹集资金，将资金成本控制在较低水平，管好、用好资金。在学生人数达到一定规模时，建议增设财务总监助理分担会计职能。资金闲置是浪费，资金不足会破产，两者之间应寻求一个有效的平衡点。

（三）市场总监

市场总监主要负责进行需求分析和销售预测，寻求最优市场，确定销售部门目标体系；制订销售计划和销售预算；建设与管理销售团队；管理客户，确保货款及时回笼；分析与评估销售业绩；控制产品应收款账期，维护企业财务安全；分析市场信息，为确定企业产能和产品研发提供依据。市场总监所担负的责任主要是开拓市场、实现销售。

企业的利润是由销售收入带来的，销售实现是企业生存和发展的关键。为此，市场总监应结合市场预测及客户需求制订销售计划，有选择地进行广告投放，运用丰富的营销策略，控制营销成本，并取得与企业生产能力相匹配的客户订单，与生产部门做好沟通，保证按时交货给客户，监督货款的回收，进行客户关系管理。

市场总监还可以兼任信息总监（商业间谍）的角色并承担相应任务，因为其最方便监控竞争对手的情况，比如对手正在开拓哪些市场，未涉足哪些市场，他们在销售上取得了多大的成功，他们有哪类生产线，生产能力如何等。充分了解市场，明确竞争对手的动向可以有利于今后的竞争与合作。

（四）生产总监

生产总监是企业生产部门的核心人物，对企业的一切生产活动进行管理，并对企业的一切生产活动及产品负最终的责任。生产总监既是生产计划的制定者和决策者，又是生产过程的监控者，对企业目标的实现负有重大的责任。他的工作是通过计划、组织、指挥和控制等手段实现企业资源的优化配置，创造最大经济效益。

在 ERP 沙盘模拟实训中，生产总监参与制定企业经营战略，负责指挥生产运营过程的正常进行，以及生产设备的选购、安装、维护及变卖和管理成品库等工作，并权衡利弊，优化生产线组合，保证企业产能。生产能力往往是制约企业发展的重要因素，因此生产总监要有计划地扩大生产能力，以满足市场竞争的需要；同时提供季度产能数据，为企业决策和运营提供依据。

（五）采购总监

采购是企业生产的首要环节。采购总监负责各种原料的及时采购和安全管理，确保企业生产的正常进行；负责依据生产计划制订采购计划，与供应商签订供货合同，按期采购原材料并向供应商付款，管理原料库等，确保在合适的时间点，采购合适的品种及数量的原材料，保证正常生产。

（六）研发总监

研发总监是一个高技术含量的职业。研发总监是企业产品开发部门（技术部门）的核心人物，一般负责一个企业的技术管理体系的建设和维护工作；制定技术标准和相关流程，主持开发新技术、新产品；带领和激励自己的团队完成企业赋予的任务，实现企业的技术管理和支撑目标，为企业创造价值。一个好的研发总监不仅自身要具有很强的技术管理能力，同时，也要有很强的技术体系建设和团队管理的能力，要对企业所在行业有深入的理解，对行业技术发展趋势和管理现状有准确的判断。

研发总监的具体职责包括：组织研究行业最新产品的技术发展方向，主持制定技术发展战略规划；管理企业的整体核心技术，组织制订和实施重大技术决策和技术方案，及时了解和监督技术发展战略规划的执行情况；制订技术人员的培训计划，并组织安排企业其他相关人员的技术培训等。在本课程中，研发总监往往由生产总监或者市场总监兼任。

（七）信息总监

信息总监，也可称商业情报人员或商业间谍。在信息化社会里，知己知彼，方能百战百胜。商业情报工作在现代商业竞争中有着非常重要的作用，不容小觑。在学生人数较少时，此项工作可由市场总监兼任；在人数较多时，可设专人协助市场总监来负责此项工作。

（八）其他角色

除上述职务外，在学生人数较多时，可适当增加财务助理、总经理助理、市场助理、生产助理等辅助角色，特别是设置财务助理很有必要。为使这些辅助角色不被边缘化，应尽可能明确其所承招的职责和具体任务。学生之间也可以在小组内进行角色互换，体验职务转变后思考问题的出发点的相应变化，这样更有利于把握企业内部千丝万缕的关系。

第四节　ERP 沙盘模拟的团队协作

一、团队的意义与组建

（一）组建团队的意义

团队就是一个拥有共同的价值观、为最终的使命而共同奋斗的一个联合体。我们一直讨论团队协作，可是我们组建团队的要求和意义是什么？只有先思考这样的问题，才能更好地明白下一步的战略计划。

如果把组织看成一辆车的话，就要弄清车子将往哪里开，将要带领谁一起上车，上车后每个人要扮演什么样的角色，上车的人彼此要坚守什么样的承诺。在车子还没有启动前，大家就要达成共识。一个组织的倡导者，首先要做的事情是将自己的梦想分享给即将与自己一起去实现的人，让大家认可自己的梦想，即达成共同的价值观和使命感。

（二）创建一个优秀的团队

"因事择人，因材使用，动态平衡"是人员配备的重要原则，模拟团队成员的选择与配备应遵循该原则。在 ERP 沙盘模拟经营中，团队的成员一般有 5～7 人，虽然人数较少，但每个人担任的都是企业至关重要的角色，不可或缺。为此，在创建团队时，要充分考虑以下两点。

1. 团队成员的知识结构合理，优势互补

在一个团队中，成员的知识结构越合理，创业的成功性越大。纯粹的技术人员组成的公司容易形成技术为主、产品为导向的情况，从而使产品的研发与市场脱节；全部是市场和销售人员组成的创业团队缺乏对技术的领悟力和敏感性，也容易迷失方向。因此，在创业团队的成员选择上，必须充分注意人员的知识结构——技术、管理、市场、销售、财务等，充分发挥个人的知识和经验优势。

一个完整的、具有高效运作能力的创业团队必须包括技术类人才、市场类人才和管理类人才。相对来说，一个优秀的创业团队应该包括：能提出建设性和可行性建议及不断发现问题，创新意识及沟通协调能力强的人——可担任总经理；能够全面周到分析整个公司面临的机遇与风险，综合考虑成本、投资、收益的来源及预期收益的人——可担任财务总监；对竞争者信息敏感、对市场有丰富经验与深刻认识的能干型人才——可担任市场总监；能够负责整个生产计划的制定和排产、生产线改造，具备过硬生产知识的人——可担任生产总监；能够根据生产计划合理安排企业采购计划的人——可担任采购总监。

2. 团队成员的理念一致，人品高尚

在组建团队时，除了要考虑到优势互补外，还应非常谨慎，多考虑到其他方面的因素。首先，团队的成员应该都是有梦想的人，是为了能做出一番事业而走到一起，而不是为了单纯地现实利益。而且，团队的成员都应该有团队合作的精神和理念，在事业的发展、人生的理念上也很接近。只有价值观念相近、个人素质较高的人在一起组成的团队，创业的成功性才会更大。

另外，组建优势互补团队还要注意个人的人格素养和能力。人格素养即人品，是诚实，是宽容，是为对方设身处地着想的思维方式，是负责任的为人处世方法。只有具备了这样素质的团队才能形成一种新型的健康关系，团队的团结和协作才是可预期的。

二、经营战略的选择

（一）企业战略

企业战略就是企业作为整体该如何运行的根本思想，它是对动态变化的内外部环境之中的企业当前及未来将如何行动的一种总体表述。企业战略所要回答的核心问题就是企业存在的理由是什么，也就是企业为什么能够从外部得到回报并生存下去。对于企业存在理由这一核心问题的回答，可以分解为以下三个基本问题。

（1）企业的业务是什么？回答这一问题，需要说明企业目前到底在做什么事，从而引发对于现状的思考。对于目前状况的清楚认识是企业制定战略的出发点。一个不清楚自己当前处于什么地位以及正在做什么的企业，是很难确定其要往哪里去及该到哪里去的。

（2）企业的业务应该是什么？回答这一问题，需要说明企业未来要做什么，从而引发对于目标的思考。对未来目标的清楚认识是企业制定战略的指南针。一个不清楚自己未来应处于什么地位以及该做什么的企业，是很难确定其前进的路线及具体日程的。

（3）企业为什么能够存在？回答这一问题，需要说明企业对于当前业务与目标业务描述的依据是什么，从而引发对于企业存在理由的思考。对于企业存在理由的清楚认识是企业制定战略的聚焦点。一个没有真正弄清自身存在理由的企业，是很难长期生存及进化发展的。

（二）战略管理层次

如果所有的组织都生产单一产品或提供单一服务，则任何组织的管理当局只需开发单一的战略，就可囊括所有的事情。但许多组织的业务部门都是多元化的，这些多元化公司还拥有许多职能部门，如财务和市场营销，这些部门为公司每一种业务提供支援。因此，需要区分公司层、事业层和职能层战略。

（1）公司层战略（Corporate－level Strategy）决定每一种事业在组织中的地位，可用总战略框架来描述。公司的总战略可分为稳定性战略（Stability Strategy）、增长战略（Growth Strategy）、收缩战略（Retrenchment Strategy）和组合战略（Combination Strategy）。

（2）事业层战略（Business－level Strategy）规定某一经营单位提供的产品或服务，以及向哪些顾客提供产品或服务。事业层战略最普遍的框架是适应战略和竞争战略。适应战略分为防御者（Defender，如麦当劳公司）、探索者（Prospector，如联邦捷运公司）、分析者（Analyzer，如凯洛公司）和反应者（Reactor）。如果在广泛的产业细分市场寻求竞争优势，竞争战略可分为成本领先战略（Cost－leadership Strategy）和差异化战略（Differentiation Strategy）。如果集中在狭窄的细分市场中寻求竞争优势，称为专一化战略（Focus Strategy），可分为成本专一化战略或差别专一化战略。

（3）职能层战略（Function－level Strategy）主要为事业层战略提供支撑，职能部门如研究与开发、制造、市场营销、人力资源和财务部门，应当与事业层战略保持一致。

（三）战略管理过程

战略管理过程（Strategic Management Process）是一个战略计划实施和评估的过程。

步骤1：确定组织当前的宗旨、目标和战略。定义企业的宗旨促使管理当局仔细确定企业的产品和服务范围，即决定从事的企业性质。

步骤2：分析环境。因为组织的环境在很大程度上规定了管理当局可能的选择，成功的战略大多是那些与环境相适应的战略。重要的是准确把握环境的变化和发展趋势及其对组织的重要影响。

步骤3：发现机会和威胁。环境变化对一个组织来说，究竟是机会还是威胁，取决于该组织所控制的资源。

步骤4：分析组织的资源。无论多么强大的组织，都在资源和技能方面受到某些限制。

步骤5：识别优势和劣势。管理当局要识别什么是组织与众不同的能力，即决定作为组织竞争武器的独特技能和资源。

步骤6：重新评价组织的宗旨和目标。将步骤3和步骤5合并在一起，导致对组织机会的再评价，通常称为SWOT分析，它把对组织的优势（Strengths）、劣势（Weaknesses）、机会（Opportunities）和威胁（Threats）的分析结合在一起，以便发现组织可能发掘的细分市场。

步骤7：制订战略。管理当局需要开发和评价不同的战略选择，然后选定一组符合三个层次要求的战略，这些战略能够最佳地利用组织的资源和充分利用环境的机会。

步骤8：实施战略。无论战略计划制订得多么有效，如果不能恰当地实施仍不会成功。而最高管理当局的领导能力是成功战略的一个必要因素，中层和基层管理者执行高层管理当局的计划的主动性也同样关键。

步骤9：评价结果。战略管理过程的最后一个步骤是评价结果，在必要时调整战略。

（四）战略分析工具

1. SWOT 分析

SWOT 分析是指评估企业的优势和劣势，以及外部环境的机会和威胁，是对企业内外条件各方面内容进行综合和概括，进而分析组织的优劣势、面临的机会和威胁的一种方法。SWOT 分析可以帮助企业把资源和行动集中在自己的强项和有最多机会的地方。

一是机会与威胁分析。环境分析成为一种日益重要的企业职能。环境发展趋势分为两大类，即环境威胁和环境机会。环境威胁指的是环境中一种不利的发展趋势所形成的挑战，如果不采取果断的战略行为，这种不利趋势将导致公司的竞争地位受到削弱。环境机会是对公司行为富有吸引力的领域，在这一领域中，该公司将拥有竞争优势。

二是优势与劣势分析。识别环境中有吸引力的机会是一回事，拥有机会中成功所必需的能力是另一回事。每个企业都要定期检查自己的优势与劣势，这可通过"企业经营管理检核表"的方式进行。企业或企业外的咨询机构都可利用这一格式检查企业的营销、财务、制造和组织能力，每一要素都要按照特强、稍强、中等、稍弱或特弱划分等级。

SWOT 分析表列出四种战略供企业决策者参考，如表 1-2 所示。

表 1-2　　　　　　　　　　SWOT 分析表

企业外部机会与威胁	企业内部优势与劣势	
	内部优势 S	内部劣势 W
外部机会 O	SO 成长型战略 依靠内部优势，利用外部机会	WO 扭转型战略 利用外部机会，克服内部劣势
外部威胁 T	ST 多经营性战略 利用内部优势，回避外部威胁	WT 防御性战略 减少内部劣势，回避外部威胁

2. 波特竞争力模型

波特竞争力模型又称波特五力分析模型，用于竞争战略的分析，可以有效分析客户的竞争环境。五力分别是：供应商的讨价还价能力、购买者的讨价还价能力、潜在竞争者进入的能力、替代品的替代能力、行业内竞争者现在的竞争能力，如图 1-6 所示。

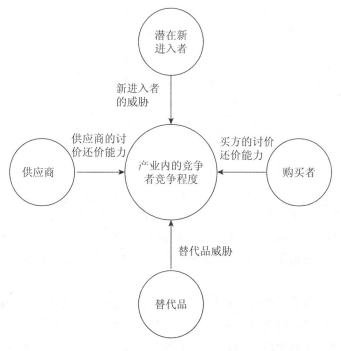

图1-6 波特五力模型

（1）行业新进入者的威胁。这种威胁一方面主要是由于新进入者加入该行业会带来生产能力的扩大，带来对市场占有率的要求，这必然引起现有企业的激烈竞争，使产品的价格下降；另一方面新加入者要获得资源进行生产，可能导致生产资源价格上升，使行业生产成本升高。这两方面都会导致行业的获利能力下降。新进入者的威胁程度取决于进入障碍和行业内原有企业的反击程度。如果进入障碍高，原有企业的反击程度激烈，潜在的进入者进入的难度越大，进入的威胁就越小。决定潜在进入者进入障碍高低的因素主要有规模经济、产品差异程度、资金需求、转换成本、销售渠道，以及与规模经济无关的成本差异。预期现有企业对进入者的反击程度则取决于有关厂商的财力情况、固定资产规模、行业增加速度等。此外，新企业进入一个行业的可能性大小，还取决于企业新进入者主观估计进入所能带来的潜在利益、所需花费的代价与所要承担的风险这三者的相对大小情况。

（2）替代产品的威胁。替代品是指那些与本行业的产品有同样功能的其他产品。替代产品的价格如果比较低，它投放市场就会使本行业产品的价格上限只能处在较低的水平，这就限制了本行业的收益。替代品的价格越低，质量越好，用户的转换成本小，这种限制作用就越强，对本行业构成的压力就越大。有两种类型的替代产品应引起行业的注意：一是替代品的价格和性能优于本行业的产品；二是替代品产自高收益的行业。在后一种情况下，如果替代产业中某些发展变化加剧了那里的竞争，从而引起价格下跌或其经营活动的改善，则会使替代品立即崭露头角。

（3）与购买者之间的讨价还价能力。购买者可能要求降低购买价格，要求高质量的产品和更多的优质服务，其结果是使行业和竞争者相互竞争残杀，导致行业利润下降。在下列情况下，购买者有较强的讨价还价能力：①购买者相对集中并且大量购买；②购买的产品占购买者全部费用或全部购买量中很大的比重；③从该行业购买的产品属标准化或无差别的产品；④购买者的行业转换成本低；⑤购买者的利润很低；⑥购买者有采用后向一体化对销售者构成威胁的倾向；⑦销售者的产品对购买者的产品质量或服务无关紧要；⑧购买者掌握供应商的充分信息。

（4）与供应商之间的讨价还价能力。供应商的威胁手段一是提高供应价格，二是降低供应产品或服务的质量，从而使下游行业利润下降。在下列情况下，供应商有较强的讨价还价能力：①供应商行业由几家公司控制，其集中程度高于购买者行业的集中程度；②供应商无须与替代产品进行竞争；③对供应商来说，所供应的行业无关紧要；④对买主来说，供应商的产品是很重要的生产投入要素；⑤供应商的产品是有差别的，并且使购买者建立起很高的转换成本；⑥供应商对买主行业来说，构成前向一体化的威胁很大。

（5）现有竞争者之间的竞争程度。现有竞争者之间采用的竞争手段主要有价格战、广告战、引进新产品，以及增加对消费者的服务和保修等。竞争的产生是由于一个或多个竞争者感受到了竞争的压力或看到了改善其地位的机会。如果一个企业的竞争行动对其对手有显著影响，就会招致报复或抵制。如果竞争行动和反击行动逐步升级，则行业中所有企业都可能遭受损失，使处境更糟。通常在下列情况下，现有企业之间的竞争会变得更加激烈：①有众多的或势均力敌的竞争者；②行业增长缓慢；③行业具有非常高的固定成本或库存成本；④行业的产品没有差别或没有行业转换成本；⑤行业中的总体生产规模和能力大幅度提高；⑥竞争者在战略、目标，以及组织形式等方面千差万别；⑦行业对企业兴衰至关重要；⑧退出行业的障碍很大。

企业可以尽可能地采取将自身的经营与竞争力量隔绝开来、努力从自身利益需要出发影响行业竞争规则、先占领有利的市场地位再发起进攻性竞争行为等手段来对付这五种竞争力量。表1-3显示了波特五力模型与一般战略的关系。

表1-3　　　　　　　　　　波特五力模型与一般战略的关系

行业内的五种力量	一般战略		
	成本领先战略	产品差异化战略	集中战略
进入障碍	具备杀价能力以阻止潜在对手的进入	培育顾客忠诚度以挫伤潜在进入者的信心	通过集中战略建立核心能力，以阻止潜在对手的进入
买方讨价能力	具备向大买家出更低价格的能力	因为选择范围小而削弱了大买家的谈判能力	因为没有选择范围使大买家丧失谈判能力

续　表

行业内的五种力量	一般战略		
	成本领先战略	产品差异化战略	集中战略
供方讨价能力	更好地抑制大卖家的砍价能力	更好地将供方的涨价部分转嫁给顾客方	进货量低，供方的砍价能力就高，但集中差异化的公司能更好地将供方的涨价部分转嫁出去
替代品的威胁	能够利用低价抵御替代品	顾客习惯于一种独特的产品或服务，因而降低了替代品的威胁	特殊的产品和核心能力能够防止替代品的威胁
行业内对手的竞争	能更好地进行价格竞争	品牌忠诚度能够使顾客不理睬你的竞争对手	竞争对手无法满足集中差异化顾客的需求

3. 公司业务组合矩阵

制定公司层战略最流行的方法之一是公司业务组合矩阵，也称为波士顿矩阵。该方法将组织的每一个战略事业单位标注在一种二维矩阵图上，从而显示出哪个战略事业单位提供高额的潜在收益，以及哪个战略事业单位是组织资源的漏斗。波士顿矩阵如图1-7所示，其中，横轴代表市场份额；纵轴表示预计的市场增长率。更明确一些，高市场份额意味着该业务是所在行业的领导者；高市场增长定义为销售额至少达到10％的年增长率（扣除通货膨胀因素）。波士顿矩阵区分出四种业务组合。

图1-7　波士顿矩阵

（1）现金牛类有较低的市场增长率和较高的相对市场占有率。较高的相对市场占有率带来高额利润和现金，而较低的市场增长率只需要少量的现金投入。因此，现金牛通常产出大量的现金余额。这样，现金牛就可提供现金去满足整个公司的需要，支持其他需要现金的经营单位。对现金牛的经营单位，应采取维护现有市场占有率，保持经营单位地位的维护战略；或采取抽资转向战略，获得更多的现金收入。

（2）瘦狗类是指那些相对市场占有率和市场增长率都较低的经营单位。较低的相对市场占有率一般意味着少量的利润。此外，由于市场增长率低，追加投资来扩大市场占有率的办法往往是不可取的。因为用于维持竞争地位所需要的资金经常超过它们的现金收入。因此，瘦狗类往往成为资金陷阱。一般采用的战略是清算或放弃。

（3）明星类的市场增长率和相对市场占有率都较高，因而所需要的和所产生的现金流量都很大。明星类通常代表着最优的利润增长率和最佳的投资机会。显而易见，最佳战略是对明星类进行必要的投资，从而维护或改进其有力的竞争地位。

（4）问号类是指那些相对市场占有率低而市场增长率却较高的经营单位。高速的市场增长需要大量投资，而相对市场占有率低却只能产生少量的现金。对问号类而言，因增长率高，一个战略是对其进行必要的投资，以扩大市场占有率使其变成明星类。当市场增长率降低以后，这颗明星便转变为现金牛。如果认为某些问号不可能转变为明星类，那就应当采取放弃战略。对大多数公司来说，他们的经营单位分布于每一个象限。企业应采取的经营组合战略可概述如下：首要目标是维护现金牛的地位，但要防止常见的对其追加过多投资的做法。现金牛所得的资金应优先用于维护和改进那些无法自给自足的明星的地位。剩余的资金可用于扶持一部分筛选的问号类，是指转变为明星类。多数公司会发现，若选择同时扩大全部问号类的市场占有率战略，它们的现金收入是不够用的。因此，应放弃那些发展前景不明确的问号类。

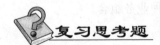 **本章小结**

本章主要介绍了 ERP 的概念及其发展历程、ERP 沙盘模拟课程的介绍、ERP 沙盘模拟的角色扮演与任务和 ERP 沙盘模拟的团队协作。针对 ERP 沙盘模拟的课程，主要介绍了课程内容、课程特色、课程教具以及 ERP 沙盘模拟的局限性；ERP 沙盘模拟的角色扮演与任务则是分别介绍了教师和学生在 ERP 沙盘模拟中所扮演的角色和任务；ERP 沙盘模拟的团队协作介绍了团队的意义与组建和经营战略的选择。

复习思考题

一、选择题

1. 以下哪项关于 ERP 发展历史阶段的陈述是正确的？

A. ERP 的发展先后经历了订货点法、闭环 MRP、时段式 MRP、MRP II 和 ERP 等阶段

B. ERP 的发展先后经历了 ERP、时段式 MRP、闭环 MRP、MRP II 和订货点法等阶段

C. ERP 的发展先后经历了订货点法、时段式 MRP、闭环 MRP、MRP II 和 ERP 等阶段

D. ERP 的发展先后经历了订货点法、闭环 MRP、MRP II、时段式 MRP 和 ERP 等阶段

2. 按照经济订货批量法，如果把一项物料的订货成本加倍，下面哪种现象将会因此而出现？

A. 订货量将增加　　　　　　　　B. 订货点将增加

C. 订货量将减少　　　　　　　　D. 订货点将减少

3. 一项物料提前期为 6 周，平均需求量为每周 150 件，安全库存量为 300 件，订货批量为 2000 件。如下哪项关于订货点数量的表述是正确的？

A. 300 件   B. 900 件   C. 1200 件   D. 2000 件

4. 供应商对一项采购物料建立的最小供货量是 50 件，订货倍数是 10 件。如果某公司只需要该物料 10 件，那么以下哪项行动是正确的？

A. 按订货倍数，订货 10 件

B. 按最小供货量订货 50 件

C. 按订货倍数和最小供货量之和，订货 60 件

D. 订货 50 件，收到并检验以后拒收 40 件

5. 下面哪类需求不应当作为主生产计划的输入？

A. 最终项目的客户订单   B. 备用件需求

C. 对最终项目的预测   D. 相关需求

6. 以下哪项不是 MRP Ⅱ 系统的特点？

A. 把企业中的各子系统有机地结合起来，形成一个面向整个企业的一体化的系统

B. 各子系统在统一的数据环境下工作

C. 具有模拟功能，能根据不同的决策方针模拟出各种未来将会发生的结果

D. 能够对资源需求计划进行评审

7. 下面哪项陈述所表述的实施 ERP 的关键因素以及它们的重要程度次序是正确的？

A. 数据、技术和人   B. 技术、数据和人

C. 人、数据和技术   D. 人、技术和数据

8. 下面哪项不是实施应用 ERP 系统的关键因素？

A. 计算机技术   B. 数据   C. 厂房和设备   D. 人

二、简答题

1. 什么是 ERP？ERP 的发展经历了哪几个阶段？

2. 什么是订货点法？订货点法有什么局限性？

3. 时段 MRP 与闭环 MRP 的区别是什么？

4. ERP 的核心思想是什么？

5. ERP 沙盘模拟课程的内容有哪几方面？

6. ERP 沙盘模拟中学生都扮演哪些角色？他们的任务分别是什么？

7. 组建模拟团队的意义是什么？

8. 阐述企业战略的内涵。

9. 阐述战略管理的过程。

10. 什么是 SWOT 分析？

第二章　生产制造管理

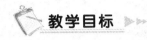

教学目标

理解生产制造管理的基本任务、相关业务流程以及日常操作方法，掌握主生产计划的意义、对象、策略、编制、维护、评估的方法、销售与运作计划的制订与评估方法、物料需求计划制订的方法和能力需求计划的相关方法；了解车间生产管理的方法、重复生产管理的方法和流程制造生产管理的方法。

第一节　生产计划管理

制造业的不同生产计划方式对企业生产管理基本数据的设定和对管理功能的要求均有所不同。一般来说，制造业有 4 种生产计划方式：面向订单设计、面向订单生产、面向订单装配和面向库存生产。

面向订单设计（Engineer-to-order，ETO）方式是指接受客户订单后，将客户需求进行定义并设计产品。首先定义产品规格，然后开发物料清单，订购所需物料并保留生产能力。整个交货提前期包括设计时间、物料采购时间和生产时间。这种生产计划方式主要用于高度客户化的订单，如水电站的大型发电机。

面向订单生产（Make-to-order，MTO）方式是指产品的设计工作已经完成，而生产用的物料尚未订购。在此环境中销售量通常较小，而客户则必须等待进货和生产所需的时间。全部交货提前期包括物料采购时间和生产时间。

面向订单装配（Assemble-to-order，ATO）方式是指在生产的最后阶段，用库存的通用零部件装配满足客户订单需求的产品。这些通用的零部件是在客户订货之前就计划、生产并储存入库的。收到客户订单后，就把它们装配成最终产品。当产品有许多可选特征，而客户又不愿等备料及生产所需的时间时，就可以采用这种生产计划方法。

面向库存生产（Make-to-stock，MTS）方式是指在收到客户订单以前，已经开始生产。典型的情况是，产品放在仓库里等待客户订单。这种情况下，交货提前期短，通常销售量也很大。

生产计划方式决定了如何组织操作数据。每种计划方式都有与产品生产计划的时间和方式有关的特点。产品的复杂性、客户愿意等待的时间以及销售量，决定了哪种生产计划方式最合适。

一个企业可能存在几种不同的生产计划方式。事实上，每种产品都可能有不同的计划方式。对于同一个企业和同一种产品，生产计划方式也可能随时间而变化。下面着重从经营计划、销售与运作计划、主生产计划、物流需求计划、能力需求计划等方面进行详细阐述。

一、经营计划

ERP计划管理是从长远规划开始的，这个计划层次通常称为经营规划（Business Plan）。经营规划是企业的战略规划，在这个层次上要确定企业的经营目标和策略，如产品开发、市场占有率、质量标准、技术改造和企业扩充、职工培训和队伍建设、销售收入和利润等，为企业的发展，分别是在财务和经济效益方面做出规划。经营规划以货币单位表述，是企业的总体目标，是各层次计划的依据。以后的各个计划层次，都是对经营规划自身进一步细化，不能偏离经营规划。

经营规划在企业高层领导主持下会同销售、市场、工程技术、生产、物料和财务各部门负责人共同制定。执行过程中如有新的情况，下层计划只有反馈信息的义务，而无变更经营规划的权力，变更经营规划只能是企业高层领导的职权。

二、销售与运作计划

在运行ERP系统的过程中，销售与运作规划有两个基本的目的。首先，它在企业的经营和战略计划过程与详细计划和执行过程之间起到关键的连接作用。其次，销售与运作规划管理着企业中所有其他计划，包括主生产计划和它的所有支持计划，销售与运作规划是企业高层管理人员对ERP系统的主要输入。

销售与运作规划把战略级的经营和财务规划与主生产计划连接起来。通过该计划过程协调高层计划，以及销售、财务、工程、研究与发展、生产、采购等部门。销售和生产规划管理得好，可为企业的管理提供更大的清晰度，提高客户服务水平。

在大多数企业中，销售与运作规划驱动明细的计划。在这个计划过程中，人们制订高层计划并协调这些高层计划得到企业整体的对策计划。这个对策计划对来自销售和市场的需求与工厂的生产能力之间做了平衡。可以生成与工厂的生产能力相一致的销售规划，也可以制订支持长期销售规划及库存和未交付客户订单目标的生产规划。从长远来说，市场需求驱动着企业的生产，而企业应当满足市场的需求。从短期来说，生产率则由生产的能力限制来确定。

人的判断和决定是销售与运作规划以及主生产计划过程最重要的组成部分。制订好销售与运作规划、为未来建立最合理的生产率是企业高层领导的责任。在制订销售和生产计划（以及主生产计划）的过程中，有效的判断和决定是不能由计算机做出的，计算机只能在此过程中对人提供支持和信息。

由于需要人的主观判断和决定，所以制订销售与运作规划的过程绝不可能仅仅是数字的问题。软件系统只是向人提供信息，用来评价不同的销售与运作规划策略，而不能自动地生成和批准销售与运作规划。

没有关于制订销售与运作规划的固定的规则或公式，但这并不意味着这是一个非结构化的过程。事实上，大多数成功的企业都使用类似的销售与运作规划格式，使用几种约定俗成的计算和类比，对于销售与运作规划的管理有类似的方针，可以满足对计划的检查以及改变计划的分析和评估要求。

（一）制订销售与运作规划

销售与运作规划的制订涉及两个相关的过程，即对每个产品族制订销售规划的过程和对每个产品族制订生产规划的过程。

制订和执行销售规划与运作规划是高层领导的责任，而且，他们也必须直接控制这些规划。计算机不能增加、删除或修改由人制订的销售与运作规划。计算机可以通过某些简单的规则对这些规划进行评估并给出建议，但是，做决定的责任在人。因此，要由人来直接控制这些高层规划。

1. 销售规划

销售规划包括对产品族总需求的预测。对于面向库存生产的产品族，销售规划是对产品族需求的表述。对面向订单生产的产品族，销售规划是对这个产品族所接到的客户订单的表述。在两种情况下，销售规划都表示了企业当前情况和对未来客户需求的估计。

关于产品族的销售规划必须和关于产品族中每个项目的单项预测之和一致。在某些情况下，关于产品族的销售规划将通过求关于产品族中的每个项目的销售预测之和来得到。在另外的情况下，将把关于产品族的销售规划进行分解，从而得到产品族中每个项目的销售预测。例如，如果关于产品族的销售规划是 1000，某个项目占产品族的 10%，则关于此项目的预测是 100。

不管如何得到这些数字，销售规划和单项销售预测之和必须一致。例如，如果在一个产品族中有 5 项物料，其单项预测之和为 1100，而产品族的销售规划是 1000，那么两者之一必须修改。

2. 生产规划

制订生产规划是销售与运作规划过程的第二项基本任务。生产规划的目标是为每个产品族建立适当的生产率，而不是为单项产品制订生产计划。由于把产品划分成产品族，使必须由高层领导检查和批准的物料分组不会太多。

生产规划是生产率的概述。生产规划所指出的生产率，不包括具体生产批量的时间和数量。根据产品的不同，生产率的表述可以是每周 2000 辆小汽车，每月 15 台机器，或每 3 个月 1 台机器等。

一般来说，生产规划具有以下典型特征：

（1）计划展望期至少为 12 个月，定期更新，例如每月或每季度进行更新；

（2）计划对象为产品族；

（3）需求是浮动的或季节性的；

（4）在计划展望期内工厂和设备固定不变；

（5）要满足多项管理目标，如低库存、生产的高效率、高水平的客户服务和良好的员工关系等。

用于制订生产规划的依据包括销售规划、供应商和生产能力限制、当前的和所希望的库存量（对于面向库存生产的产品），以及当前的和所希望的未交付客户订单量（对于面向订单生产的产品）。对于那些既包括面向库存生产又包括面向订单生产的产品族，生产规划则应考虑库存和未交付客户订单两方面的信息。

有两个简单的公式可以有助于建立和管理生产规划。其中的销售规划量和生产规划量都是指在计划展望期内的总量。

一个公式用于面向库存生产的产品，根据当前的和所希望的库存水平来控制生产率。可以表述如下：

生产规划量＝销售规划量＋期末库存量－期初库存量

另一个公式用于面向订单生产的产品，根据当前的和所希望的未交付客户订单数量来控制生产率。可以表述如下：

生产规划量＝销售规划量＋期初未交付客户订单量－期末未交付客户订单量

两个公式是类似的，可以统一表述为：

生产规划量＝销售规划量＋对库存量或未交付的客户订单量的调整

按照以上的公式，可以确定计划展望期内生产计划总量。确定每月或每季度的生产率可以有 3 种基本策略，即追逐策略、均衡生产策略和混合策略。

（1）追逐策略（Chase Strategy）是指在任何时候都按照市场需要的产品数量来生产。库存水平维持不变，而生产量则随需求而变化。

在某些行业，追逐策略是唯一可遵循的策略。例如，农场在农作物生长的季节必须按需耕作；邮局不管邮件的旺季或淡季都必须按需处理邮件；餐馆必须按客户需求提供饮食服务等。这些行业不能将其产品或服务提前储备，它们必须能够在需求发生时满足需求。

在采用追逐策略情况下，企业必须拥有足够的能力满足高峰期的需求。农场必须有足够的机器和设备以满足农忙时的需求，虽然这些机器和设备在农闲季节可能会闲置。有些公司不得不在高峰期雇用和培训员工，而在高峰期过后又不得不解雇他们，而有时候他们又不得不增加额外班次或者加班。所有这些变化都增加了企业的运作成本。

追逐策略的优点是库存量能够维持在一个最低水平。有需求时才生产产品，因而没有产品的积压。所以，可以避免与库存管理相关的成本，而这种成本有时候可能会很高。

（2）均衡生产策略（Production Leveling Strategy）是依据市场的平均需求，持续地生产同样数量的产品。有些公司会计算在生产规划展望期内市场的总需求，然后按需求的平均值安排生产以满足市场需求。在这种情况下，有时候市场需求低于所生产的数量，库存量就会增加；有时候市场需求高于所生产的数量，库存量就会减少。

均衡生产策略的优点是避免了改变生产规模所涉及的成本。公司不再需要储备额外的能力以满足高峰期的市场需求。公司也不需要在旺季雇用和培训员工，而在淡季又解雇他们，公司能够建立起一支稳定的员工队伍。

均衡生产策略的缺点是，库存量在市场需求低的期间会增加，而这些库存需要花费人力、财力来管理。

均衡生产策略意味着企业将以一个平均水平使用资源，每天生产同样数量的产品。每月生产的产品量（有时候每周）将会有所不同，因为每月的工作天数不尽相同。

有些产品市场需求的季节性非常高，如时装、圣诞树的装饰灯等。在这种情况下，均衡生产策略是必需的。因为如果采用追赶策略，其能力闲置成本、雇用成本、培训成本和解雇成本将会非常高。

一种特殊形式的均衡生产策略是产品外包策略（subcontracting）。这种策略意味着始终按市场的最低需求来组织生产，通过产品外包来满足市场的额外需求。这种策略也可能意味着购买额外需求的数量，或者将额外需求推开。后者可能通过在需求增加时提高产品价格，或者延长交货提前期来达到。

产品外包策略的主要优点在于避免了与多余能力相关的成本。生产均衡进行，所以没有改变生产规模的相关成本。产品外包策略的主要缺点在于增加了采购成本（产品成本、采购、运输及检验成本），这些成本有可能会高于自己制造产品时所发生的成本。

很少有公司能够自己生产它所需要的一切东西。制造或购买的决定主要取决于成本，但是也要考虑一些其他因素。

公司可能因为产品结构、生产流程的机密、要确保产品的质量水平，或者要保留稳定的员工队伍而决定制造产品。

公司或许从对设计和制造某一零件有专门技术的供应商那里购买产品，以便于自己集中精力开发自身核心技术，或者提供众所周知的、有竞争力的价格。

对许多产品，例如，螺帽、螺钉或者正常情况下公司不做的零件，决定是简单的。而对于其他涉及公司特长或产品机密的产品或零部件，外包策略则要慎重考虑。

（3）混合策略（hybrid）在现实生活中，一个公司可以使用多种可能的混合策略。每种策略都有自己的成本特性。生产部门的管理者有责任找出使所有生产总成本最小的策略组合，以提供所期望的服务水平并满足财务和市场计划的目标。市场需求在一定程度上得到满足，生产也表现出部分的均衡，在生产高峰期，可以将部分产品外包。

制订生产规划要考虑企业具体的生产计划环境。

在面向库存生产的情况下，制订生产规划要考虑开始库存量，以及计划展望期末高层领导希望达到的库存水平。把这些信息与预计发货信息、分销仓库需求、企业内的厂际订单等信息结合起来建立一个生产率。所得到的生产率必须根据供应商供货能力、生产能力和物料限制进行检查。然后，才能批准这个生产规划。

在面向订单生产的企业中情况是类似的。生产规划的制订要考虑期初未交付的客户订单量和期末预期未交付的客户订单量信息。把这些信息和订货计划、分销仓库需求、企业内厂际订单等信息结合在一起，建立关于产品族的生产率。所得到的生产率也必须根据供应商交货能力、生产能力和物料限制进行检查之后才能得到批准。

关于产品族中具体产品的主生产计划将由生产规划导出。在生产规划的限制之内，制订主生产计划，建立关于具体物料项目的生产率，指明具体生产批量的数量以及时间。

如果生产规划确实对主生产计划起到控制作用，那么，生产规划与主生产计划之和必须一致。在产品族内对具体物料项目的主生产计划求和，必须等于关于产品族的生产规划。如果主生产计划和生产规划有明显的差异，则必须修订使其与生产规划相等。

（二）销售与运作规划报告

销售与运作规划报告提供关于销售规划、生产规划以及它们的基本比较的信息，从而使销售与运作规划可以得到有效的管理。报告中应当显示销售规划和实际的销售量，生产规划和实际的生产量，当前和计划的库存量，以及当前和计划的未交付客户订单。

销售与运作规划报告包括历史信息和未来的计划。绩效度量是销售和生产规划的重要组成部分。通过比较销售规划和实际订单可以评估销售规划的实现情况；通过比较生产规划和实际的生产完成情况，可以度量生产规划；通过比较计划和实际的库存量或未交付的客户订单可以反映企业的绩效。

大多数企业在报告中至少显示 3 个月的历史信息。某些企业显示 6～12 个月的历史信息。对于运行一个有效的销售与运作规划来说，3 个月的信息是最少的必要历史信息量。在产品销售呈季节性变化的企业中，可能需要更多的信息。

为了运行销售与运作规划，至少应有 1 年的计划展望期。这个展望期是滚动的，即随着时间的推移，要把新的时区加在计划展望期末。

销售与运作规划报告一般由三部分构成，即销售规划、生产规划以及库存或未交付订单计划。

销售规划部分一般包括两类信息：

（1）计划需求和实际订货信息；

（2）按承诺的发货日期列出的客户订单信息。

这两类信息对于销售规划过程是很重要的，而且要通过对它们进行监控来实现对销售规划的有效控制。计划需求和实际订货信息提供早期的报警机制；通过预测需求，然后监控实际的订单可以尽早地发现某种趋势，以便有时间采取有效措施。如果订货比预期的少，则可以有几种选择：修订市场计划、建立促销程序、改变价格、加快引入新产品的步伐、培训销售人员、加快销售步伐。如果订货比预期的多，对生产的影响可以提前发现，从而可以采取必要的权衡措施，例如，增加未交付的客户订单（或减少库存）、调整能力、投放资金支持另外的销售、调整价格等。

按所承诺的发货日期列出客户订单可以对未来的产品发货、财务状况与当前计划的比较以及预期收入提供有用的信息。例如，如果大部分的客户订单安排在比较远的未来，那么，企业可能对于满足最近月份的发货目标存在问题。由于预先看到了问题，则可以修订计划，按所希望的水平维护发货计划。

生产规划部分包括计划生产率，对于过去的时区，还包括实际的生产率和计划生产率的比较。生产规划是能力分配的基础，并且是计算库存水平和未交付客户订单量的依据。

销售与运作规划报告的第三部分提供有关信息用来评估和管理关于产品族的库存和未交付的客户订单。

库存计划表明过去的库存情况以及未来预期的库存的增加或减少。对过去的每个时区，可以把计划库存量与实际库存量进行比较。对于未来的时区，可以根据生产规划和预期发货量来计算计划库存量：

计划库存量＝现有库存量－销售规划量＋生产规划量

未交付客户订单计划表明过去的未交付客户订单情况以及未来的计划。对过去的每个时区，可以把计划的未交付客户订单和实际情况进行比较。对未来的时区，可以根据订货计划和预期发货量来计算计划的未交付的客户订单：

计划未交付客户订单＝当前未交付客户订单＋销售规划量－生产规划量

（三）销售与运作规划的评估

一个企业在制订生产规划的时候，一定会关注资源的可用性。人工、物料、机器设备、加工或存储空间等都是资源。根据企业的产品和生产过程不同，还可以有许多其他的资源。一旦知道了生产所需要的所有资源，就必须检查是否有足够的资源。表2-1是一份简单的资源清单。资源清单是面对产品族的，它要指出每单位的产品族对关键资源的需求。

表 2－1　　　　　　　　　　　　　**资源清单**

产品族	钢材（吨）	人工（标准工时）
自行车	0.00029	0.24
三轮车	0.00044	0.39
四轮车	0.00054	0.63

有了资源清单就可以把销售与运作规划转变成资源计划了。例如，假定销售与运作规划表明在某个季度要生产10000辆自行车、5000辆三轮车和10000辆四轮车，那么，通过资源清单就可以得到需要钢材和工时的数量，如表2-2所示。

表 2-2   资源计划

产品族	产量	钢材需求量（吨）		人工需求量（标准工时）	
		单位需求量	批量需求量	单位需求量	批量需求量
自行车	10000	0.00029	2.9	0.24	2400
三轮车	5000	0.00044	2.35	0.39	1950
四轮车	10000	0.00054	5.4	0.63	6300
资源需求总量		10.95		10 650	

以上的资源计划只考虑了所需要的钢材数量和工时数量。有些企业还会有更重要的资源。例如，有些企业需要大量的电能，有些企业则需要废料处理能力。在这些情况下，资源清单还要指明每单位产品族需要的电能和废料处理能力。例如，指明每单位产品族需要 5 千瓦的电能，20 加仑的废料处理能力等。而资源计划也要特别指明关于这些关键资源的需求量。

另外，经常会有某项设备被认为是"瓶颈"，在制订资源计划的时候应当对其特别关注，因为瓶颈工作中心的能力限制了企业的最大生产量。

在确定是否有足够的资源可以利用的时候，能力的利用率、能源消耗水平等是很重要的。高层管理人员要对它们做出适当的决定，然后主生产计划员和物料计划员才可以根据可行的生产规划来制订每项产品或最终项目的主生产计划。

如果资源计划表明存在资源的短缺，那么，在批准销售与运作规划之前，必须解决这一问题，或者增加资源，或者调整销售与运作规划。如果必须调整销售与运作规划以协调资源短缺，那么，这种调整一定要反映在最后的销售与运作规划中。如果能满足经营规划的目标，就不必调整生产总量。通常，在满足市场目标时应留有一定的余地（例如，±20%）。同样，在批准销售和运作规划之前，应确认对可用资源所做的调整。

最关键的一点是销售与运作规划必须满足经营规划的目标。如果销售与运作规划和经营规划不一致，经营规划将不能完成，销售与运作规划或经营规划就必须加以修改。然后，销售与运作规划才能作为主生产计划的基础。

三、主生产计划

主生产计划是一个重要的 ERP 计划层次。粗略地说，主生产计划是关于"将要生产什么"的一种描述。它起着承上启下、从宏观计划向微观计划过渡的作用。主生产计划是生产部门的工具，也是市场销售部门的工具，因为它指出了将要为用户生产什么。同时，主生产计划是联系市场销售和生产制造的桥梁，使生产活动符合不断变化的市场需求，同时又向销售部门提供生产和库存的信息，起着平衡供需、沟通内外的作用。

为了透彻地理解主生产计划，我们先来排除一些容易混淆的概念。

（1）销售预测是生产规划和主生产计划的原始输入信息，它既不考虑产品的分层目标，也不考虑根据可得到的物料和可达到的能力可以做什么的问题。从供需关系来说，销售预测描述的是需求信息，而主生产计划则描述的是供应信息。

（2）生产规划是按产品类规定生产率。主生产计划由生产规划转化而来，它是按最终产品的组件来进行描述的。

（3）最终装配计划是在面向订单生产或面向订单装配的环境中，为完成客户订单的特殊需求而建立的关于最终产品项目的计划。主生产计划和最终装配计划在某些方面是相同的，例如，对面向库存生产的产品以及少数在收到用户订单之前最终产品可以确定的面向订单生产的产品，两者是相同的。但对于面向订单装配的产品，主生产计划和装配计划则是不同的，前者描述的是构成最终产品的组件，后者则指出产品的最终结构。最终装配计划的计划展望期比主生产计划的计划展望期短。制订最终装配计划要依据客户订单，而不考虑预测。

（4）由计算机自动生成的计划方案。有些人认为，只要把销售预测、客户订单、物料清单、生产成本、库存记录等数据输入到计算机中，然后就可以自动生成主生产计划。这实在是一种误解。主生产计划包括了许多来自人的经验决策，这是无法由计算机来完成的。诸如，哪份订单更重要？本周内如再加班工人会感觉如何？有没有其他方法发挥人们的聪明才智，更好地完成工作等。主生产计划需要好的管理，而好的管理不能由输入计算机的程序来实现。通过计算机可以提供调整主生产计划的信息，但是在任何情况下，制订和调整主生产计划的责任在人，而不在计算机。

（一）主生产计划意义

我们知道 ERP 有 5 个计划层次，即经营规划、销售和生产规划、主生产计划、物料需求计划和能力需求计划。企业应当有有效的计划，这个观点是人们容易接受的，但对于为什么要有主生产计划往往存有疑问。例如，为什么要先有主生产计划，再根据主生产计划来制订物料需求计划？直接根据生产规划、销售预测和客户订单来制订物料需求计划不行吗？产生这样的想法和疑问的原因在于不了解 MRP 的计划方式。首先，生产规划是按产品族来计划生产率的，必须先把关于产品族的生产率信息分解成关于产品的生产率信息，才能据以运行 MRP。其次，概括地说，MRP 的计划方式就是追踪需求。如果直接根据销售预测和客户订单的需求来运行 MRP，那么得到的计划将在数量和时间上与预测和客户订单需求完成匹配。但是，预测和客户订单是不稳定、不均衡的，根据它们直接安排生产将会出现忽而加班加点也不能完成任务，忽而设备闲置很多人没有活干的现象，这将给企业带来严重的后果。而且企业的生产能力和其他资源是有限的，这样的安排也不是总能做得到的。

主生产计划这一层次，通过人工干预，均衡安排，使得在一段时间内主生产计划量和预测及客户订单在总量上相匹配，而不要求在每个具体时刻上均与需求相匹配。在这段时间内，即使需求发生很大变化，但只要需求总量不变，就可以保持主生产计划不变。从而，得到一份相对稳定和均衡的生产计划。由于关于产品或最终项目（独立需求项目）的主生产计划是稳定和均衡的，据此所得到的关于非独立需求项目的物料需求计划也将是稳定的和均衡的。

主生产计划把有效地管理产品的生产、库存、销售所需的所有数据显示在一个屏幕上，对每行数据都用统一的格式，时区的选择也是一致的。从而，使各个部门都可从中得到所需的信息，避免了信息的不一致。

主生产计划使用关键的时界，即计划时界和需求时界，既便于计划的维护，又可避免被不可能满足的客户需求所追赶。以周或天作为计划时区，从而可以及时地对多变的市场和不准确的预测做出反应。

以物料单位表示的主生产计划很容易转换成以货币单位表示的成本信息，因此，很容易形成财务计划。

主生产计划极大地提高了物料管理人员的工作效率。它把人从烦琐的数据收集、检查和计算中解放出来，使他们可以去做好更重要的本质的管理工作，即库存管理和计划，以确保使客户最大限度地满意。

（二）主生产计划对象

主生产计划把生产规划制定的产品类的生产率分解为每一种产品或"最终项目"的生产率，所谓"最终项目"即是具有独立需求的物料，对它的需求不依赖于对其他物料的需求。主生产计划不一定总是针对产品的，在许多情况下，要以"最终项目"作为主生产计划的对象。但根据生产计划方式的不同，最终项目的含义也不完全相同。

在面向库存生产的环境下，最终项目指产品、备品备件等独立需求项目。在面向订单生产的环境下，又有两种情况：如果产品是标准设计或专项设计，最终项目一般就是产品；如果产品是一个系列，结构基本相同，都是由若干基本组件和一些通用件组成，每项基本组件又有多种可选件从而可形成一系列多种规格的变型产品，在这种情况下，最终项目指的是基本组件和通用件。编制计划时，先根据历史资料确定各基本组件中各种可选件占需求量的百分比，并以此安排生产，保持一定的库存储备；一旦收到正式订单，只需再编制一个总装计划（Final Assembly Schedule，FAS），规定从接到订单开始，核查库存、组装、测试检验、包装到发货的进度，就可以选装出各种变型产品，从而缩短交货期，满足客户需求。这种生产计划方式即是面向订单装配。

（三）主生产计划策略

制订主生产计划策略是企业高层领导的责任。这些策略包括如下要点。

（1）主生产计划的基本原则是根据企业的能力确定要做的事情，通过均衡地安排生产实现生产规划的目标，使企业在客户服务水平、库存周转率和生产率方面都能得到提高，并及时更新，保持计划的切实可行和有效性。主生产计划中不能有超越可用物料和可用能力的项目。那种只反映愿望的做法将会搞乱优先级，破坏正常的优先计划，破坏系统产生合理的计划的能力。

（2）主生产计划策略应指出谁负责预测、预测的对象和技术，谁负责审查预测的精度以及主审查的频度，各部门如何就预测的结果进行交流等。预测的责任通常由市场部门承担。

（3）主生产计划的展望期和计划时区。多数企业以 12 个月作为计划展望期：每过 1 个月，增加一个新的月计划，也有的企业根据物料和能力的提前期，将计划展望期扩展到 2～3 年。

（4）主生产计划的时区（即计划的最小时间单位）不应大于周，以便使低层物料可以有比较好的相对优先级。如果计划时区拖长到 1 个月，那么当知道了整个时区需要什么时，也就没有什么价值了。有些企业甚至按天描述主生产计划。

（5）交流。生产部门和采购部门有提供反馈信息的责任，他们应向计划员和主生产计划员提供关于预期延迟的信息，以使计划员和主生产计划员能在问题发生之前做好计划调整。也会有时间来估计一项预期延迟的影响。对于一份带有惩罚条款和 10 天内贷款即将到期的出口订单，一般会不惜代价进行安排，不使生产落后于计划。另外，应有定期的计划会议，为市场、销售、生产、采购、计划部门的人员进行交流提供机会。企业高层领导主持的销售与运作规划会议也应定期举行。对于部门之间的交流应当规定响应时间。例如，如果市场部门要求生产部门做出一种承诺或修改计划，他们应在 1～2 天内得到答复。如果生产部门向市场部门询问为什么预测未能实现，他们应在 1～2 周内得到答复，因为市场部门要花比较多的时间来获取这些信息。

（6）确定计划时界和需求时界，以便于对主生产计划进行维护。

（四）主生产计划数值

在制订主生产计划的过程中，要涉及一系列的量。它们是需求预测、实际需求、未消耗的预测、总需求、主生产计划量、预计可用量、可承诺量。现分述如下。

1. 需求预测

需求预测可以是来自生产规划的生产预测，也可以是市场预测。如果企业的产品很多，划分成产品族进行管理且对产品族作市场预测，则这里使用生产预测。否则，也可以直接对主生产计划的对象作市场预测。

生产预测用于指导主生产计划的编制，使主生产计划员在编制主生产计划时能够遵循生产计划的目标。它是某产品族的生产规划总生产量中预期分配到该项产品的部分，其计算通常使用百分比清单来分解生产规划。

2. 实际需求

实际需求即尚未发货的客户订单，是指已经接到客户的订单，并做出了发货承诺，但尚未发货。主生产计划员必须按客户、数量和所承诺的交货日期跟踪每一份客户订单，确保客户按照所得到的承诺收到所需要的产品。实际需求包括预测的客户订单和增加的客户订单。前者是预测的实现，要减少预测，后者不是预测的一部分，是出乎预料的需求。

3. 未消耗的预测

未消耗的预测是指尚未被实际的客户订单消耗的那一部分预测。它指出在不超过预测的前提下，对主生产计划的对象还可以期望得到多少客户订单。一般来说，它的计算方法是某时区的预测值减去同一时区的客户订单。但是，早于需求时界的累计未消耗的预测则有不同的方法，或移到需求时界之后的第一个时区，或忽略不计。用户要根据自己的产品销售特点加以选择。

4．总需求

总需求通常指的是未消耗的预测和实际需求之和。

5．主生产计划量

主生产计划量是主生产计划员和计算机系统在各个时区所投放的用来满足需求的供应订单。每份订单所出现的时区是该订单的完成日期。

6．预计可用量

预计可用量指物料在某个时区的预计库存数量，计算公式如下：

某时区预计可用量＝上时区预计可用量＋该时区计划接收量－该时区毛需求量

主生产计划员使用预计可用量来验证预测和主生产计划之间的平衡程度。如果预计可用量出现负值（或在使用安全库存的情况下），则说明主生产计划量偏低。如果预计可用量随着时间的推移越来越高，则说明主生产计划量偏高。

7．可承诺量

可承诺量用于支持客户订单承诺。它告诉市场和销售部门，在不改变主生产计划的前提下还可以卖出多少产品，这是一条非常有用的信息，因为它指出了可靠的客户承诺是什么。每一个做客户订单录入的人员都应当搞清楚可承诺量的概念和作用。

可承诺量是公司的库存和在主生产计划中维护以支持客户订单承诺的计划生产量中尚未承诺给客户订单的部分。第一个时区的可承诺量是初始库存量加上主生产计划量再减去下一次出现主生产计划量之前所有时区中未交付的客户订单之和。对于所有其他时区，如果在该时区设置了一个主生产计划量，则可承诺量是这个主生产计划量减去在这个时区以及直到下一个主生产计划量出现之前的各个时区上所有的客户订单得到的差。对于主生产计划为零的时区，可承诺量亦为零。

（五）主生产计划编制

编制主生产计划一般要经过以下步骤：

（1）根据生产规划和计划清单确定对每个主生产计划对象即最终项目的生产预测。

（2）根据生产预测、已收到的客户订单、配件预测，以及该最终项目作为非独立需求项的需求数量，计算总需求。

（3）根据总需求量和事先确定好的订货策略和批量，以及安全库存量和期初库存量，计算各时区的主生产计划量和预计可用量。这里可以使用如下公式从最初时区推算：

第 $k+1$ 时区的预计可用量＝第 k 时区预计可用量＋第 $k+1$ 时区主生产计划量－

第 $k+1$ 时区的总需求量（$k=0,1,\cdots$）

第 0 时区的预计可用量＝期初可用量

在计算过程中，如预计可用量为正值，表示可以满足需求量，不必再安排主生产计划量；如预计可用量为负值，则在本时区就应计划一个批量作为主生产计划量，从而给出一份主生产计划的备选方案。

（4）用粗能力计划评价主生产计划备选方案的可行性，模拟选优，给出主生产计划报告。

（六）主生产计划维护

虽然经营规划、预测和生产规划可为主生产计划的编制提供合理的基础，但随着情况的变化，主生产计划的改变仍是不可避免的。主生产计划员负责维护主生产计划，这是一项艰巨而重要的工作，准确性和时间性极其重要。主生产计划不准确将使整个ERP 系统产生的信息失去意义。

为了说明需求量的计算依据、变动计划的限制条件、难易程度以及付出的代价，从而谋求一个比较稳定的主生产计划，提出了时界与时域的概念，向生产计划人员提供一个控制计划的手段。

在计划展望期内最近的计划期，称为第 1 时域，其跨度等于或略大于最终产品的总装配提前期；稍后的计划期，称为第 2 时域，其跨度加上第 1 时域的跨度等于或略大于最终产品的累计提前期；第 2 时域以后的计划期称为第 3 时域。

第 1 时域和第 2 时域的分界线称为需求时界（Demand Time Fence，DTF），它提醒计划人员，早于这个时界的主生产计划，即第 1 时域的主生产计划，已在进行最后总装，不宜再作变动，否则要付出很大的代价。所以，第 1 时域也称为冻结时域。在这个时域中，主生产计划的改变要经过企业高层领导的批准。

第 2 时域和第 3 时域的分界线称为计划时界（Planning Time Fence，PTF）或确认计划时界（Firm Planned Time Fence，FPTF），它提醒计划人员，在这个时界和需求时界之间的主生产计划，即第 2 时域的主生产计划已经确认，主生产计划的变化要付出一定的代价，所以不允许系统自动改变，必须由主生产计划员来控制。通常，这个时域称为尚有灵活性的时域。

计划时界以后的时域即为第 3 时域，主生产计划还没有经过确认，系统可以改动。通常，第 3 时域称为自由时域。

两种时界是客观存在的，通过它们向计划人员提供了一种控制手段。不难看出，提前期越短，留给系统排进度的余地越大。为了提高计划的应变能力，应当努力提高生产率，缩短提前期。

（七）主生产计划评估

对主生产计划的改变进行有效的管理是 MRP 系统中最富挑战性的和最困难的工作之一。有效的方法是正确地评估因计划改变而可能产生的影响，并找出问题所在。这是通过制订粗能力计划（Rough Cut Capacity Planning，RCCP）来实现的。粗能力计划的处理过程是将主生产计划转换成对相关的工作中心的能力需求。粗能力计划要忽略某些基本信息，以便简化并加快能力计划的处理过程。

粗能力计划使用某些有代表性的工艺路线，是一个近似的能力计划。通常，企业要根据与粗能力计划相关的主要资源的情况来批准主生产计划。

根据主生产计划来运行粗能力计划，这对于评估主生产计划的变化是一个有价值的工具。此外，在某些企业中，备用件构成企业全部资源的重要部分。因此，当评估对主生产计划的改变产生的影响时，备用件的需求应包括在粗能力计划中。

粗能力计划所用的代表工艺路线把主生产计划项目和生产它们所需的关键工作中心联系起来。代表工艺路线应当包括工作中心标识符、所需工时数、模具数，以及主生产计划中指出的完成日期的差异等。

由主生产计划通过代表工艺路线按日期产生粗能力需求。以周或月为时区把这些粗能力需求汇总，并显示粗能力计划图。

粗能力计划为评估或主生产计划所产生的能力需求提供了一个粗略的方法。如果一份计划是不现实的，或一项变化对资源或关键设备产生重大超量需求时，则都能从粗能力计划中清楚地反映出来。

粗能力计划的报告格式和能力需求计划报告的格式相同，要表明资源代码及描述、时区日期、在一个时区内总的能力需求以及总的能力可用量。

为了有效地解决粗能力计划的问题，需要提供一种方法来识别能力需求的来源，最简单的方法是提供一个报告或屏幕显示，表明在每个时区引起粗能力计划需求的具体的产品族或主生产计划订单。

如果粗能力计划的计算表明存在能力或资源的短缺，那么，在批准主生产计划之前，必须解决这一问题，或者增加能力、资源，或者调整主生产计划。如果必须调整主生产计划以协调资源短缺，那么，这种调整一定要反映在最后的主生产计划中。

【实训 2–1】主生产计划制订

实训目的：

（1）理解主生产计划（MPS）的目的；

（2）掌握主生产计划（MPS）的基础设置方法；

（3）掌握主生产计划（MPS）的算法；

（4）掌握主生产计划（MPS）的发放方法。

实训内容：

生管人员某某根据 2 月办公椅 200 张的销售预测及与"中实集团"100 张办公椅的销售订单去组织生产，并安排主生产计划。调整并确认后，将生产计划派工给生产车间办公椅加工中心。该车间生产办公椅的关键产能资源为人力，办公椅加工中心有工人 5 人，每人每天 8 小时产能，每生产 1 张办公椅耗用产能 1 小时。

实训要求：

完成"生成每日资源"、"录入每日资源信息"、"录入排程来源"等基础信息设置，根据当前的销售预测及销售订单生成排程计划，制订主生产计划，并且将维护后的排程信息发放成厂内工单。

实训课时：

4 课时。

实训步骤：

（1）生产主管人员某某为安排本次生产，需先查询"录入资源信息"、"录入品号资源信息"，以获得办公椅加工中心具备的产能和办公椅耗用的产能信息，读者可自行查看相关内容；

（2）生产主管人员某某针对产能资源、假日表等信息，将 2 月每一天的产能状况"生成每日资源"；

（3）生产主管人员某某对本次排程的来源在"录入排程来源"中进行指定；

（4）生产主管人员某某执行"生成排程计划"，依据工作中心产能的负荷，自动按照每日资源排定办公椅的生产时程；

（5）对系统自动生成的排程结果，生产主管人员某某进行调整和确认；

（6）排程确认后，生产主管人员某某将其派工给办公椅加工中心，执行"发放MPS 工单"。

四、物料需求计划

MRP 过程是一个模拟过程。它根据主生产计划、物料清单和库存记录，对每种物料进行计算，指出何时将会发生物料短缺，并给出建议，以最小库存量来满足需求并避免物料短缺。在这一部分，我们将从 MRP 的输入信息、展开过程、运行方式和主要输出信息 4 个方面对 MRP 进行详细的介绍。

（一）MRP 的输入信息

MRP 系统的输入信息源包括主生产计划、来自厂外的零部件订货、作为独立需求项目的需求量预测、库存记录文件和物料清单等。

主生产计划是 MRP 系统的主要输入信息源。因为 MRP 系统要根据主生产计划中的项目逐层分解，得出各种零部件的需求量，而其他的输入信息只是为 MRP 分解主生产计划提供帮助。

厂外零部件订货是指备品备件订货、厂际协作订货、来自专门采购其他厂家零部件组装产品的厂家的订货，以及其他任何与常规生产计划无关的特殊订货。此外，零部件订货还可能用于实验、破坏性试验、推销、设备维修等。MRP 系统在处理这类订货时，只是在相应物料的毛需求量中加上这类订货的数量。

MRP 系统是将对零部件的独立需求预测所得到的结果作为毛需求量来对待的，即对于那些部分属于独立需求，部分属于非独立需求的物料，只要将独立需求的预测量加到毛需求量上即可。

库存记录文件是由各项物料的库存记录组成的，这些记录中含有用来决定需求量的状态数据。库存记录文件必须通过各种库存事务的处理来随时加以更新。每项库存事务的处理（入库、出库、报废等）都将改变相应物料的状态数据。库存事务的处理更新了各项物料的状态数据，而这些状态数据又在计算需求量的过程中被引用。

物料清单中所包含的产品结构信息，则作为需求分解的依据。

（二）MPS 如何驱动 MRP

假定表 2-3 所示的主生产计划的对象是闪光灯。闪光灯的物料清单如图 2-1 所示。在表 2-3 中，闪光灯这一产品在其主生产计划层次上对供需关系已做了平衡，在这个平衡过程中，不曾涉及生产闪光灯所需要的子项，平衡子项的供需关系是物料需求计划的任务。把对闪光灯产品的需求转化为对生产闪光灯所需要的子项的需求，需要在主生产计划和物料需求计划之间有一个接口，这个接口就是产品的物料清单。

主生产计划驱动物料需求计划的过程如下：已知当闪光灯的三个组件都备齐之后，用 1 个时区完成闪光灯的装配。现在按计划要在第 2 时区完成 115 台闪光灯的装配，于是，在第 1 时区必须有足够的子项可用，以便在第 1 时区开始装配闪光灯并在第 2 时区完工。于是，115 件闪光灯头组装配件、115 件灯泡和 115 件灯体组装配件在第 1 时区应当可以用。也就是说，在第 1 个时区存在对 3 种子项的毛需求各 115 件。

表 2-3　　　　　　　　　**根据系统的行为建议信息修改后的主生产计划**

现有库存：70 件　　　　　　　　　　提前期（1层）：1 个时区

订货批量：125 件　　　　　　　安全库存：无　　　　累计提前期：大于 8 个时区

	过去	1	2	3	4	5	6	7	8
生产预测	—	50	50	50	50	50	50	50	50
实际需求	—	—	—	—	—	—	—	—	—
总需求	—	50	50	50	50	50	50	50	50
主生产计划	—	—	115	—	125	—	—	125	—
预计可用量	70	20	85	35	110	60	10	85	35

同样的道理，由于第 4 时区和第 7 时区的主生产计划订单产生的需求，在第 3 时区和第 6 时区存在对 3 种子项的毛需求各 125 件。

这些子项的计划和排产则通过 MRP 计划来进行。

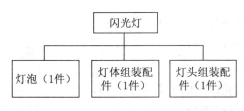

图 2-1　闪光灯物料清单

（三）MRP 的计算过程

在物料清单的一个层次上计算物料的过程，但这只是 MRP 需求分解过程的一部分，是横向的过程。下面介绍最终项目的一项需求按 BOM 引起对下属各层物料的毛需求和净需求的纵向计算过程以及物料需求计划的全过程。

为了确定 BOM 中一个较低层次（层次越低编号越大）的物料项目的净需求量，不仅需要考虑这类项目在本层的需求数量，还得考虑该项目在其父项以及父项的父项中的需求数量。计算净需求量的过程可以用下面的一个例子来说明，如图 2-2 所示。

第0层	X	产品（卡车）
第1层	A	总成（传动器）
第2层	B	组件（齿轮箱）
第3层	C	零件（齿轮）
第4层	D	零件半成品（锻坯）

图 2-2　父项与子项的关系

例 2-1　假定要生产 100 辆卡车 X，库存情况如下（库存量和已订货量之和）：

传动器：2；

齿轮箱：15；

齿轮：4；

齿轮锻坯：46。

现在来计算上述各项物料的净需求量。

需要生产的卡车数量：100；

传动器毛需求量：100；

传动器库存量和已订货量：2；

传动器的净需求量：98；

生产 98 台传动器对齿轮箱的毛需求量：98；

齿轮箱库存量和已订货量：15；

齿轮箱净需求量：83；

生产 83 台齿轮箱对齿轮的毛需求量：83；

齿轮库存量和已订货量：4；

齿轮净需求量：46；

生产 46 个齿轮对齿轮锻坯的毛需求量：46；

齿轮锻坯库存量和已订货量：46；

齿轮锻坯净需求量：30。

下面对齿轮锻坯的净需求量进行核实。卡车生产数量为100，齿轮锻坯的总需求量，即以下5项之和亦应为100。

齿轮锻坯的库存量和已订货量：46；

含有齿轮锻坯的齿轮的库存量和已订货量：4；

含有齿轮的齿轮箱的库存量和已订货量：15；

含有齿轮箱的传动器的库存量和已订货量：2；

齿轮锻坯的净需求量：30；

总计：100。

净需求量的计算是根据产品结构自上而下逐层进行的。这个计算过程把隐蔽在较高层次的物料项目传动器、齿轮箱、齿轮中的齿轮锻坯都找了出来，并加以计算。净需求量是通过一层一层地把库存量和已订货量分配给各个相应层次上的毛需求量而逐步求得的。只有在确定了上一级层次的净需求量以后，才能确定下属层次的净需求量。

应当注意的是，毛需求量是为了满足上一级项目的订货要求而产生的，而不是最终产品所消耗的数量，这两个量不一定相同。

在例2-1中，要生产100辆卡车，每一辆卡车含有一个齿轮锻坯，因此齿轮锻坯的总需要量是100。这个数字虽然在成本核算等方面很有用处，但对于物料需求计划则没有意义。因为我们关心的不是与产品一起出厂的组件的数量，而是需要采购或制造的最小数量，即净需求量。在例2-1中计算出的齿轮锻坯的毛需求量是46，净需求量是30。只有在上一级层次（齿轮、齿轮箱、传动器）中库存为零时，齿轮锻坯的毛需求量才可能是100。在物料需求计划中，下属项目的毛需求量取决于直接上一级项目的净需求量，而不是取决于最终产品或主生产计划最终项目的需求量。

还应注意对一个给定的项目可能有多个需求源，因此毛需求量也可来自多方面。一项物料可能通用于几个上一级项目，也可能用于来自外部的独立需求，如用作备件。我们应把该项物料的这些毛需求量按时区合并起来，如图2-3所示。

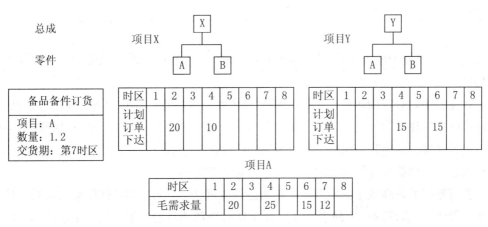

图2-3　毛需求量

物料需求计划的全过程，是在展望期内把最终项目的独立需求从主生产计划开始向下逐层分解为各个零部件需求的过程，如表 2-4 所示。在此过程中，关键是上一级项目记录和下属项目记录之间的衔接问题：对一项物料计划订货的下达就同时产生了其直接下属项目的毛需求，它们在时间上完全一致，在数量上有确定的对应关系。此过程沿 BOM 的各个分支进行，直到所有的分解路线都达到外购件（零部件或原材料）为止。

表 2-4　　　　　　　　　　需求量的分解

第一层项目：A	时区	1	2	3	4	5	6	7	8	9
毛需求量	—	10	—	15	10	20	5	—	10	5
计划接收量	—	—	—	14	—	—	—	—	—	—
库存量	12	2	2	1	−9	−29	−34	−34	−44	−59
计划订单下达	—	—	9	20	5	—	10	15	—	—
第二层项目：B	**时区**	**1**	**2**	**3**	**4**	**5**	**6**	**7**	**8**	**9**
毛需求量	—	—	9	20	5	—	10	15	—	—
计划接收量	—	—	—	—	—	—	—	—	—	—
库存量	28	28	19	−1	−6	−6	−16	−31	−31	−31
计划订单下达	—	1	5	—	10	15	—	—	—	—
第三层项目：C	**时区**	**1**	**2**	**3**	**4**	**5**	**6**	**7**	**8**	**9**
毛需求量	—	1	5	—	10	15	—	—	—	—
计划接收量	—	—	—	—	—	—	—	—	—	—
库存量	8	4	2	2	−8	−23	−23	−23	−23	−23
计划订单下达	—	—	8	15	—	—	—	—	—	—

表 2-4 对处于相邻层次的三个物料项目的需求分解过程做了说明，它们的提前期均为 2。

在此表中，假定物料项目 B 和 C 没有多个上一级项目，即它们不是通用件。然而，实际情况却往往并非如此。它们很可能有着多个上一级项目，尤其是处于 BOM 低层的项目更是这样。在这种情况下，如果沿 BOM 各分支分别分解，然后再把对通用件的多项需求相加，则造成计算的重复，降低了数据处理的效率。

获得数据处理高效率的标准技术称为逐层处理法，一般 MRP 软件系统均采用这种方法。做法是先对所有 BUM 算出第一层上所有物料项目的计划订货，把这些结果按通用件相加，用来确定第二层项目的毛需求。依次类推，直至外购件。

在这个过程中，物料的低层代码起到非常重要的控制作用。一项物料可以出现在多个 BOM 中，所以每项物料都要有一个低层代码，用来指明该项目所处的最低层次。于是，在逐层分解计算需求量的过程中，对该项目的处理便被延迟到其出现的最低层次上进行，从而所有较高层次上可能出现的对该项目的毛需求都能在此之前确定。因此，每项物料的记录只需处理一次，避免了重复检索和处理，提高了效率。

（四）MRP 的主要运行方式

MRP 系统有两种基本的运行方式：全重排式和净改变式。

全重排式从数据处理的角度看，效率比较高。但由于每次更新要间隔一定周期，通常至少也要一周，所以不能随时反映出系统的变化。净改变式可以对系统进行频繁的，甚至是连续的更新，但从数据处理的角度看，效率不高。以上两种方式的主要输出是一样的，因为不论以何种形式执行 MRP 系统，对同一个问题只能有一个正确的答案。两种方式的输入也基本上是相同的，只是在物料的库存状态的维护上有些不同。两种方式最主要的不同之处在于计划更新的频繁程度以及引起计划更新的原因。在第一种方式中，计划的更新是由主生产计划的变化引起的，在第二种方式中，则是由库存事务的处理引起的。

理论上讲，任何一个标准的 MRP 系统都只能是以上两种形式中的一种，但在实际应用中却很难分出两种形式的界限。一个全重排式系统可能会渗入一些净改变式系统的特点，反之亦然。实际上，一般的 ERP 软件系统都提供两种运行方式可供选择。这里所讨论的是全重排式系统和净改变式系统的标准形式。

MRP 系统的传统做法是建立在计划日程全面重排的思想之上的。根据这种做法，系统要将整个主生产计划进行分解，求出每一项物料按时间分段的需求数据。

在使用全重排方法时，主生产计划中所列的每一个最终项目的需求都要加以分解；每一个 BOM 文件都要被访问到；每一个库存状态记录都要经过重新处理；系统要输出大量的报告。

在全重排式 MRP 系统中，由于主生产计划是定期重建的，所以，每次所有的需求分解都是通过一次批处理作业完成的。在每次批处理作业中每项物料的毛需求量和净需求量都要重新加以计算，每一项计划下达订单的日程也要重新安排。

由于采用批处理方式，这种作业也就只能按一定时间间隔定期进行。在两次批处理之间发生的所有变化，都要累计起来，等到下一次批处理作业时一起处理。重排计划的时间间隔，应从经济上考虑其合理性。就制造业已安装的 MRP 系统来说，全面重排的时间间隔通常为 1～2 周。又由于全面重排计划的数据处理量很大，所以计划重排结果报告的生成经常有延迟，这就使系统反映的状态总是在某种程度上滞后于现实状态。

在具体情况下，这个缺点的严重程度取决于 MRP 系统的作业环境。

在一个动态的生产环境中，生产状态处于连续的变化之中。在这种情况下，主生产计划经常更改，客户需求时时波动，订货每天都可能发生变化，常有紧急维修的订货，也有报废的情况发生，产品的设计不断更新——所有这些都意味着每项物料的需求数量和需求时间都要随之改变。

在这类生产环境中，要求系统有迅速适应变化的能力。而全重排式 MRP 系统至多也只能每周重排一次计划。由于这类系统不能适合生产作业的节奏，所以相对来说，它的反应是太慢了。

在比较稳定的生产环境中，仅就物料需求而论，全重排式 MRP 系统或许能满足需求。然而 MRP 并不只局限于库存管理，它还要确保已下达订单的到货期符合实际需求。已下达订单的到货期是正确制定车间作业任务优先级和作业顺序的基础。因此，保证订单的完成日期能随时更断，使它总能符合当前情况，这是非常重要的。然而，一个以周（甚至更长时间）为周期重排计划的 MRP 系统，显然不能使订单的完成日期时时处于与当前情况相符的状态。

由以上讨论可以看出，在 MRP 系统的使用中，重排计划的时间间隔是一个重要问题，也是系统设计的一个重要参数。要想以小于 1 周的时间间隔来运行全重排式系统是不切实际的。为了能以更小的时间间隔重排计划，必须寻找一种新的方法，这种方法既要考虑到数据处理的经济性（重排计划的范围、时间区段和输出数据量），又能避免批处理作业中时间滞后的弊端。于是，净改变式 MRP 系统便应运而生。

在运行 MRP 系统时，需求分解是最基本的作业。它既不能省略，又无捷径可走，只能将分解的工作分散进行。净改变式 MRP 系统就是从这一点出发，采用频繁地进行局部分解的作业方式，取代以较长时间间隔进行全面分解的作业方式。局部分解是使净改变式系统具有实用价值的关键，因为局部分解缩小了每次做需求计划运算的范围，从而可以提高重排计划的频率。由于分解只是局部的，作为输出结果的数据也就少了。在净改变式 MRP 系统中，所谓局部分解是从以下两种意义上来说的：一是每次运行系统时，都只需要分解主生产计划中的一部分内容；二是由库存事务处理引起的分解只局限在该事务处理所直接涉及的物料项目及其下属层次上的项目。

从净改变的角度来看，主生产计划是一个连续存在的计划，而不是一份间断产生的计划。主生产计划在任何时候都可以通过增加或减少各种需求量的净改变量而不断得到更新，定期发布的新计划也是以同样的方式进行处理，事实上是一种计划更新的特殊形式。但是，在处理上，只是对系统中某些物料项目的原有状态数据加上或减去相应的净改变量，从而大大减少了计划重排的工作量（见表 2 - 5）。

表 2 - 5　　　　　　　　　　　　主生产计划中的转变

（A）

产品	3 月	4 月	5 月	6 月	7 月	8 月	9 月
X	80	40	30	0	0	50	0
Y	100	60	80	100	60	60	0
Z	15	0	10	15	0	10	0

(B)

产品	—	4月	5月	6月	7月	8月	9月
X	—	40	30	0	0	35	40
Y	—	60	80	100	60	60	0
Z	—	0	10	15	0	10	15

(C)

产品	—	4月	5月	6月	7月	8月	9月
X	—	—	—	—	—	−15	+40
Y	—	—	—	—	—	—	—
Z	—	—	—	—	—	—	+15

表2-5进一步说明了这种方法。如果一个以6个月为计划期的主生产计划，在3月如表2-5（A），在4月如表2-5（B），这两者的差别在表2-5（C）中以净改变的形式表现出来。

上述例子中，在主生产计划的计划期内，总共有18个数据单元，其中15个单元没有发生变化，产品Y的计划一直保持不变。在这种情况下，净改变式系统的数据处理工作量就只相当于全重排式系统所要完成的工作量的一小部分。在全重排式系统中，所有18个数据单元都要重新输入系统，所有库存记录都要被重新处理，产品X、Y、Z的BOM都要访问。

还有很重要的一点应当指出，假如在3月就预知产品X在8月的需求量要减少，则在3月内即可通过净改变方式处理这个数据的改变，而不必等到4月。这样，到了4月，对产品X而言，处理净改变数据的工作量就只需要考虑9月新增的40。

净改变只对当前状态与以往状态的差异进行处理，这一原理使净改变式系统能够对库存状态的变化迅速做出反应。

净改变式系统的运行可以采用以下两种方式：一是比较频繁地重排计划，通常每天进行一次批处理；二是连续地重排计划，即实时处理。

在已实施净改变式系统的企业中，比较常见的做法是，采用每天一次批处理的方法处理库存业务，即重排计划，而对库存文件的查询则采用实时处理的方法。

与全重排方式相比较，净改变方式使系统能够做到以下几点：

（1）减少每次发布主生产计划后进行需求计划运算的工作时间；

（2）在两次发布主生产计划的间隔期间也可以对计划中的变化进行处理；

（3）连续地更新，及时地产生输出报告，从而可以更早地通知管理人员采取相应的措施。

从系统使用人员的角度来看，净改变式系统最突出的优点是它能对状态变化迅速做出反应。

净改变式系统也有不足之处，可以归纳如下。

（1）系统的自清理能力较差

系统的自清理能力较差，因而需要对使用系统的管理人员进行严格的专门训练。

从实用的观点来看，凡对系统使用者的专业训练要求过于严格，往往被看作是系统的一个缺点。但不能误解为只有净改变式系统才需要严格的专业要求，而全重排式系统就可以放松要求。事实上，松懈的工作态度以及不完整、不准确的数据对任何形式的 MRP 系统来说，都会导致输出结果无效。而且，由全重排式系统的错误所造成的损失比因净改变式系统的错误所造成损失更大。

全重排式系统具有比较好的自清理能力。在这种系统中，每次运行都是对新的主生产计划进行处理，而原有主生产计划也就自然而然地被完全抛弃，因而原计划中的所有错误也随之一起清除，使新计划的分解与需求计划编制是重新开始的。当然，如不能清除在先前处理中引起错误的因素，原有的错误仍会出现。

由于一般的 ERP 软件系统都提供两种运行方式可供选择，所以在实际应用中，企业一般的做法是，每月第一次运行 MRP 系统采用全重排方式，然后，每天运行 MRP 系统则采用净改变方式。

（2）数据处理的效率相对来说比较低

净改变式系统的数据处理效率较低，成本较高，这主要是由于在库存事务处理和进行分解运算处理时要多次访问库存记录。但是，对于净改变式系统，我们着眼于库存管理和生产计划的效率而不是数据处理的效率。建立和开发 MRP 系统也与建立和开发其他企业管理计算机应用系统一样，有一个在数据处理的效率和其所支持的管理系统的效率之间进行权衡的问题。在这些情况下，数据处理效率的小目标总是服从于改善企业管理效率的大目标。

（3）系统对变化过于敏感

净改变式系统常常表现的过于敏感。这是因为在净改变式系统中，每次文件的更新都相当于重排计划。这样，系统可能要求管理人员不断地修正已经进行的作业。这是管理人员比较头痛的一个问题，特别是对那些不能随意更改到货日期的已下达的采购订单。为了正确评价净改变式系统的这一特点，必须区分以下两个问题：

①系统给出最新的信息；

②根据系统提供的信息，以适当的频度采取行动。

显然，这是两个不同的问题，而且可以独立于前者而对后者做出决定。在完全掌握最新信息的基础上，有选择地对某些可以忽略的因素取消相应的措施总是比不了解情况而不采取措施要好。就计划的编制来说，系统的"敏感性"应该是净改变式系统的一个长处。就计划的执行来说，过度的敏感是应当、也完全能够适当地加以抑制的。

事实上，并非库存状态的每个变化都要在执行过程中引起反应。通常的做法是在一定程度上有意识地延迟对某些变化做出反应。在实践中，库存计划管理人员一般都定期地对系统变化采取相应的措施。他们不需要对个别的变化连续不断地做出反应，而是把这些变化积累起来，定期进行处理。

系统可以为计划管理人员定期地输出关于要求采取措施的报告，通常可以每天产生一批，但不同的业务可以根据不同的用途采用不同的时间间隔进行处理。例如，车间生产指令可以每班重新审查一次，以保证车间调度计划的优先顺序合理有效。而对供应商交货信息，每周重新审查并处理一次即可。有些信息则一定要由系统及时输出，因为晚了就可能来不及采取相应的措施了。例如，因需求变化而要取消一份已下达的采购订单，及时得到这个信息就能尽快地采取措施取消订单，而假如晚了 24 小时才知道，可能就无法取消这份订单。

每次重排计划的时间间隔和采取业务行动的时间间隔可以酌情而定。如果心中有数，有意识地推迟采取行动的时间可以减少因变化过多而带来的不稳定局面，但显然这种延迟应当是有限度的。总的原则是，如果系统有能力经常（或连续地）重排计划、审查和修改以前的作业行动，则采取措施越及时越好。

净改变式系统所允许的行动延迟时间范围可以是 0～1 周或 1 个月，对变化反应的及时程度是由这类变化的性质决定的。

（五）MRP 的主要输出信息

MRP 的主要输出信息有：

（1）下达计划订单的通知；

（2）要求提前或推迟已下达订单的完工日期的通知；

（3）撤销订单的通知；

（4）物料库存状态分析的备用数据；

（5）未来一段时间的计划订单。

根据用户的需求，MRP 系统还可以输出如下信息：数据错误、各种例外信息报告、库存量预报、需求反查报告、作业完成情况的报告等。

【实训 2–2】物料需求计划实训

实训目的：

（1）理解物料需求计划 MBP 的意义；

（2）掌握物料需求计划 MRP 的算法；

（3）掌握物料需求计划 MBP 的控制方法。

实训内容：

2007 年 2 月 2 日，发放工单后，生产主管人员某某对办公椅要用的原物料进行排产，时间范围为 2 月，按周汇总排产的结果；物料需求计划计算后，发现生产办公椅需要的原材料底座、坐垫、螺丝零件包的现有库存量不能满足生产的需求，于是生成以上原材料的采购计划，最后主管人员某某将采购计划发放给采购部门。

实训要求：

根据已发放的工单进行物料需求计划，并且通过计算库存不足的原材料数量，生成采购单。

实训课时：

4 课时。

实训步骤：

（1）查询主生产计划，可了解排产的时间范围、汇总周期等基础信息；

（2）生产主管人员某某根据"生成物料需求计划"计算原物料的供需状况；

（3）针对库存不足的原物料进行"维护采购计划"；

（4）生产主管人员某某将确定的"采购计划""发放 MRP 采购单"到采购部门。

五、能力需求计划

物料需求计划的对象是物料，物料是具体的、形象的和可见的。能力需求计划（Capacity Requirements Planning，CRP）的对象是能力，能力是抽象的，且随工人效率、人员出勤率、设备完好率等变化而变化。CRP 把 MRP 的物料数量转换为标准负荷小时，把物料需求转换为能力需求，它把 MRP 计划下达的生产订单和已下达但尚未完工的生产订单所需的负荷小时，转换为每个工作中心各时区的能力需求。

（一）能力的概念

1. 可用能力（capacity available）

可用能力是指系统或资源在一定时间内能够生产一定数量产品的能力。可用能力受以下因素影响：

（1）产品规格。如果产品的规格改变，工作内容（加工产品需要做的工作）也将会改变，因而它将影响可生产的产品单位数量。

（2）产品组合。每个产品都有其自身的、以所需时间来衡量的工作内容。如果加工的产品组合改变，该产品组合的总工作内容（时间）也将会改变。

（3）工厂和设备。工厂和设备与生产产品所使用的方法相关联。如果生产方法改变，生产的结果将会改变。

（4）工作努力状况。工作努力状况与工作执行的速度或节奏相关联。如果员工改变工作节奏，在一定的时间则会生产更多的产品，那么生产能力就会改变。

2. 能力的度量

（1）产出单位。如果在一个工作中心或工厂所生产的产品变化不大，则经常可以使用通用的产出单位来衡量所有的产品。例如，造纸厂用吨来度量能力、啤酒厂用桶来度量能力、汽车制造商用辆来度量能力等。

（2）标准工时。有些企业生产的产品多种多样，可能不存在一个适当的通用产出单位。在这种情况下，对所有产品的通用单位就是时间。产品的工作内容表示为以某种制造方式生产一个产品所需要的时间。一个合格的操作工以正常的工作节奏完成一项作业所需要的时间，称为一项作业的标准工时。标准工时提供度量工作内容的尺度，以及度量能力的单位。标准工时也用于计划排产及负荷安排。

3. 确定可用能力

确定可用能力有两种方式，即度量和计算。度量能力（measured capacity）是通过对历史数据的度量得到的，是实际表现的能力，因此，也称为表现能力（demonstrated capacity），通常表示为产出物料项目的平均数量与每个物料项目的标准工时的乘积。计算能力（calculated capacity）是基于可用时间、利用率和效率进行计算的结果，通常称为额定能力（rated capacity）。

（1）可用时间。可用时间（available time）是指一个工作中心可以使用的小时数。例如，一个工作中心每周工作 5 天，每天工作 8 小时，则一周的可用时间是 40 个小时。可用时间取决于机器数量、员工数量及作业时间。例如，一个工作中心有 3 台机器，工作中心每周工作 5 天，每天工作 8 小时，则一周的可用时间＝3×8×5＝120 小时。

（2）利用率。可用时间是可以使用某个工作中心的最多小时数。然而，实际上不太可能在任何情况下都能使用这些时间。由于机器损坏、员工缺勤及缺少物料，都会导致停机现象。而且，所有这些问题也都会引起不可避免的延期。工作中心实际使用时间占可用时间的百分比称为工作中心的利用率（utilization）。利用率可以从历史记录中确定，或者通过工作抽样调查。计算公式如下：

$$利用率＝\frac{实际使用时间}{可用时间}×100\%$$

（3）效率。对于某个工作中心，有可能一周使用了 100 个小时，但所完成的标准小时数并不是 100。员工或许比标准工作节奏做的更快或更慢，导致工作中心的效率（efficiency）多于或少于 100%。

例 2-2 一个工作中心可用时间为 120 小时，实际上只用了 100 小时进行生产，该工作中心的利用率是多少？一个工作中心每班生产 120 个单位，该部件的标准是每班生产 100 个单位，该工作中心的效率是多少？

$$利用率＝\frac{100}{120}×100\%＝83.3\%$$

$$效率＝\frac{120}{100}×100\%＝120\%$$

（4）额定能力是在考虑工作中心利用率和效率的基础上计算出来的。

例 2-3 某工作中心有 4 部机器，工作中心每周工作 5 天，每天工作 8 小时。该工作中心的利用率是 85%，效率是 110%，额定能力是多少？

可用时间＝4×8×5＝160 小时/周

额定能力＝160×0.85×1.10＝149.6 标准小时

（5）表现能力表示一个工作中心的可用能力。表现能力是通过对历史数据的度量得到的，检查以前的生产记录，从中可以得到工作中心可用能力的信息。

例 2-4 在过去的 4 个星期，一个工作中心的额定能力分别为 120、130、150 和 140 标准小时的工作。该工作中心的表现能力是多少？

注意，表现能力是平均产出，而不是最高产出。它实际上取决于工作中心的利用率及效率。如果一个工作中心保留了可用时间、实际使用时间及实际完成的标准时间，那么，效率和利用率可以从历史数据中得到。

例 2-5 在过去的 4 个星期中，一个工作中心生产了 540 标准小时的工作。该工作中心的可用时间是 640 个小时，实际使用了 480 个小时。计算该工作中心的利用率和效率。

$$利用率 = \frac{实际使用时间}{可用时间} \times 100\% = \frac{480}{640} \times 100\% = 75\%$$

$$效率 = \frac{完成的标准工时}{实际投入的标准工时} \times 100\% = \frac{540}{480} \times 100\% = 112.5\%$$

（二）工厂日历

能力需求计划所使用的日期标识要使用工厂日历。这是因为常规日历的月份天数不尽一致，假日也不规则，常使计划安排感到不便。工厂日历则只对工作日连续编号，周六、周日以及节假日不进行编号。因此，当使用工厂日历来确定或标识日程计划时，只用简单的加减法就可以了。

（三）生产排产方法

当收集了必要的数据之后，就可以进行生产排产了。

生产排产即编制工序计划，其目的是使生产订单的生产能够满足交货日期，并最有效地利用制造资源。生产排产要为产品的每一道工序确定开始日期和完成日期。

为了制定有效的生产排产，计划人员必须拥有关于产品工艺路线、需要能力和可用能力、其他工作订单，以及所涉及的每一个工作中心的制造提前期等方面的信息。这些信息可以从已下达的生产订单、MRP 计划订单、工艺路线文件、工作中心文件、工厂日历等文件中得到。

有很多生产排产方法可用于生产订单的排产，其中，最基本的技术是向前排产、向后排产、有限负荷和无限负荷等方法。

1. 向前排产（forward scheduling）

向前排产假设一个部件的物料采购和工序排产开始于订单收到之时，而不管到期日期是什么，并且工序从订单收到之日起开始往前安排。图 2-4 中的第一条线展示了这种方法。向前排产方法的结果是产品在到期日之前完成，这通常导致库存量的堆积。这种方法用来决定一个产品最早的交货日期。

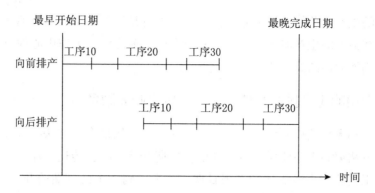

图 2－4　向前排产和向后排产

向前排产方法用来计算需要多长时间可以完成一个订单。这种技术也用于为客户制订交货日期的承诺，或者计算一个落后于生产排产的订单是否可以补救。

2. 向后排产（backward scheduling）

图 2－4 中的第二条线表示了向后排产方法。首先考虑产品工艺路线中的最后的工序，并安排在到期日完成。然后，从最后的工序开始往后安排其他的工序。向后排产方法按产品的需要来安排产品的可供性，它与 MRP 系统所使用的逻辑是相同的，因而在制品库存减少。

向后排产方法用来确定一份订单必须开始加工的时间。这种排产方法在制造业中广为使用，因为它有助于减少库存量。

3. 无限负荷（infinite loading）

无限负荷方法假设工作中心有无限的能力可供使用，不考虑还有其他的生产订单竞争使用同一能力。图 2－5 展示的是一个无限能力的负荷图，图中既有负荷过度，也有负荷不足。

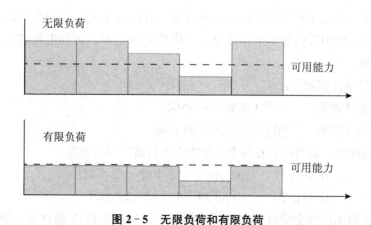

图 2－5　无限负荷和有限负荷

4. 有限负荷（finite loading）

有限负荷假设在任何工作站的可用能力都是有限的。在安排一份生产订单时，如果因为其他的生产订单使工作中心在某个时区没有足够的可用能力，那么这份生产订单必须安排在另外的生产时区。所以，使用有限负荷方法，工作中心的负荷一定不会超过它的可用能力，图 2-5 展示了这种情况。

（四）常用的生产排产方法——向后排产和无限负荷

向后排产和无限负荷的结合是能力需求计划中使用最多的方法。这种方法首先以向后排产的方法编制工序计划。即从订单交货期开始，减去传送、加工、准备和排队时间来确定工艺路线上各工序的开工日期。如果得到一个已过期的开工日期，那么，为了按预定的交货期完工，则应重新计划订单并压缩提前期。

编制工序计划首先要从生产订单、工艺路线和工作中心文件中得到有关信息：

从已下达的订单文件得到订货量和交货期。例如，部件 A 订单订货量是 60，交货期是工厂日历第 420 天。

从工艺路线文件中获得工序次序、工作中心、准备时间和单件加工时间。例如，部件 A 订单需要在两个工作中心（分别是 1 号工作中心和 2 号工作中心）上加工两道工序（工序 10 和工序 20）。如表 2-6 所示。

表 2-6　　　　加工次序、工作中心、准备时间和单件加工时间

加工次序	工作中心	准备时间（小时）	单件加工时间（小时）
1. 工序 10	1	12	1
2. 工序 20	2	6	0.5

从工作中心文件获得 1 号工作中心的排队时间和传送时间均为 1 天，2 号工作中心的排队时间和传送时间分别为 2 天和 1 天。

然后计算每道工序和每个工作中心的负荷。方法是用从订单中得到的生产数量乘以从工艺路线文件中得到的单个零件每道工序的定额工时，再加上每道工序的标准准备时间。例如：

部件 A 订单计算如下：

工序 10 加工时间　　60×1 小时＝60 小时

工序 20 加工时间　　60×0.5 小时＝30 小时

加上准备时间，就可确定在每个工作中心上每道工序的负荷：

工序 10——工作中心 1：　　60 小时＋12 小时＝72 小时

工序 20——工作中心 2：　　30 小时＋6 小时＝36 小时

再计算每道工序的交货日期和开工日期。为了编排部件 A 的订单，使之在第 420 天完成，应该从交货日期中减去传送、加工、准备和排队所需的时间，从而得到订单到达加工该部件第一道工序的工作中心的工作日期。

为了编制工序计划，可以把平均加工时间和准备时间以天为单位存储在工艺路线

文件中。将每天计划工时乘以工作中心利用率和效率即可得到每天可用的标准工时。假设每天计划工时为 8 小时，利用率是 0.85，效率是 0.88，则每天可用的标准工时为：

8×0.85×0.88＝6 标准工时/天

则，工序 10

$$加工时间（天）＝\frac{60\ 标准时间}{6\ 标准工时/天}＝10\ 天$$

$$准备时间（天）＝\frac{12\ 标准时间}{6\ 标准工时/天}＝2\ 天$$

则，工序 20

$$加工时间（天）＝\frac{30\ 标准时间}{6\ 标准工时/天}＝5\ 天$$

$$准备时间（天）＝\frac{6\ 标准时间}{6\ 标准工时/天}＝1\ 天$$

该例以第 420 天作为工序 20 的完工日期，减去传送、加工、准备和排队时间得到抵达工作中心 2 的日期是第 411 天。这时，第 411 天就成为工序 10 的计划交货日期。重复以上过程计算工序 10 的开工日期。如表 2-7 所示。

表 2-7　　　　　　　　　　　　　　　工序计划

工序号	工作中心	到达工作中心日期	排队时间（天）	准备时间（天）	加工时间（天）	传送时间（天）	完工日期（天）
10	1	397	1	2	10	1	411
20	2	411	2	1	5	1	420

（五）编制工作中心负荷报告

当对所有的订单都编制了工序计划之后，就可以对各个工作中心按时区累计负荷，产生所有工作中心的负荷报告。工作中心的负荷报告显示在一定的时区内计划订单和已下达订单的能力需求。

为了按时区累计工作中心负荷，要对每个工作中心所有订单所需的全部负荷定额工时加在一起。

例如，在工作中心 2，由前面的计算可知部件 A 的订单需要 30 小时加工时间和 6 小时准备时间，即共 36 小时负荷。在工作中心 1，该订单需要 60 小时加工时间和 12 小时准备时间，即共 72 小时负荷。

为了制定工作中心 2 的负荷图，按时区将计划在工作中心 2 上加工的全部下达订单和计划订单的准备时间和加工时间加在一起，最终得到为满足生产计划所需的总设备工时或劳动力工时，如表 2-8 所示。在表 2-8 中，已下达负荷工时表示由已下达订单产生的负荷，计划负荷工时表示由 MRP 计划订单产生的负荷，总负荷工时是已下达负荷工时和计划负荷工时之和。

表 2-8　　　　　　　　　　　　　**工作中心的负荷报告**

工作中心号：2　　　　　　　　　　　　　　　　工作中心描述：机床

劳动能力：180 小时/时区　　　　　　　　　　　设备能力：200 小时/时区

	时区（周）					总负荷
	1	2	3	4	5	
已下达负荷工时	75	100	120	90	100	485
计划负荷工时	150	0	40	50	140	380
总负荷工时	225	100	160	140	240	865
可用能力	180	180	180	180	180	—
能力负荷差异	−45	80	20	40	−60	—
能力利用率	125	56	89	48	133	—

　　工作中心能力为 180 小时。因劳动能力小于设备能力，所以工作中心的可用能力即为劳动能力。

能力负荷差异＝能力－总负荷

　　工作中心负荷报告多以直方图的形式来描述，所以也称为负荷图。如表 2-8 的负荷报告可以用图 2-6 的形式来表示。

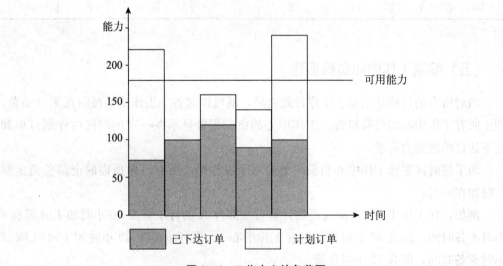

图 2-6　工作中心的负荷图

（六）分析结果并反馈调整

超负荷和负荷不足都是应解决的问题。如果超负荷，则必须采取措施解决能力问题，否则不能实现能力计划；如果负荷不足，则作业费用增大，对于流程工业来说，设备不易关闭，负荷不足则问题更显得严重。因此，必须对负荷报告进行分析，并反馈信息，及时调整计划。

根据工作中心负荷报告或负荷图，可以对工作中心的负荷和能力进行对比分析。如果有很多工作中心表现为超负荷或负荷不足，那么，能力就不平衡了。在进行校正之前，必须分析其原因。

引起能力不平衡的原因可能是主生产计划的问题，也可能是其他的问题。

在制订主生产计划的过程中，已通过粗能力计划从整体的角度进行了能力分析，因此，在制订能力需求计划之前就会发现主要问题。但对计划进行详细的能力检查时，还会发现有些在粗能力计划中不曾考虑的因素在起作用，例如，主要的维修件订单未反映在主生产计划中、忽略了拖期订单、粗能力计划没有包括所有的关键工作中心等。

如果因主生产计划中忽略了一项影响能力的因素而造成能力不平衡，首先应做的事情就是调整负荷或能力以满足主生产计划对能力的需求，而不是修改它。只有完全必要时，即没有办法满足能力需求时，才修改主生产计划。另外，其他因素，例如提前期，也会引起能力问题。例如，在能力需求计划中考虑了提前期，而在粗能力计划中不曾考虑，提前期的增大会影响到负荷的分布。

如果消除了以上各种因素之后，能力和负荷仍不能平衡，那么就要调整能力或负荷。

调整能力的措施如下：

（1）调整劳力。如果缺少劳力，则应根据需要增加工人。如果劳力超出当前需要，则应安排培训，提高工人技术水平，或重新分配劳力，把负荷不足的工作中心的劳力分配到超负荷的工作中心。

（2）安排加班。加班只能是一种应急措施，经常加班绝不是一种好方法。

（3）重新安排工艺路线。一旦某个工作中心承担的任务超负荷，则可把一部分订单安排到负荷不足的替代工作中心，使两个工作中心的负荷水平都得到改善。

（4）转包。如果是相当长的时间超负荷，可以考虑把某些瓶颈作业转包给供应商。

调整负荷的措施如下。

（1）重迭作业。为了减少在工艺路线中两个相连的工作中心的总的加工时间，可以在第一个工作中心完成整个批量的加工任务之前，把部分已完成的零件传给第二个工作中心。

（2）分批生产。将一份订单的批量细分成几个小批量，在同样的机器上同时安排生产。这种调度方法不能降低负荷，而是将负荷集中在更短的时间内。

（3）减少准备提前期。将准备过程规范化，可以减少准备时间，从而降低负荷。于是可以把节省下来的能力用于实际的加工过程。

（4）调整订单。考虑可否把一份订单提前或拖后安排，或者可否先完成一份订单的一部分；其余部分拖后安排，还可以考虑有些订单是否可以取消等。

（七）能力需求计划的控制

控制能力是为了发现现存的问题并预见潜在的问题，以便采取措施。为了能保证能力计划的执行，必须做好日常的能力检查。能力检查主要包括三方面的报告，即投入/产出报告、劳力报告和设备性能记录报告。

1. 投入/产出报告

投入/产出报告是一种计划和控制报告，它显示出各工作中心计划投入产出与实际投入产出的偏差，从而对能力需求计划进行度量，可以发现能力需求计划在何处未得到执行以及为什么未得到执行。利用投入/产出报告可以在工作中心上的问题明显暴露之前就发现它们，并采取措施加以解决。投入/产出报告包含以下信息（见表2-9）：

（1）计划投入——安排到工作中心的计划订单和已下达订单；

（2）实际投入——工作中心实际接收的任务；

（3）计划产出——要求完成的任务；

（4）实际产出——实际完成的任务；

（5）与计划的偏差——投入偏差和产出偏差；

（6）允许范围——允许的偏差程度。

表2-9　　　　　　　　　　　　　　投入/产出报告

周	1	2	3	4
计划投入	260	260	260	260
实际投入	260	255	260	—
累计偏差	0	−5	−5	
计划产出	260	260	260	260
实际产出	255	250	240	
累计偏差	−5	−15	−35	

投入/产出报告中，必须对比计划的投入产出和实际的投入产出。表2-9显示计划投入和计划产出从第1周到第4周都是260标准工时，从第1周到第3周，实际投入比计划投入少5标准工时，而实际产出连续减少，累计负偏差达到35标准工时。这样，报告可以提前发出关于能力问题的警报。假设允许的累计产出偏差为±20标准工时，则第4周需要采取纠正措施。

2. 劳力报告

劳力报告要反映出勤情况、加班情况和劳动状况。因为人力的利用率和工作效率在一定程度上影响着现有能力，所以要通过劳力报告加以反映并进行分析，以便发现问题。

（1）出勤记录。如果缺席过多，必定影响能力；如果人员流动过大，效率必定会降低，因为新雇员都要经过一定的培训才能正常工作，如果生产人员被安排做非生产工作，能力也会减少。

（2）加班。大量或长期的加班，会降低生产率，也会产生能力问题。

（3）劳动状况。主要是看实际效率是否符合计划的需求。

3. 设备性能记录报告

劳力和设备是生产能力的基础。所以对劳力除了通过劳力报告进行控制和分析之外，还应对设备性能加以检查和记录，并定期进行分析，以便发现潜在的问题。应检查和记录的项目如下。

（1）维修历史。记录维修机器的原因和时间。特别应分析非计划维修，找出潜在的原因。

（2）停机时间所占的比例。停机时间过长说明机器或机器的检修有问题。

（3）预防性维修规程。检查预防性维修规程，保证适当的维修。设备越陈旧，维修应越频繁，否则往往会增加停机时间。

第二节　生产活动控制

一、车间生产管理

车间作业管理根据零部件的工艺路线来编制工序排产计划，在车间作业控制阶段要处理相当多的动态信息。在此阶段，反馈是重要的工作，因为系统要以反馈信息为依据对物料需求计划、主生产计划、生产规划以至经营规划做必要的调整，以便实现企业的基本方针。

（一）车间作业管理的工作内容

车间作业管理的工作内容包括以下 5 个方面。

1. 核实 MRP 产生的计划订单

MRP 为计划订单规定了计划下达日期，虽然这个订单是需要的，并且做过能力计划，但这些订单在生产控制人员正式批准下达投产之前，还必须检查物料、能力、提前期和工具的可用性。

作为生产控制人员，要通过计划订单报告、物料主文件和库存报告、工艺路线文件和工作中心文件以及工厂日历来完成以下任务：

（1）确定加工工序。从工序的完成日期开始向后反序计算工序的开始日期，向后排产的调度规则不应当太复杂，否则，系统难以使用，也不容易理解；

（2）确定所需的物料、能力、提前期和工具；

（3）确定物料、能力、提前期和工具的可用性；

（4）解决物料、能力、提前期和工具的短缺问题。

2. 执行生产订单

执行生产订单的工作包括下达生产订单和领料单、下达工作中心派工单和提供车间文档。

一份生产订单在生产管理过程中是有生命周期的。所谓下达生产订单就是指明这份生产订单已经可以执行了。具体来说，就是这份订单的完工日期、订货数量以及领料单已经确定，可以打印订单和领料单，可以发放物料，也可以做完工入库的登记。在下达的生产订单上要说明零件的加工工序和占用的时间。

当多份生产订单下达到车间，需要在同一时间段内在同一工作中心上进行加工时，必须要向车间指明这些订单的优先级，说明各生产订单在同一工作中心上的优先级是工作中心派工单的作用。

执行生产订单的过程，除了下达生产订单和工作中心派工单之外，还必须提供车间文档，其中包括图纸、工艺过程卡片、领料单、工票、某些需要特殊处理的说明等。

3. 收集信息，监控在制品生产

如果生产进行得很正常，那么这些订单将顺利通过生产处理流程。但十全十美的事情往往是很少的，所以必须对工件通过生产流程的过程加以监控，以便了解实际上正在发生什么情况。为此要查询工序状态、完成工时、物料消耗、废品、投入/产出等项报告，控制排队时间、分析投料批量、控制在制品库存、预计是否出现物料短缺或拖期现象。然后，将生产的结果与计划进行比较，决定是否需要采取改进的行动。

车间管理部门应当做好以下几方面的工作：

（1）按工作中心将生产订单排列为希望的优先顺序，并根据这些信息建立派工单；

（2）追踪生产订单的实际绩效，将其与计划进行比较；

（3）在必要的时候，重新计划、重新安排，或者调整能力以满足最后交货日期的要求；

（4）监控在制品、提前期及工作中心的排队时间；

（5）通过投入/产出报告显示能力计划的执行情况；

（6）报告工作中心的效率、工序时间、订单量及废品率。

为了做好上述几方面的工作，车间管理部门需要以下信息：

（1）要生产什么、生产多少以及何时完工？

（2）加工产品需要哪些加工工序，以及这些工序需要多长时间？

（3）不同工作中心的可用能力是什么？

以上这些信息从计划文件和控制文件中可以得到。

计划文件包括物料主文件、物料清单文件、工艺路线文件及工作中心文件。这些文件将在第三章讨论，这里不再重复。

控制文件包括车间订单主文件和车间订单明细文件。

（1）车间订单主文件（shop order master file）

在车间订单主文件中，每一个有效生产订单都有一个记录。设立车间订单主文件的目的是为每一个车间订单提供如下的汇总信息：

①车间订单编号——识别车间订单的唯一的号码；

②订单数量；

③完成数量；

④残料数量；

⑤发给该订单的物料数量；

⑥到期日——订单预期完成的日期；

⑦优先顺序——一个用来排列订单先后顺序的数值；

⑧尚未完成的订单量；

⑨产品成本信息；

（2）车间订单明细文件

每一个车间订单都有一个明细文件（shop order detail file）。明细文件包括制造一项物料所需要的每一道工序的记录，每个记录包含以下信息：

①工序编号；

②准备时间，包括计划和实际的准备时间；

③加工时间，包括计划和实际的加工时间；

④在该工序已经完成的数量；

⑤在该工序记为废品的数量；

⑥到期日或剩余的提前期。

4. 采取调整措施

根据监控的结果，如果认为将要出现物料短缺或拖期现象，则应采取措施，如通过加班、转包或分解生产订单来调整能力及负荷。

如经过努力发现仍然不能解决问题，则应给出反馈信息，要求修改物料需求计划，甚至修改主生产计划。

5. 生产订单完成

统计实耗工时和物料、计算生产成本、分析差异、执行产品完工入库事务的处理。

（二）派工单

指导车间执行能力需求计划要通过派工单来实现。对于车间现场的工人来说，随时了解一份生产订单在哪里，以及它应当在哪里是非常重要的。他们的责任是确保产品按计划的日期完成。他们对生产过程的监控越紧密，任务就会完成得更好。

每天的派工单是车间调度的最有用的形式。派工单为在计划员和车间之间就优先级进行交流提供了一种方法。使用派工单，可以按部门或者按工作中心和工序来显示车间计划，而不仅仅是显示生产订单及其日期。

派工单就是按优先级顺序排列的生产订单一览表，如表2-10所示。当生产订单下达后，订单信息进入车间订单文件。车间订单文件记录了所有已下达但尚未完成的生产订单。每天的派工单，要列出在每个工作中心或部门加工的作业以及未来几天将要到达工作中心的作业单。

表 2 - 10　　　　　　　　　　派工单

工作中心：3001，冲压
今天日期：1/16/2005
优先级：工序完成日期

物料号	订单号	完成日期	工序号	描述	工序日期开始	完成	工时准备	加工	剩余量	上道工序号	工作中心	下道工序号	工作中心
\multicolumn{14}{l}{已经到达此工作中心的作业}
L930	1326	1/30	8.1	冲压	1/11	1/13	0	4.0	1500	—	—	20	4510
K421	2937	1/27	5	冲压	1/12	1/13	2.0	6.0	2000	—	—	10	3888
D430	2566	1/23	10	冲压	1/17	1/18	1.0	1.0	500	5	3000	20	4566
N862	3752	1/24	20	冲压	1/19	1/20	0.5	3.5	1000	—	—	30	4000
\multicolumn{14}{l}{在未来 3 天内将要到达此工作中心的作业}
K319	2597	1/27	15	冲压	1/17	1/18	1.0	3.0	800	—	—	20	4510
B422	3638	2/08	20	冲压	1/18	1/19	2.0	20.0	10000	10	3000	30	9500

派工单中还要列出工序的开始日期和完成日期，以及作业订单的完成日期。工序开始日期用来确定作业的加工顺序，工序完成日期和订单完成日期都是非常重要的信息，这些日期都是车间管理人员要满足的。

有些公司的派工单是按部门而不是按工序描述的。在这种情况下，派工单中要列出部门的开始日期和完成日期，以及生产订单的完成日期。这对于在一个部门中连续完成几道工序而每道工序的加工时间都很短的情况是更适当的。例如，在制药公司，混合、溶解、成颗粒等工序是在一个部门里同一天内发生的，在木器家具制造公司，刨平、打磨、黏合等所有工序是在几个小时内完成的。

根据车间文件和工艺路线信息，以及所使用的调度原则，每天由计算机为每个工作中心生成一份派工单，说明各生产订单在同一工作中心上的优先级，利用硬拷贝或CRT 显示方式，在每个工作日一开始送达车间现场，向工长指明正确的作业优先级。

在派工单中，包括生产订单的优先级、物料存放地点、数量及能力需求的详细信息，所有这些信息都是按工序排列的。另外，派工单也向车间人员提供了对照计划度量生产过程的手段。表 2 - 10 是一个派工单的例子。

表 2 - 10 中的派工单给出了物料号、生产订单号、工序号以及每项作业的加工数量、生产准备工时和加工工时等信息。其中，生产准备工时指一个工作中心从生产一种项目转换到生产另一种项目所需的时间；加工工时指实际加工生产指定数量的物料项目所需的时间。另外，还提供了上道工序和下道工序的信息。

（三）工序优先级的确定

多项物料在同一时区分派在同一个工作中心上加工，需要确定这些物料的加工顺序，即工序之间相对的优先顺序，实质上这是一个核实是否有足够提前期的问题。下面介绍确定优先级的几种常用方法。

1. 紧迫系数（Critical Ratio，CR）

将剩余时间与需要加工的时间（计划提前期）进行对比，可出现 4 种情况：

- CR＝负值　　　　说明已经拖期
- CR＝1　　　　　剩余时间恰好够用
- CR＞1　　　　　剩余时间有余
- CR＜1　　　　　剩余时间不够

很明显，CR 值小的优先级高。一项物料加工完成后，其余物料的 CR 值会有变化，要随时调整。

2. 最小单个工序平均时差（Least Slack Per Operation，LSPO）

时差也称缓冲时间或宽裕时间。

尚需加工时间指剩余工序的提前期之和。很明显，LSPO 值越小，即剩余未完工序可分摊的平均缓冲时间越短，优先级越高。

3. 最早订单完工日期（Earliest Due Date）

要求完工日期越早的订单优先级越高。使用这条规则时，对处于起始工序的订单要慎重，有必要用 LSPO 规则进行复核。本规则比较适用于判断加工路线近似的各种订单，或已处于接近完工工序的各种订单。

但是，前两种方法不如第三种方法明确。有时按正确的相对优先级进行加工（最紧迫的先做，然后做紧迫程度稍低的等），并不意味着满足完成日期。一个工作中心可能在以正确的相对优先级工作着，但实际上它所做的工作已经落后于计划一周了。所以，不但要指明相对优先级，还要指明要满足的完成日期。

在一份生产订单经过每个工序的过程中，如果它已经落后于计划，这将使这份订单以高优先级出现在派工单中，于是这份订单将会被加快处理，这有助于弥补已经落后于计划的时间。但是，如果一份计划已经落后于计划 5 天，而且应当明天入库，那么，车间人员应当通知计划人员，这份生产订单不能按时完成，以便于计划员采取相应的措施。

确定工序优先级的规则很多，但必须简单明了，便于车间人员使用。

二、重复生产管理

重复生产是车间任务型生产的一种特殊形式。其主要特点是产出率均衡，工艺路线固定。重复生产管理的特点如下：

（1）物料移动采用拉式，即下道工序需用物料时向上道工序领取；

（2）物料消耗的统计则采用倒冲法（backflush），即在完成成品总装或组件分装以后，根据父项的完成数量及物料清单计算出每种子项物料的使用量，并从库存记录中扣除，但对于价值比较高的零部件仍然采取领料的方法；

（3）生产线上生产率最低的工作中心确定了生产线的生产率；

（4）只在生产线的某些关键点上报告反馈信息，而不要求生产线上的每个操作工都给出反馈信息。

三、流程制造业生产管理

（一）流程制造业生产管理的特性

与离散性制造业相比较，流程制造业生产管理具有如下特性：

（1）流程制造业是连续的流动生产，其所有产品的工艺路线类似。在增值的计划过程中，流程和能力起决定作用。

（2）流程制造业面向库存、根据预测组织产品的生产。

（3）流程制造业产品的生产呈阶段性，产品的结构呈发散性，在产品生产的任何阶段上都可以有能源、机械以及原材料的投入，也可以有副产品、联产品以及中间形态产品的产出。

（4）由于产品生产的阶段性，流程制造业采用流程队列（process train）把流程结构描述为一系列阶段，阶段可以在一定程度上独立计划，又可以由若干步骤组成。

流程制造业可以以排产计划作为授权生产的依据，而不必使用生产订单。

（二）流程结构指导排产的计算

排产的计算可以使用处理能力优先的排产过程或物料计划优先的排产过程。

处理能力优先的排产过程是指首先按照设备的处理能力排产，然后检查相应排产的产出量是否在事先指定的最大值和最小值范围之内，如果突破了事先指定的范围，则对排产进行调整。

物料计划优先的排产过程在逻辑上类似于离散制造业的排产过程。首先做出物料需求计划，然后检查是否有和物料计划相匹配的足够的处理能力，如果没有足够的处理能力，则相应地调整物料计划。

可以使用向后排产、向前排产或混合排产方法为流程队列做排产计划。

（三）流程制造业 ERP 系统的功能特性

由于流程制造业与离散制造业的区别，它所需要的 ERP 功能也有很多不同。

1. 与配方和流程相关的功能

（1）指定多阶段的生产流程，并把多项投入和产出与流程的每个阶段相连接的功能；

（2）将过程控制条件与生产流程相联系的功能；

（3）定义兼容性代码的功能，通过这种代码可以确定哪些产品可以存放在同一个容器内，或在同一条生产线上生产而不必清洗存储罐或流程导管；

（4）为各项物料定义多个度量单位转换因子的功能。

2．与库存相关的功能

（1）批号跟踪的功能；

（2）根据物料效能分配物料数量的功能；

（3）根据效能终止日期的早晚分配物料的功能，物料的效能常有一个终止日期，必须在这个日期之前使用这种物料；

（4）通过指定物料的可用日期来防止在一个特定日期之前使用某种物料的功能。在流程制造业中，常有这样的情况，某种物料在产出之后必须在某种条件下搁置一段时间才可以使用。这时，就必须为这种物料制定一个可用日期；

（5）为每项物料定义存储要求（温度、相对湿度等）的功能；

（6）为每个存储罐定义高度和物料数量转换的功能，以便于循环盘点。在流程制造业中，物料常装在存储罐内。在循环盘点过程中，测得罐中物料的高度是比较容易的，但是如何把这个高度转换成为由物料的计量单位表示的数量，则需要另外计算。特别是有时存储罐的截面大小上下不一致，所以这种转换功能很重要。

3．与成本核算相关的功能

（1）计算由生产过程产出的副产品、联产品，以及可循环使用的物料价值的功能；

（2）计算出生产过程产出的废料的处理成本的功能。

4．与排产和能力计划相关的功能

（1）对于在同一生产线上产出的一组产品计算最优调度序列的功能，这个序列使产品更换成本最小；

（2）围绕瓶颈资源进行有限能力排产的功能；

（3）根据流程导管的限制，确定批量的功能。

5．与销售订单处理相关的功能

在对客户订单进行承诺时，根据库存和能力进行可承诺量检查的能力。对于流程制造业来说，能力的限制比离散制造业更为重要。

6．与生产报告和监控相关的功能

（1）实时控制数据收集接口功能，包括直接记录流程处理数据（温度、压力、时间等）。因为在流程制造业中，使用相同的原材料成分和相同的设备，由于温度、压力和处理时间的不同可能会得到不同的产品。

（2）库存"前冲"接收的能力，即虽然目标产品的生产过程尚未完成，但是可以根据某个生产阶段的完成，自动地接收这个阶段所产生的联产品和副产品入库的功能。

（3）跟踪流程各个阶段上所有产出的功能。

（4）分析流程产出量的能力，即在流程的各个阶段上把实际产出量和计划产出量进行对比的功能。

ERP 沙盘模拟企业经营实训教程

本章小结

生产制造管理是面向生产制造企业生产环节的管理、控制方法，对经营规划、销售运作规划、主生产计划、物料需求计划、车间生产管理、重复生产管理、流程制造业生产管理的相关原理进行了详细阐述和讲解，并对主生产计划和物料需求计划进行了实训设计，以全面掌握生产制造管理相关方法。

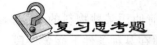 复习思考题

一、选择题

1. 如果期初库存为 100 个单位，销售量为 500 个单位，期末库存为 200 个单位，要制定 1 年的生产规划。那么，全年生产量是多少？

    A. 300 单位   B. 400 单位   C. 500 单位   D. 600 单位

2. 如下哪些关于主生产计划的层次的描述是不正确的？

    A. 由销售预测来确定   B. 由销售订单来确定

    C. 由全部利用的可用能力来确定   D. 不能高于实际所生产的对象

3. 下面哪些陈述是正确的？

    A. 资源计划用来评估主生产计划的合理性

    B. 粗能力计划用来评估主生产计划的合理性

    C. 资源计划用来评估生产规划的合理性

    D. 粗能力计划用来评估生产规划的合理性

4. 如下哪些关于资源计划作用是不正确的？

    A. 资源计划的作用是检查生产规划的合理性

    B. 资源计划的作用是代替能力需求计划

    C. 资源计划的作用是用于大批量重复生产的公司

    D. 资源计划的作用是用于能力计划的详细分析

5. 资源计划用来检查如下哪一项计划的可行性？

    A. 物料需求计划   B. 生产规划

    C. 主生产计划   D. 车间作业计划

6. 某工作中心共有 4 台机器，每周工作 5 天，每天 1 班，每班 8 小时，效率为 90%，利用率为 90%。实际产出如下：第 1 周产出 160 标准小时，第 2 周产出 140 标准小时，第 3 周产出 150 标准小时，第 41 周产出 150 标准小时。那么，下面哪一项关于表现能力的表述是正确的？

    A. 130 标准小时   B. 144 标准小时

    C. 150 标准小时   D. 160 标准小时

7. 下面哪些关于生产规划和资源计划之间关系的陈述是不恰当的？

    A. 生产规划要受到资源计划的约束

B. 生产规划的运作独立于资源计划

C. 资源计划驱动生产规划

D. 没有一个均衡的生产规划，资源计划不能成功

8. 按照如下关于 ABCD 的说明，下面哪些公式是制造业基本方程的正确表示？

A. 表示要制造什么产品（主生产计划）

B. 表示用什么零部件或原材料来制造这些产品（物料清单）

C. 表示手中有什么零部件或原材料（库存记录）

D. 表示还应当再准备什么零部件或原材料（物料需求计划）

A. A×B - C = D   B. B×C - A = D

C. B×C - D = A   D. A×C - D = B

9. 如下哪一项确定了在每个时区生产的最终项目及其数量？

A. 企业战略规划   B. 生产规划

C. 主生产计划   D. 派工单

10. 下面哪些关于主生产计划特征的描述是不正确的？

A. 方便于预测   B. 对产品族进行工作

C. 是生产和市场销售意见一致的计划   D. 不能用于订单承诺

11. 为编制生产规划，应当在哪个层次上做需求预测？

A. 产品族   B. 单项产品   C. 最终项目   D. 库存单位

12. 下面哪一项是主生产计划员试图解决关键工作中心短期超负荷的方法？

A. 延长工作时间或增加班次   B. 减少转包的数量

C. 建立减少准备时间的专门小组   D. 雇用临时工

13. 按照如下关于 ABCD 的说明，下面哪个公式正确地表示了制造业基本方程？

A. 表示要制造什么产品（主生产计划）

B. 表示用什么零部件或原材料来制造这些产品（物料清单）

C. 表示手中有什么零部件或原材料（库存记录）

D. 表示还应当再准备什么零部件或原材料（物料需求计划）

A. A×B－C＝D   B. B×C－A＝D

C. B×C－D＝A   D. A×C－D＝B

14. 一道工序的准备时间是 2 小时，每件加工时间 10 分钟，该工序加工 100 件需要多长时间？

A. 130 分钟   B. 1000 分钟   C. 1100 分钟   D. 1120 分钟

15. 如下哪一项把关于产品族的计划和关于产品子项的计划联系起来？

A. 生产规划   B. 主生产计划   C. 物料需求计划   D. 资源计划

二、简答题

1. MRP 运算与制订的基本原理是什么？

2. 主生产计划的目的和作用是什么？

3. 物料需求计划的目标是什么？

4. 在制订主生产计划时，需求来源包括哪些？

5. 哪些活动要使用主生产计划？

6. 制订主生产计划的目的是什么？

7. 生产规划活动有哪些？

8. 制定生产规划的策略是什么？

9. MRP 系统的输入信息有哪些？

10. 需求的构成元素有哪些？

11. 增加能力的方法有哪些？

12. 哪些需求应当作为主生产计划的输入？

13. 哪些不是经营规划和主生产计划之间的协调工具？

14. 哪些是企业可以采用的生产计划方式？

15. 评估销售与运作规划的指标是什么？

第三章 供应链管理

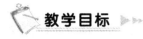

本章需要掌握的内容主要是 ERP 环境下供应链部分的管理操作方法，其中包括需求管理、采购管理、物料管理和销售管理四个小节。在这些内容中，学生需要着重掌握计划预测、订货批量，以及安全库存等的确定方法，并能够熟练应用。

第一节 需求管理

需求管理主要是指预测消费者或者最终用户将要购买的产品数量。在整个供应链的预测制定中，初始需求预测是最重要的部分。供应链其他环节的预测都将直接来源于初始需求。需求管理的本质是在整个供应链中促进企业的能力——尤其是通过客户获得生产信息来协调与产品流、服务流、信息流和资金流相关的活动。所期望的最终结果是为最终用户和消费者创造更多价值，所有的供应链活动应当是为最终活动而进行。

一、计划预测

（一）预测类型

预测类型分为三种：长期预测、中期预测和短期预测，使用不同方法制定的预测用于不同的目的。

长期预测通常超过 3 年，用于长期的计划与战略问题。例如，预测生产线或部门的销售额，每个周期的生产能力等。这些预测可能远远超出了客户需求，涉及了其他关键企业的资源，例如，生产能力和期望的存货资产水平。

中期预测通常 1～3 年，用于结果预算和制订销售计划。多年预测的第一年可能是按月进行，而以后几年可能以季度计。

短期预测用于预测一定时期内实际物品的运送数量，对物流业务规划过程是非常重要的。他们更加关注较短的时间间隔，往往在几个月前进行需求预测。

预测和许多经营活动一样，是一个具有特定责任的管理过程。一个合理的预测系统应有四项基本功能。

（1）有若干项简单的预测技术和评估这些不同技术的方法；

（2）将季节因素考虑在内的方法；

（3）按仓库、配置、包装规模等分解和分配预测的方法；

（4）在更新系统之前，检查和批准预测的方法。

（二）数据准备

预测通常是基于判断或统计方法处理过的历史数据来进行。因此，要想预测准确，其使用的数据就要求准确。为了使获得数据可靠，要遵循以下三个原则。

（1）使用与预测需要同样的术语记录数据。预测要以需求数据为依据而非发货数据。发货数据表明发货的数量和时间，它与客户需求数量和时间并不总一致。其次，预测使用的时区是周、月还是季度，要与生产的时区单位相同。除此之外，部件预测应与制造部门所控制的相同。某一产品由不同部件构成，那么对该产品及每个部件的需求都应进行预测。例如，某自行车部件的生产提前期比组装自行车的提前期要长，那么制造部门就应该根据其部件来预测生产部件，然后根据客户订单组装。

（2）记录与数据相关的情况。当有某些特定事件可以影响到需求时，这些事件也应该与需求数据一并记录下来。例如，促销、价格变化、气候变化等会影响到需求，那么在制订生产计划时就需要考虑或者去除这些因素。

（3）将不同客户群的需求分开记录。许多公司通过不同的分销渠道分销产品，每一个渠道都有自己的需求特征。例如，一个公司的客户可以是经常小批量订货的批发商，也可以是定期大批量采购的大型零售商，因此，需求预测应分开进行。

（三）预测方法

预测方法可以分为定性预测方法和定量预测方法；根据所使用的数据或信息来源也可分为外部预测技术和内部预测技术。

1. 外部预测技术和内部预测技术

（1）外部预测技术

外部预测技术（Extrinsic Forecasting Techniques）是基于对一个公司产品需求相关的外部指标的预测。这类外部指标的例子包括房屋动工率、出生率及居民可用收入。其理论根据是：对一个产品组的需求与其他领域的活动直接同正比例关系或相关。产品组之间相互关联的实例有：砖的销售与房屋动工率成正比；汽车轮胎的销售与汽油的消费成正比。

房屋动工率和汽油消费称为经济指标（Economic Indicators）。它们显示在某一特定时区的主要经济状况。其他一些常用的经济指标有：建筑合约许可、汽车生产、农场收入、钢铁生产，以及国民总收入等。这类数据由不同的政府部门、金融报刊杂志、贸易协会及银行等编撰发表。

使用外部预测技术的问题是要找到与需求相关的指标，或者最好是引导需求的指标，就是说在需求发生之前具有提示性的指标。例如，在一个时区准许的建筑和同数量或许决定下一个时区可以卖掉多少建筑材料。在找不到引导需求指标的情况下，也可以使用政府部门或机构预测的非引导指标。从某种意义上来说，这是用预测作预测。

外部指标预测在对一个公司产品需求或产品族需求进行预测时是最有用的工具。因此，外部指标预测最经常地用于商务和生产计划，而不是用来预测单个终端产品。

（2）内部预测技术

内部预测技术（Intrinsic Forecasting Techniques）应用历史数据进行预测。这些数据经常是记录在公司内部，并且随时可供使用。内部预测技术基于在过去发生的事情在将来也会发生的假设。内部预测的方法经常用作主生产计划的信息来源。内部预测技术的主要方法与定量预测技术相同，将在定量预测技术部分详细介绍。

2. 定性预测和定量预测

（1）定性预测技术

定性预测技术（Qualitative Forecasting Techniques）是基于直觉、经验和某些知识进行判断的预测技术。它是主观的预测方法，常用于预测业务走势，以及未来较长一段时间内对产品的潜在需求。因此，定性预测主要被高层管理人员使用。主要有德尔菲（Delphi）法，以及其他调查研究法、历史性类比法、经验估计法等。

德尔菲法又称专家调查法，是最典型的定性预测法。其基本思想是：选定与预测问题有关的领域，以及有关方面的专家30人，并与他们建立适当的联系。提出问题请专家回答，将他们的意见经过综合、整理、归纳，并匿名反馈给各位专家，再次征求意见。这个过程要反复进行多次，直到专家们的意见趋于一致。将此作为预测依据，再次进行统计分析，得到预测结果。

（2）定量预测技术

定量预测技术（Quantitative Forecasting Techniques）依赖于数学公式来分析历史的需求模式并预测未来的需求。常用的定量预测方法主要有移动平均、指数平滑和回归分析等技术。这里主要介绍前两种方法。

移动平均法一般用于预测短、近期发展趋势的简单的利用算术平均数计算的方法。它根据时间序列逐项移动，依次计算。移动平均法主要由以下三步构成：

①按公式（3-1）计算一次移动平均值序列。

$$\overline{Y_t}=\frac{Y_t+Y_{t-1}+\cdots+Y_{t-n+1}}{N} \tag{3-1}$$

式中，Y_t，Y_{t-1}，$\cdots$，Y_{t-n+1} 分别表示 t，$t-1$，$\cdots$，$t-n+1$ 期的实际值，$\overline{Y_t}$ 为第 t 期的一次移动平均数。

②按公式（3-2）计算二次移动平均值序列。

$$M_t=\frac{\overline{Y_t}+\overline{Y_{t-1}}+\cdots+\overline{Y_{t-n+1}}}{N} \tag{3-2}$$

式中，$\overline{Y_t}$，$\overline{Y_{t-1}}$，$\cdots$，$\overline{Y_{t-n+1}}$ 分别表示 t，$t-1$，$\cdots$，$t-n+1$ 期的一次移动平均数；M_t 为第 t 期的二次移动平均数。

③按公式（3-3）进行预测。

$$Y_{t+T}=a_t+b_tT \tag{3-3}$$

式中，Y_{t+T} 表示第 $t+T$ 期的预测值；T 表示目前的周期数；a_t 和 b_t 的值由公式

（3-4）求得：

$$\begin{cases} a_t = 2\overline{Y}_t - M_t \\ b_t = \dfrac{2(\overline{Y}_t - M_t)}{N-1} \end{cases} \tag{3-4}$$

假设在过去一年中，对某一特定产品的月销售额如表 3-1 所示，预测其下一年 1 月和 4 月的销售额。

表 3-1　　　　　　　　　　　　过去 10 个月的历史销售额数据

月份	1	2	3	4	5	6	7	8	9	10
历史销售额（万元）	600	800	900	1000	800	700	800	900	700	1000

我们先根据公式（3-1）和公式（3-2）来计算数据的一次和二次移动平均值。得出数据如表 3-2 所示。

表 3-2　　　　　　　　某企业产品销售额的一次和二次移动平均值

月份	销售额（万元）	4 个月一次移动平均值	4 个月二次移动平均值
1	600	—	—
2	800	—	—
3	900	—	—
4	1000	825	—
5	800	875	—
6	700	850	—
7	800	825	844
8	900	800	838
9	700	775	813
10	1000	850	813

求得 $\overline{Y}_{10} = 850$，$M_{10} = 813$，$a_{10} = 2 \times 850 - 813 = 887$，$b_{10} = \dfrac{2 \times (850 - 813)}{4 - 1} = 24.7$。则可得到下一年 1 月（$T=3$）的需求量为 $887 + 3 \times 24.7 = 961$（万元），4 月（$T=6$）的需求量为 $887 + 6 \times 24.7 = 1035$（万元）。

指数平滑法是根据过去的实际数和预测数，通过加权平均而给最近的观察值以较大的权数，离现在较远的观察值则给予较小的权数，因此，指数平滑法更加注重最近时间的观察值，但又并未忽视远期数据的影响。根据平滑次数的不同，有一次指数平滑、二次指数平滑及高次指数平滑。这里主要介绍一下二次指数平滑法的计算方法。

二次指数平滑的基本运算步骤有 3 步。

（1）按公式（3-5）计算一次指数平滑序列。

$$\overline{Y}_t = \alpha Y_t + (1-\alpha)\overline{Y}_{t-1} \tag{3-5}$$

式中，Y_t，Y_{t-1}，$\cdots$，Y_{t-n+1}分别表示 t，$t-1$，$\cdots$，$t-n+1$ 期的实际值，$\overline{Y}_t$ 为第 t 期的一次指数平滑值。

（2）按公式（3-6）计算二次指数平滑值序列。

$$M_t = \alpha \overline{Y}_t + (1-\alpha) M_{t-1} \tag{3-6}$$

式中，$\overline{Y}_t$，$\overline{Y}_{t-1}$，$\cdots$，$\overline{Y}_{t-n+1}$分别表示 t，$t-1$，$\cdots$，$t-n+1$ 期的一次指数平滑值；M_t 为第 t 期的二次指数平滑值。

（3）按公式（3-7）进行预测。

$$Y_{t+T} = a_t + b_t T \tag{3-7}$$

式中，Y_{t+T} 表示第 $t+T$ 期的预测值；T 表示目前的周期数；a_t 和 b_t 的值由公式（3-8）求得：

$$\begin{cases} a_t = 2\overline{Y}_t - M_t \\ b_t = \dfrac{\alpha(\overline{Y}_t - M_t)}{1-\alpha} \end{cases} \tag{3-8}$$

例 3-1 有一个企业 2014 年前 10 个月的销售额如表 3-3 所示，要求预测 2015 年 1 月和 4 月的销售额。根据公式（3-5）和公式（3-6）可求得其一次和二次指数平滑值。

表 3-3　　　　某企业销售额的一次和二次平滑值

2014 年月份	实际销售额（万元）	一次指数平滑值			二次指数平滑值
		$\alpha=0.1$	$\alpha=0.3$	$\alpha=0.4$	$\alpha=0.3$
1	600	600	600	600	600
2	800	620	660	680	618
3	900	648	732	768	652
4	1000	683	812	861	700
5	800	695	809	836	733
6	700	695	776	782	746
7	800	706	783	789	757
8	900	725	818	833	775
9	700	723	783	780	778
10	1000	750	848	868	799

求得 $\overline{Y}_{10}=848$，$M_{10}=799$，$a_{10}=2\times848-799=897$，$b_{10}=\dfrac{0.3\times(848-799)}{1-0.3}=21$。

则可得到 2015 年 1 月（$T=3$）的需求量为 $897+3\times21=960$（万元），4 月（$T=6$）需求量为 $897+6\times21=1023$（万元）。

二、订单管理

订单是供应商收到的来自客户的需求信息，可能来自企业、消费者或两者兼而有之。一般而言，订单分为确定型订单和预测型订单。确定型订单是指具有确定的需求项目、数量、价格、交货地点与日期、付款方式、双方责任与义务等内容的订单；预测型订单是指存在不确定内容的订单，不确定性以概率表示。

典型的订单管理内容包括客户管理、价格管理、订单流程处理、退货处理等。有效的订单管理是有效运营和客户满意的关键，并影响到按客户订单组织货源工作的顺利开展。订单管理能力将有助于提高企业的竞争优势。

在实际订单操作过程中，合同、需求、库存三者之间会产生相互矛盾，突出的表现为：因各种原因，合同难以正常执行、需求不能满足导致缺料、库存难以控制。因此，就需要在订单履行的整个过程中都要进行跟踪，对其结果做出反应。

（一）合同执行前跟踪

作为订单人员应充分与供应商进行沟通，确认本次可合作的供应商，如果供应商能够在规定时间内签返订单合同，则说明供应商的选择正确。要了解在当前采购环境中，同一物料有几家供应商可供选择，特殊情况如使用独家供应商的除外。在具体操作时可能会由于某些原因发生拒单现象，由于时间变化供应商可能要提出改变"认证合同条款"，包括价格、质量、货期等。针对这种情况，如果供应商不能接受订单，可以在该采购环境里选择其他供应商合作，必要时要求认证人员协助办理。与供应商正式签订过的合同要及时存档，以备后查。

（二）合同执行过程跟踪

进入订单实际作业阶段的第一个工作，就是要签订一份与供应商的正式合同。这份合同会注明双方承担责任与义务，规范双方合作关系，具有法律效力。订单人员应全力执行跟踪，并且应和供应商相互协调，建立起相互之间业务衔接、作业规范的合作框架。订单跟踪应严密跟踪供应商准备物料的详细过程，保证订单正常执行。发现问题及时反馈，需要中途变更的要立即解决，不可贻误时间。不同种类的物料，其准备过程也不同，总体上可分为两类，一类是供应商需要按照样品或图纸定制的物料，存在加工过程，周期长，变数多；另一类是供应商有库存，不存在加工过程，周期短。

对存在加工过程的供应商可以向供应商单位派常驻代表，以利于沟通信息、技术指导、监督检查等。常驻代表应当深入到生产线各个工序、各个管理环节，帮助发现问题，提出改进措施，确实保证把有关问题彻底解决。对于不存在加工过程的供应商，则视情况分别采用定期或不定期到工厂进行监督检查，或者设监督点对关键工序或特殊工序进行监督检查；或者要求供应商自己报告生产条件情况、提供检验记录。如果因生产需求紧急或产生滞销问题，跟踪人员就应立马与供应商进行协调，必要时可帮助供应商解决。

物料到达订单规定的交货地点，订单操作者必须按照原先所下的订单对到货的物品、批量、单价及总金额等进行确认，并进行录入归档，开始办理付款手续。

（三）订单执行后跟踪

应按合同中的支付条款对供应商进行付款，并跟踪。订单执行完毕的条件之一是供应商收到本次订单的货款。如果供应商未收到付款，订单人员有责任督促付款人员按照流程规定加快进程，以免对企业信誉造成影响。

此外，物料在作用过程中，可能会出现问题，偶发性的小问题可由订单人员或现场检验者联系供应商解决，重要的问题可由质管人员、认证人员解决。

在订单跟踪过程中，要注意供应商的质量、货期的变化情况。需要对认证合同的条款进行修改的，要及时提醒认证人员办理，以利于订单的操作。因此，合同、各种经验数据的分类保存工作不容忽视。有条件的，可以采用计算机软件管理系统进行管理，将订单进展状况录入计算机中，借助计算机自动处理跟踪订单。供应商的历史表现数据对订单下达及跟踪有重要的参考价值，因此，注意利用供应商的历史情况决定对其实施的过程办法。掌握采购环境中供应商表现数据的多寡是衡量订单人员经验水平的一个指标。

（四）转包订单管理

在过去，许多企业追求"大而全、小而全"的组织形式，多数企业变成了集成一体化企业并拥有大量生产设施。由于任何企业拥有的资源都是有限的，不可能在所有业务领域都获得竞争优势，企业只得将有限资源都集中在自己的核心业务上。于是企业开始改变经营方式，不再对各项业务全面控制，而是集中精力挖掘自己的潜在优势，业务外包因此产生。所谓业务外包或资源外包，是指企业将一些非核心的、次要的或辅助性的功能或者业务外包给企业外部的专业公司，利用他们擅长领域来提高企业的整体效率和竞争力。

在决定外包的过程中，降低成本是首要考虑的因素。其次还有一些其他风险因素需要考虑，例如，失去主控权、丧失关键技能、发展错误技能、长期合约牵制和安全性等。因此，在制定完转包计划后必须要对外包的订单进行管理。

在企业业务外包管理中，发包方应加强对外包的质量监控与管理，这将督促承包方提高外包服务的质量，最终提高外包效果。业务外包管理过程的诸多因素，如协作沟通、目标考核、合作管理、公平政策都会影响到企业的创新能力，同时目标考核、公平政策有助于降低外包运作的风险，并增强发包方的谈判能力。所以外包双方应重视沟通交流等管理工作，以提高企业创新能力。发包方应建立明晰的外包管理规范和制度，明确合作的目标与职责，同时围绕合作目标建立绩效评价的方式，并把承包方的酬金与考核成绩挂钩。

企业应当建立外购存货授权管理制度。对于因业务外包需要由承包方购进的存货，承包方只能接受经发包方授权批准的存货订单，并代表发包方检验存货的数量和质量。

外购存货信息应当准确、及时地在企业存货系统中加以反馈和记录。除此之外，企业应当建立外部存货库存管理制度。对于企业所有的、在承包方（或分包方）储存的存货，承包方应当按照发包方存货库存管理制度要求对库存存货进行管理。企业应当指定专人定期对库存存货进行检查。检查中发现的次品、损坏品或过期存货，应当及时予以确认、分离和保护。

产品验收时也应仔细确认承包方最终提供的产品或服务是否与外包订单所记录的一致。如果存在差异，则需告知承包方及时调整。对于因承包方原因导致的外包合同协议未完整履行，企业有权要求承包方索赔。

三、分销系统

美国市场营销学者科特勒指出：分销系统是一项关键性的外部资源。分销是指根据消费者的需要，把产品从生产者手上转移到消费者手上，满足消费者需要的过程，也是从产品进入流通领域开始直到它退出流通领域为止所发生的一系列活动的总和。与直销方式相比，分销让企业更接近客户，因此可以对客户的需求做出更快的响应。分销在国外企业中是一种比较典型的销售方式。分销系统是为某个生产商的商品执行分销职能的一种市场化的合作组织。不同商品的分销系统可能有不同的构成，但是，即使是最简单的分销系统，也必须包括生产商和消费者这两类市场主体。一个分销系统通常包括生产商、经销商、代理商、辅助商以及消费者，它们联合起来，共同完成生产商的商品从生产领域向消费领域转移，实现商品价值和使用价值的转换系统，就是所谓的分销系统。

1. 生产商

生产商是分销系统销售商品的提供者，在分销系统中占据着不可替代的基础地位。一方面，生产商要根据中间商的要求，及时、保质、保量地供应商品；另一方面，要努力与顾客建立良好的分销关系，在建立和维护分销系统方面发挥主动作用。

2. 中间商

中间商是指批发商、零售商、进出口商、代理商等，在商品流通领域专门从事商品买卖或帮助实现交易的那些商业机构和个人，在分销系统中通常占据主体地位。生产商生产的产品，需要经过它们参与买卖，才能进入流通领域，才能够最后销售给消费者。中间商有许多类型，它们分别在分销系统中承担着不同功能。根据在分销过程中是否取得商品所有权，可以把中间商分为经销商和代理商两类：前者直接进行商品的转卖活动，要取得商品所有权，并获得商品销售利润；后者则只是为商品供应者寻找商品的需要者，帮助供应者与购买者进行交易，但是不直接取得商品所有权。

3. 辅助商

辅助商主要是指参与分销过程的运输公司、仓储公司、保险公司和银行等。它们在分销过程中分别承担商品运输，商品的储存与保管，商品保险，货款结算与资金流转等职能。此外，可以作为辅助商参与分销过程的公司，例如，市场营销研究公司、咨询公司提供市场信息与决策参考意见，需要广告公司宣传企业的承诺、宣传企业的产品等。它们在分销系统中起着帮助把生产商出产的产品销售给消费者的作用。需要注意的是，中间商和辅助商都是独立于生产商的市场经营主体，两者之间的区别在于：中间商要直接参与或帮助商品所有权转移，而辅助商则不直接参与商品所有权的转移，只是为商品交换提供便利，或为提高商品交换的效率提供帮助。

4. 消费者或用户

消费者或最终用户是一个分销系统中必须存在的部分。他们是分销的目标，也是商品价值和使用价值的实现者。消费者或最终用户对分销系统起着导向作用，整个系统的运作最终要根据消费者或最终用户的需求作为目标来组织。

分销系统的构成典型地反映了分销职能的社会性。在商品经济中，这种系统的存在具有客观必然性。首先，分销系统的构成是由生产的社会分工决定的。生产商和消费者通过分工能够提高生产效率，获得更大的经济效益。但是，生产的社会分工必然要求通过商品分销联系起来，以实现生产的社会合作。其次，分销系统的社会化构成是由生产商资源的约束以及商品销售过程对资源的必然占有决定的。通过在商品销售过程中深化分工，把中间商和辅助商纳入到分销系统之中，生产商就可以利用外部的资源——中间商、辅助商的资源，扩大其市场营销能力。最后，市场不仅为那些拥有专利技术或专有技术、知名商标的企业提供了发展的机会，同时，信息不对称、知识不对称也带来了企业发展的风险。为了避免风险、求得发展，企业就要通过市场营销方面的努力和创新，建立与中间商和顾客的密切联系。这样也能够造成分销系统构成的社会化。

【实训 3－1】企业的需求预测

实训目的：

熟练掌握计划预测的几种常用方法，并能够使用其中一种方法解决实际问题。

实训内容：

某公司需要对某特定产品做下一年前半年的需求计划。假设在过去一年中，对该产品的月需求量如表 3－4 所示。

表 3－4　　　　　　　　　　过去一年 12 个月的历史需求预测

月份	1	2	3	4	5	6	7	8	9	10	11	12
历史需求数据	92	83	66	74	75	84	84	81	75	63	91	84

假设现在是 12 月底，请依据以上数据给出预测数据。

实训要求：

任选两种预测方法进行预测，对比预测结果并加以分析，结合数据类型判断各种预测方法的优劣。

实训课时：

2 课时。

实训步骤：

（1）确定预测目标。对某特定产品做下一年前半年的需求计划。

（2）分析所获市场资料。分析过去一年中该产品的月需求量。

（3）选择预测方法。运用预测方法的核心是建立描述、概括研究对象特征和变化规律的模型，根据模型进行计算或者处理，即可得到预测结果。

（4）预测分析和修正。分析判断两种预测方法所得出的下一年前半年的需求计划数，从而预计市场未来的发展变化趋势。在分析评判的基础上，通常还要根据最新信息对原预测结果进行评估和修正，对比两种预测方法的适用条件。

（5）编写预测报告。预测报告应该概括预测研究的主要活动过程，包括预测目标、预测对象及有关因素的分析结论、主要资料和数据、预测方法的选择和模型的建立，以及对预测结论的评估、分析和修正等。

第二节　采购管理

采购管理属于 ERP 的计划执行层。采购就是购买企业生产和管理所需的各种物料。研究表明：有效的采购能够降低原材料采购占用的资金、减少采购周期、提高产品质量、显著提高企业利润等。

一、采购作业内容

采购作业管理的工作内容包括货源调查和供应商评审、建立供应商档案记录、采购作业操作、采购订单跟踪、抽检货品质量、控制进度、安排运输、到货验收入库、验收报告登录、库存事务处理、退款、退货、补充货品、返工处理等。

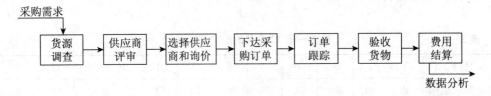

图 3-1　采购流程示意图

货源调查是指通过各种渠道，比如上网搜索、寻找供货源调查供应商的声誉、生产规模和其他的重要信息，这些信息可以记录在 ERP 的供应商关系管理的子系统中。

供应商评审主要是质量、服务和定价三方面达到可接受水平的供应商。质量与价格和服务同等重要，采购的原材料、零件或者备件必须要满足一定的质量要求；服务的主要内容是交货的速度和可靠性；当供应商的供货质量与服务水平都达到要求，我们才继续考虑其价格是否合理。

建立供应商档案，主要都包括供应商代码、名称、地址、电话、状态（已得到批准或试用）、联系人；商品名称、规格、供方物料代码；价格、批量要求、折扣、付款条件、货币种类；发货地点、运输方式；供应商信誉记录，包括按时交货情况、质量及售后服务情况；供应商技术水平、设备和能力等内容。

选择供应商和询价是指查询档案记录，选择适当的供应商，并就商品价格、技术和质量条件和供应商进行洽谈。

核准并下达采购订单主要包含两个方面的工作，一是根据 MRP 所产生的计划采购订单，核准采购的必要性和采购条件的正确性；二是与供应商签订供货协议，确定交货批量、交货日期和装卸方式，明确责任并确定付款方式、地点、银行账号等信息。

订单跟踪是采购员的职责之一。采购员需要保证供应商按时发货，同时在跟踪过程中要抽检货品质量，控制进度，安排运输。

验收货物过程中采购部门要协助库存与检验部门对供应商来料进行验收，按需收货。不能延期也不能提前，平衡库存物流。在出现不合格品时，要及时采取补救措施，包括验收报告登录，库存事务处理，退货，退款，补充货品，返工处理。当发现有不合格品时，可以有不同的退货处理流程。例如，未付款退货，退货退款，补齐、返修、撤销合同等。

采购订单完成包括采购订单费用结算，费用差异分析，供应商评价并登录，维护采购提前期数据，维护订货批量调整因素。

二、供应商计划

按现代企业的经营观点，企业同供应商应该建立合作伙伴关系，双方建立比较长期的供求协定，互惠互利。按照滚动计划的方法，近期的采购条件比较具体详细，远期的条件可以比较笼统。但有一个控制范围，把长期协定（半年至一年）和短期合同（月）结合起来，一次签约，分期供货。这就是所谓的采购计划法或称之为供应商计划。采购计划法是在采购系统中运用的一种方法，使用该方法可以生成供应商计划，该计划用来维护采购订单的有效日期。

供应商计划和车间计划一样，也是 ERP 执行系统的一部分。车间计划是车间控制系统的一部分，用来维护生产订单的日期。供应商计划是采购系统的一部分，用来维护采购订单的有效日期。

使用 MRP，能很容易地向供应商提供一份 6 个月到一年的采购计划。而且，在定期更新这些计划从而保持这些计划的有效性也是不成问题的。有了供应商计划，供应商可以提前看到尚未下达的计划采购订单。供应商可以提前做好物料和能力的准备，一旦订单下达，可以更好地履行计划。可以把供应商计划的展望划分为 3 个时域：在最近的第 1 时域中是已经下达的采购订单；在稍远一些的第 2 时域中的订单在数量和日期上可能还会有些微调；在第 3 时域中的计划订单仅仅向供应商提供参考信息。即使一个企业不做供应商计划，它的供应商也要做超出它所报的提前期的计划。只不过这样的计划基本上是基本预测，可能很不准确。一份供应商计划如图3-2所示。

图3-2　供应商计划

最初的1个月以周为时区，其数量已经确定。供应商要确保每周提供这些资料。第2个月仍以周为时区，其数量还可以有细微的调整，但不能取消。对任何取消物料需求的计划改变，供应商将不承担所造成的损失。以后的4个时区按月表示，每个月包括4周，在这些时区内，采购员仅要求供应商确认有能够满足采购需求的物料和能力。

这份逐步按周展开的计划可以看作一个采购订单的发放计划。其中包括已经向供应商下达的采购订单，而且向前看，超出供应商所报的提前期，显示了未来的计划采购订单。这使供应商能够看到未来的需求，从而可以提前做好准备。

如果使用这种方法来处理和供应商之间的业务联系，那么，当供应商声明提前期从6周增加到8周时，则无须向供应商提供新的信息。因为已经提供了6个月甚至更长的采购计划，远远超过了供应商所报的提前期。

如果没有供应商计划以及相应的工作环境，那么当提前期发生变化时就要出现问题。例如，一项物料的提前期从10周变为15周，那么，5周的订单已经来不及下达，供应商也无法对这些订单按时发货。如果使用供应商计划，供应商可以预先知道客户的需求，如果它的提前期改变，则应当提前对供货计划作出安排。

三、供应商谈判

一个成功的采购计划的顶点在于与那些符合条件的供应商进行谈判，谈判可以为具有互相冲突的目标双方找到一个满意的解决方案。其效果取决于买主的谈判技巧和所涉及公司的经济实力。

在谈判中，了解对手的驱动力是非常有用的。如果能估计服务提供商从该合同中可能获得的利润以及实现服务要求可能需要的成本，那么就可能改变服务提供商在谈判中主张的利益价值。

企业也应该考虑从自己拥有的各种选择出发来考虑自身的谈判地位。如果服务提供商知道企业没有别的选择，只能使用特定服务提供商的服务，那么企业就处于一个弱势的谈判地位。相反，如果有替代供应商，那么企业可以选择最好的报价。服务提供商将很清楚地知道企业可能会选择其竞争对手，因此可能会更愿意妥协。

其他的利益相关者也有可能在合同的条款中表现自己的利益。地方和国家政府可能增强法律法规要求，或者非正式地要求需要作为一个多方谈判的参与方。显然，如果政府与企业自己要求的利益一致，那么企业可以吸引他们作为自己利益的支持者。

在谈判过程中，价格、交付日期、折扣、运输条款以及退货权力等都是必须要商讨的内容，这些内容非常重要，因为它们会影响到公司的营利性和现金流。除了这些内容以外，专卖权、担保销售额、减价量、促销津贴、退货权利及折扣等方面也要依据情况再谈判中确定。在签订采购单前，精明的买主会全面地与供应商讨论所有内容。买主和供应商必须建立一种合作伙伴关系，才能够解决双方的冲突和观点差异，谈判才能够成功完成。需要强调的是，谈判是一个双向通道，并且长期的赢利关系才是目标所在。毕竟，供应商希望与零售商建立起一个长期的关系，就想零售商希望与其顾客建立起长期的关系一样。

谈判的本质就在于将那些对一方来说比较廉价、但是对对方来讲非常有价值的东西，与对一方来说有价值、但对对方来说廉价的东西进行交换。在交易之前，精明的零售商会将谈判内容以及先前的协议记录在一封信函中发给供应商，这样做有助于减少以后可能发生的误解。

第三节　物料管理

物料管理是 20 世纪六七十年代就流行的管理领域，它不但涉及库存控制，而且还包括采购、运输等事项。按照美国生产及存量管制学会（American Production and Inventory Control Society，APICS）的定义，物料是指用于制造产品或提供服务时所需直接或间接投入的物品。ERP 系统中，物料一词所涉及的范围相当广泛，它是所有产成品、半成品、在制品、原材料的总称。物料管理则是指将规划、组织、领导、控制及用人 5 项管理功能，渗入企业产销过程中以经济合理的方法获取组织机构所需物料的管理方法。此处的"经济合理"的方法，是指为既定的需求提供适时（Right Time）、适地（Right Place）、适质（RightQuality）、适量（Right Quantity）的有效支持，使企业的库存资源能够在最经济的空间、设备、存货和服务等条件下，达到最大供应效率。

一、物料管理概述

物料管理就是要保证物料流动畅通，物料在正常流动说明计划在正常执行。一般来说，企业的效益是随物流量和物流速度的增大而提高。保证物料正常流动，直接体现了企业的效益。

物料管理既具有一般管理的共性，也体现出本身的管理特点。从研究和务实的角度来看，物料管理也就是物料仓储管理，它主要包括以下几个方面：如何有效地控制物料、如何采购物料来满足企业生产和经营的需要、如何管理库存量以便有效地支持生产。

物料管理的范围是随着物料管理在社会经济领域中的作用不断扩大而变化的。应该正确划分好物料管理的范围，使物料管理处于有序状态。现代制造业的物料管理覆盖了一个集成供应链（包括物料需求计划、采购、库存和库房管理）的所有相关物料管理的任务。

物料管理的目标就是在降低库存成本、减少库存资金占用的同时，保证物料按计划流动，保证生产过程中的物料需求，保证生产的正常运行，从而使产品满足市场需求。其目标主要体现在以下六个方面。

1. 正确计划用料

一般说来，生产部门会根据生产进度的要求，不断对物料产生需求。物料管理部门应该根据生产部门的需要，在不增加额外库存、尽量少地占用资金的前提下，为生产部门提供所需的物料，做到既不浪费物料，也不会因为缺少物料而导致生产停顿。

2. 适当的库存量管理

适当的库存量管理是物料管理所要实现的目标之一。如果物料长期搁置，就会占用大量的流动资金。因此，企业应该维持多少库存量也是物料管理重点关心的问题。一般说来，在确保生产所需物料量的前提下，库存量越少越合理。

3. 强化采购管理

由于经济全球化的影响，原料的采购越来越表现出国际化的趋势，原料采购已经成为一门非常复杂的学问。如果物料管理部门能够最大限度地降低产品的采购价格，产品的生产成本就能相应降低，产品竞争力随之增强，企业经济效益也就能够得到大幅度提高。因此，强化采购管理也成为物料管理的重要目标之一。

4. 发挥盘点的功效

物料的采购一般都是按照定期的方式进行的，企业的物料部门必须准确掌握现有库存量以决定采购数量。很多企业往往忽视了物料管理工作，对仓库中究竟有多少物料缺乏了解，物料管理极为混乱，以致影响了正常的生产。因此，物料管理应该充分发挥盘点的功效，从而使物料管理的绩效不断提高。

5. 确保物料的品质

任何物料的使用都是有时限的，物料管理的责任就是要保持好物料的原有使用价值，使物料的品质和数量两方面都不受损失。因此，要加强对物料的科学管理，研究和掌握影响物料质量变化的各种因素，采取科学的保管方法，同时做好物料从入库到出库各环节的质量管理。

6. 发挥储运功能

物料在供应链中总体是处于流通中的，各种各样的货物通过公路、水路、铁路、航空、海运等各种方式运到各地的客户手中，物料管理的目标之一就是充分发挥储运功能，确保物流顺利进行。一般说来，物流的流通速度越快，流通费用越低，越能表明物料管理的显著成效。

从表面上看，这些目标是互相矛盾的，而物料管理的任务就是要处理好这些矛盾。

二、物料主文件和物料清单

任何一个制造企业都有大量的生产与技术数据。数据必须经过加工、处理才能产生有用的信息供决策者使用。因此，在 ERP 环境下实施物料管理的过程中，物料主文件和物料清单为整个管理过程提供主要数据。

1. 物料主文件

物料主文件也叫物料代码文件，用来标识和描述生产过程中每一物料的基本属性和业务数据。它的信息是多方面与多角度的，基本涵盖了企业涉及物料管理活动的各个方面。它是进行主生产计划和物料需求计划运算的最基本文件。物料主文件中的数据项有物料代码以及同工程设计管理、物料管理、计划管理和财务成本管理等有关的信息。一般说来，物料主文件含有以下信息。

（1）物料的技术资料信息。这类信息提供物料的有关设计及工艺等方面的技术资料，如物料名称、品种规格、型号、图号/配方、计量单位（基本计量单位与默认计量单位）、默认工艺路线、单位重量、重量单位、单位体积、体积单位、设计修改号、版次、生效日期、失效日期及成组工艺码等。

（2）物料的库存信息。此类信息提供物料库存管理方面的信息，如物料来源（制造、采购、外加工等）、库存单位、ABC 码、物料库存类别、批量规则、批量周期、年盘点次数、盘点周期、积压期限、最大库存量、安全库存量、在库数量、库存金额、默认仓库等。

（3）物料的计划管理信息。该类信息涉及物料与计划相关的信息。在主生产计划（MPS）与物料需求计划（MRP）计算时，首先读取物料的该类设置信息，如计划属性（MPS、MRP）、生产周期、提前期、累计提前期、最终装配标志（Y/N）、生产分配量、销售分配量及库存可用量等。

（4）物料的采购管理信息。这类信息用于物料采购管理，如上次订货日期、物料日耗费量、订货数量、订货批量、主供应商及供应商对应代码等。

（5）物料的销售管理信息。此类信息用于物料的销售及相关管理，主要有物料销售类型（依需求而定）和销售收入科目、销售成本科目、销售单位和默认销售商等。

（6）物料的财务有关信息。该类信息涉及物料的相关财务信息，一般有增值税代码、实际成本、标准成本、计划价、计划价币种、成本核算方法（计划成本或实际成本）、最新成本单价等。

（7）物料的质量管理信息。一般要有检测标志（Y/N）、检测方式（全检、抽检）、检验标准文件，是否有存储期以及存储期限。

2. 物料清单

物料清单（Bill of Materials，BOM）是制造业信息化管理必不可少的重要管理文件，被用于物料需求计划计算、库存管理等环节中，是 MRP 系统中重要的输入数据，也是制造部门组织生产的重要依据。它是确定相关需求的基础。

BOM 反映了产品的层次结构，即由所有零部件的结构关系和数量组成。根据 BOM 可以确定产品所有零部件的需要数量、需要时间以及相互关系。BOM 从狭义上讲就是产品的结构，即一件产品是由哪几部分组成的。从广义上讲，BOM＝产品结构＋工艺流程。因此，产品的工艺流程不同，产品的物料清单就会不同。产品的结构千差万别，物料清单的复杂程度也就不尽相同。有的产品结构复杂，要由成千上万个零部件组成，如汽车、轮船；有的产品就比较简单，如眼镜、圆珠笔等。

物料清单有多种形式，主要有产品树、多层物料清单、多个物料清单、单层物料清单、多级物料清单、简化物料清单和计划物料清单等。

（1）产品树

产品树（product tree）是考虑物料清单的便捷方式，但主要应用于教学或考试，在实际生产中基本不会使用。图 3-3 为物料清单的产品树。括号内为所需产品数量，名称下方为产品的零件编号。

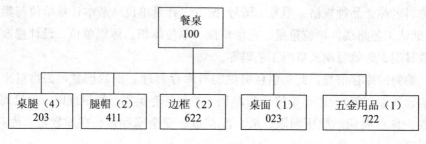

图 3-3　产品树

（2）多层物料清单

多层物料清单（multiple-level bill）是基于产品组装方式将零部件合理分组到子部件形成的。例如，组装汽车需要车架、底盘、车门、车窗和发动机，每一部分形成合理的零部件分组，反过来，每个零部件又有自己的物料清单。结构如图 3-4 所示。

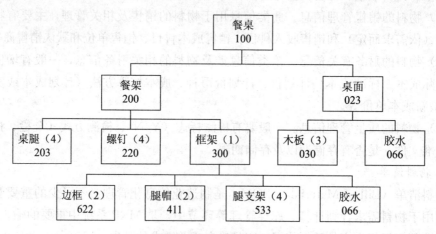

图 3-4　多层物料清单

决定如何生产产品是制造工程部门的责任，如进行的作业、顺序和分组，生成的子部件就是由此而来。生产部门决定将图 3-4 中餐桌（P/N100）的边框、腿帽及桌腿支架（五金零件的一部分）组装成框架（P/N300），然后将桌腿、螺钉和框架组装成桌架（P/N200）。桌面（P/N023）由 3 块木板黏合而成。注意所有的原始部件都在，但是它们都已分组成子部件，并且每个子部件都有自己的零件号。

多层物料清单的一个惯例是产品树上的最后一级物品（桌腿、螺钉、腿帽、边框、胶水和木板）都是采购而来的。一般而言，直到产品结构树的所有分支都已采购结束时，物料清单才完成。

物料清单的每一层都自上而下分配一个号码。最高层，或称最终产品层为零层，它的部件位于第一层。

（3）多个物料清单

公司经常生产多种产品，并且多个产品用到相同的部件，这时就会使用多个物料清单（multiple bill）。产品族的生产尤其如此。仍旧使用餐桌的例子，假定公司生产两种型号的餐桌，它们基本相似，只是桌面不同。图 3－5 是这两种餐桌的物料清单。因为桌面所用的木板不一样，所以每个桌面有一个不同的零件号，但两种型号餐桌的其他部件都是一样的。

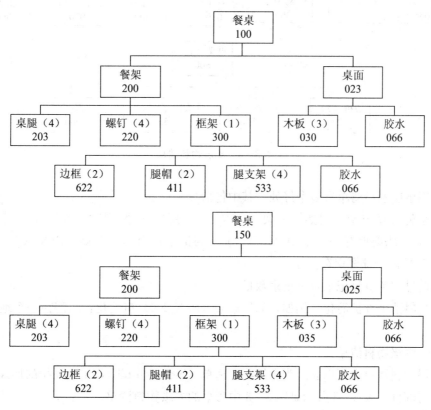

图 3－5 多个物料清单

（4）单层物料清单

单层物料清单（single-level bill），顾名思义只包括母件和它的直接部件。在图 3－5 中的餐桌有 6 个单层物料清单，如图 3－6 所示。注意多个部件对两种型号通用。

计算机储存信息就是以单层物料清单形式描述产品结构。完整定义一个产品需要一系列单层物料清单，例如，餐桌需要 4 个单层物料清单，每个物料清单的对象分别是餐桌、桌架、桌面和框架。这些单层物料清单可以连在一起构成一个多层物料清单或多级物料清单。应用这种方法信息只能储存一次，例如，框架（P/N300）可能用于其他餐桌，但桌腿或桌面不同。

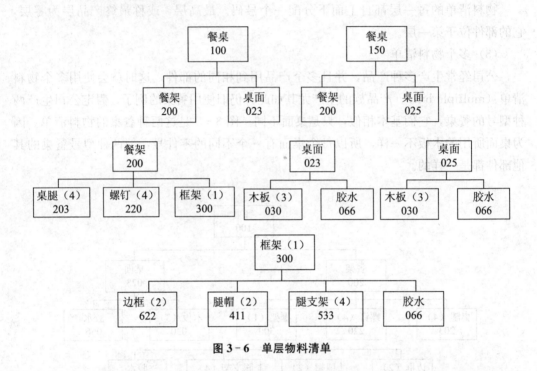

图 3-6　单层物料清单

使用单层物料清单有多个好处，其中包括：

①避免重复记录。例如，桌架（P/N 200）用在餐桌（P/N 100）和餐桌（P/N 150）上，只需要保存一条桌架（P/N 200）的记录，而不是餐桌（P/N 100）和餐桌（P/N 150）两个都要保存。

②通过避免重复记录减少记录数量。

③物料清单维护简化。例如，如果桌架（P/N 200）有变化，只需在一个地方进行修改。

（5）多级物料清单

多层物料清单也可以表示为多级物料清单（indented bill），采用缩排的形式用于区分母件与部件。表 3-5 所示是图 3-3 中餐桌的多级物料清单。

表 3 - 5　　　　　　　　　　　　　多级物料清单

生产物料清单

零件号	描述	所需数量
200	桌架	1
203	桌腿	4
220	螺钉	4
300	框架	1
622	边框	2
411	腿帽	2
533	腿支架	4
066	胶水	—
023	桌面	1
030	木板	3
066	胶水	—

母件餐桌的部件顶头排在左侧，其他所有的部件都缩行排列。桌架的部件（桌腿、螺钉和框架＞直接缩行排列于桌架下面。框架的部件又缩行排列在下面。这样，零部件通过缩行为分项并且排列于母件下面的形式与母件关联。

（6）简化物料清单

表 3 - 6 所示物料清单叫做简化物料清单（summarized parts list），它列举了完成整个组装所需要的所有部件。物料清单由产品设计工程师制作，不包括任何产品生产或组装信息。

表 3 - 6　　　　　　　　　　　　　简化物料清单

描述：餐桌

零件号：100

零件号	描述	所需数量
203	桌腿	4
411	腿帽	2
622	边框	2
023	桌面	1
722	五金工具	1

（7）计划物料清单

物料清单主要用于制订生产计划。计划物料清单（planning bill）是为了计划目的人为地将零部件分组，用来简单预测、主生产计划及物料需求计划。计划物料清单并非代表要制造的产品，而是平均产品。再次使用餐桌的例子，假设公司制造 3 种桌腿、3 种边框和腿帽以及 3 种桌面的桌子，共计 27 种（3×3×3＝27），每种都有自己的物料清单。为了作计划，可以将这 27 张物料清单简化成一张清单，然后标示每种部件的百分比，就如图 3－7 所示的产品结构那样。部件使用百分比从预测或者过去使用情况得到，注意同类部件百分比总和等于 100%。

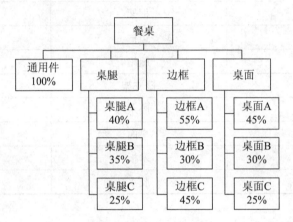

图 3－7　计划物料清单

三、物料库存管理与控制

在物料管理中，库存管理是核心。其基本目标就是要能帮助企业维护准确的库存量。它应能支持各种物料库存状况、库存变化历史以及发展趋势的联机查询，保证了库存商品最优的吞吐量。不同的库存盘点方法可用于库存物料的清点。此外，库存管理系统还能提供基本的库存分析报告，帮助评价库存管理的绩效。

ERP 中库存管理除了要解决传统库存问题：何时订货和订多少货，旨在保障供应而存货最小；同时要解决诸如"在哪里存货、存什么货、货物种类及仓库如何搭配、仓位如何管理"等新内容，其根本目的是通过适量的库存达到合理的供应，使总成本最低。库存管理的好坏，直接影响整个 ERP 的运行。库存管理是以企业物料管理为核心，它的任务就是在保证一定的物流服务水平的条件下，尽量提高库存管理水平，减少多余库存，降低物流成本。

（一）库存分类

按照库存产生的原因及其用途，库存可以分为以下几种。

1. 安全库存

物料的需求和供给都可能出现偏离计划或预测的情况。为防止意外情况的发生导致的生产中断，需要在计划需求量之外经常保持一定量的库存作为安全储备，这部分库存称之为安全库存。具体而言，预测的准确性、市场和供应的稳定性、生产率的高低、提前期的长短都会影响安全库存量。由于上述因素是会随时间而变化的，因此，安全库存也并非一成不变的，企业需要根据情况的变化定期或不定期地调整其库存物料的安全库存量。

2. 预期库存

有些产品或原材料的供应存在周期性变化的特点。例如，粽子的消费集中在端午节前后的 2～3 周中；羽绒服的消费集中在冬季；果汁加工企业的水果原材料集中在秋季才能收购等。还有些企业需要为工厂节假日以及设备检修事先做好物料的储备，这些提前为预期的消耗而进行的库存储备统称为预期库存。

3. 批量库存

受供应、加工、运输、包装的最小数量要求或者达到一定批量可以享受折扣优惠等因素的影响，在实际需求的基础上调整订货批量所形成的库存称为批量库存。其中应用最为广泛的是经济批量。具体计算方式在本小节的另一部分介绍。

4. 在途库存

通常所说的在途库存是指已经由供方从自己的库房中发货，但尚未到达需方并办理接受入库的物料。广义的在途库存还包括企业内部在工序之间传送、等待、缓冲而形成的在制品库存。

5. 囤积库存

囤积库存也称为企业的战略性储备库存。主要是针对通货膨胀或预计将要发生的市场物料短缺的趋势而储备的生产必需物料。例如，在冶金行业原料紧俏的时期，具备能力的冶金企业除采用上游一体化的策略采购原料矿自行开采外，还在市场上尽可能多地采购矿料形成储备。待原料供应紧张时，一方面可以防止物料短缺带来的停产，另一方面还可以出售原料获取额外的利润。

（二）订货批量

确定订货批量的目标有两个方面，即使得所涉及的成本之和最小，使客户服务水平最高。关于订货批量，如今人们的兴趣已经从经济订货批量（EOQ）的经典问题转移到离散需求环境下的订货批量问题上来了。这个变化是由于 MRP 的出现而引起的。因为 MRP 系统是通过计算按时间分段的总需求量和净需求量，并以间断的时间序列来表达对物料的需求。

常用的确定订货批量的方法有如下几种：固定订货批量法、经济订货批量法、按需确定批量法、根据固定时区的需求确定批量法、时区订货批量法、最小单位费用法、最小总费用法、wagner-whitin 法等。其中，前两种方法是面向需求率的，特别是第二种方法，是基于需求连续、需求率稳定这一前提的。这两种方法都是确定一个固定的批量，每次都按这个批量订货。其余方法则是所谓间断批量确定方法。这种方法的订货批量是变动的，根据一个或几个后续计划时区内的净需求量来确定批量，使订货批量与净需求量相等。因此，不会产生剩余物料不足以满足下一个计划时区的需求的情况。

下面我们分别讨论这些确定定货批量的方法。

1. 固定订货批量法

固定批量的订货方法（Fixed Order Quantity，FOQ）可用于 MRP 控制下的所有物料，但在实践中，通常只限于订货费用比较大的部分物料。对这些物料，根据净需求量的大小变化而不断发出订货是不上算的。所以，常采用固定批量的形式订货。订货的数量可以根据经验来决定。

在表 3-7 中举例。其中，9 个时区的净需求量数值将沿用以下对各种订货量方法的讨论中。

表 3-7　　　　　　　　　　　固定订货批量法

时区	1	2	3	4	5	6	7	8	9	总计
净需求	35	10	—	40	—	20	5	10	30	150
计划订货量	60			60					60	180

2. 经济订货批量法

经济订货批量法（Economic Order Quantity，EOQ）是一种早在 1915 年就开始使用的批量方法。它假定需求均匀发生，从而平均库存量是订货批量的一半。其基本出发点是使订货费用和报关费用之和最小，如图 3-8 所示。

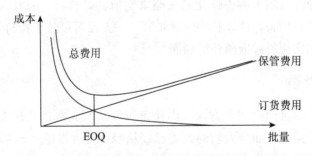

图 3-8　经济订货批量法（EOQ）

确定经济订货批量 EOQ 的公式如下：

$$EOQ=\sqrt{\frac{2RS}{IC}}$$

式中，R 为年需求量，S 为一次订货费用，I 为年保管费用占平均库存值的百分比，C 为物料单价。

假定例中的时区单位是月，并假定各种有关的费用数据为：$S=100$，$C=50$，$I=0.24$。年需求量可从 9 个月的需求量推算出来的，即 $9:150=12:R$，求得 $R=200$。

将这些数据代入上式，求得：

$$Q = \sqrt{\frac{2 \times 200 \times 100}{0.24 \times 50}} = 58$$

表 3-8 表示了用 EOQ 方法确定批量的结果。

表 3-8　　　　　　　　　　　经济订货批量法

时区	1	2	3	4	5	6	7	8	9	总计
净需求	35	10	—	40	—	20	5	10	30	150
计划订货量	58	—		58		—		—	58	174

3. 按需确定批量法

按需确定批量法（Lot For Lot）根据各时区的净需求量来决定订货量，需要多少订多少，也称为直接批量法。每当净需求量改变时，相应的订货量也随之动态地调整。采用这种方法也可以降低物料存储费用，因而常用于价值较高和需求极不连续的外购件及制造件，订货方法如表 3-9 所示。

表 3-9　　　　　　　　　　　按需确定批量法

时区	1	2	3	4	5	6	7	8	9	总计
净需求	35	10	—	40	—	20	5	10	30	150
计划订货量	35	10	—	40	—	20	5	10	30	150

4. 按固定时区的需求量确定批量法

按固定时区的需求量确定批量法（Fixed Period Requirements）首先，确定每批订货所要覆盖的时区数。然后，由所覆盖的几个时区内的需求量来确定批量。在这里，时间间隔是常数，而批量是变数，这是和固定订货批量法正好相反的。表 3-10 是按覆盖 2 个时区的需求量来确定批量。

表 3-10　　　　　　　　　按固定时区的需求量确定批量法

时区	1	2	3	4	5	6	7	8	9	总计
净需求	35	10	—	40	—	20	5	10	30	150
计划订货量	45	—	—	40	—	25	—	40	—	150

5. 时区订货批量法

时区订货批量法（Period Order Quantity，POQ）是一种为适应间断性需求环境而在 EOQ 的基础上修改而得的方法。这种方法首先根据各时区已知的净需求量数据，用标准的 EOQ 方法算出每年的订货次数。然后，用一年的总时区数除以订货次数，即得

到订货的时间间隔。而每次订货覆盖次间隔内的所有需求，如表 3-11 所示。

表 3-11　　　　　　　　　　　　　　时区订货批量法

时区	1	2	3	4	5	6	7	8	9	总计
净需求	35	10	—	40	—	20	5	10	30	150
计划订货量	85	—	—	—	—	35	—	—	30	150

EOQ＝58

一年的时区数＝12

年需求量＝200

$\dfrac{200}{58}=3.4$（每年订货约 3.4 次）

$\dfrac{12}{3.4}=3.5$（订货间隔为 3.5 个月）

6. 最小单位费用法

最小单位费用法（Least Unit Cost，LUC）允许订货批量和订货时间间隔有变动，吸取了 EOQ 中关于使订货费用与保管费用之和最小的思想，但各自采用的手段多少有点不同。这里要介绍的最小单位费用法（LUC）实际上是一种试探法。为了研究订货批量，LUC 首先提出这样的问题：该批订货应该等于第 1 进区的净需求量还是应该等于第 1、第 2 两个时区的净需求量之和抑或等于第 1、第 2、第 3 这三个时区的净需求量之和？为解决这个问题，LUC 要算出以下三种批量对应的"单位费用"（即单位订货费用加上单位保管费用）。单位费用最小的那个批量将作为订货批量。表 3-12 说明了第 1 时区订货批量（45）的计算过程，以后的订货批量可类似地计算。其结果如表 3-13 所示。

表 3-12　　　　　　　　　　　　　　最小单位费用计算

订货费用：100

保管费用：每单位物为每时区 1 元

时区	净需求	存放时区数	可能的批量	保管费用		单位订货费用	单位费用
				整批	单位		
1	35	0	35	0	0	2.86	2.86
2	10	1	45	10.00	0.22	2.22	2.44
3	0	2	—	—	—	—	—
4	40	3	85	130.00	1.53	1.18	2.71

时区	1	2	3	4	5	6	7	8	9	总计
净需求	35	10	—	40	—	20	5	10	30	150
计划订货量	45	—		60	—		45	—	30	150

表 3 - 13　最小单位费用法

7. 最小总费用法

最小总费用法（Least Total Cost，LTC）所依据的原理是，当计划期内的订货费用越接近于保管费用时，这个计划期内所有批量的订货费用与保管费用之和也越小。这与 EOQ 方法所依据的原理是相同的。为了达到使总费用最小的目的，LTC 的具体做法就是选取尽可能使单位订货费用与单价保管费用相接近的订货批量。按这样的观点再来看表 3 - 12 就会发现，按 LTC 方法所选择的批量（45）所对应的单位订货费用（2.22），大大超过了单位保管费用（0.22）。

由丁 LTC 方法的目的是使两种费用尽可能接近，所以，可以避免像 LUC 方法那样繁杂的计算过程。在进行 LTC 计算时，要用到一个经济单位库存时区量（Economic Part Period，EPP）概念。单位库存时区是一个度量单位，类似于"人年"的概念，是指一单位物料在仓库中存放一个时区。EPP 则是指存放一个时区时令订货费用与保管费用相等的库存量。这个数量可以直接用订货费用乘以单位时区内存贮单位物料的保管费用来求得。在前边所举的例子中：

$$EPP = \frac{S}{\frac{IC}{12}} = \frac{100}{0.24 \times \frac{50}{12}} = 100$$

在 LTC 方法中，选择单位库存时区量最接近 EPP 的订货批量。表 3 - 14 列出了 LTC 的计算过程。

表 3 - 14　最小总费用计算

时区	净需求量	存放的时区数	可能的批量	单位库存时区（累计）
1	35	0	35	0
2	10	1	45	10
3	0	2	—	
4	40	3	85	130

于是，应选 85 为第一个订货批量，因为其对应的单位库存时区值 130 比较接近于 EPP 的值 100，这批订货可以满足第 1 至第 5 个时区的需求。用同样的方法可以确定第二个订货批量为 65，可以满足第 6 至第 9 时区的需求。结果如表 3 - 15 所示。

表 3-15					最小总费用法				
时区	1	2	3	4	5	6	7	8	9	总计
净需求	35	10	—	40	—	20	5	10	30	150
计划订货量	85	—	—	—	—	65	—	—	—	150

【实训 3-2】订货批量的确定

实训目的：

熟练掌握订货批量计算方法的使用，并能够解决实际问题。

实训内容：

调查某一超市内某几种商品计划时区的需求量，根据实际情况选择连续需求或间断需求等订货批量的确定方法并对比不同之处。

实训要求：

根据实际调研数据，选择适合的订货批量方法，掌握订货批量的适用条件。

实训课时：

4 课时。

实训步骤：

（1）选择某一超市，确定 2~3 种调研商品。

（2）根据需求率数据的不同特点选择不同批量确定方法。

（3）对比并针对计算结果，形成调研报告，予以适合的订货建议。

（三）安全库存

安全库存（Safety Stock，SS）是指当不确定因素已导致更高的预期需求或导致完成周期更长时的缓冲存货，安全库存用于满足提前期需求。在给定安全库存的条件下，平均存货可用订货批量的一半和安全库存来描述。

安全库存的确定是建立在数理统计理论基础上的。假设库存的变动是围绕着平均消费速度发生变化，大于平均需求量和小于平均需求量的可能性各占一半，缺货概率为 50%。安全库存越大，出现缺货的可能性越小；但库存过大，会导致剩余库存的出现。应根据不同物品的用途以及客户的要求，将缺货保持在适当的水平上，允许一定程度的缺货现象存在。

安全库存可以预防预测与实际消耗之间的差异，以及期望运输时间与实际之间的差异所造成的损失，在补充周转库存时预防缺货。它也是在库存水平上增加一部分以满足不可预见的需求，如不稳定的需求、供应困难以及其他紧急情况。在任何工位上存放的货物（如原材料、在制品或成品），用来预防因为上游工序生产能力不足导致的缺货、断货的问题，通常也称为紧急库存。

简而言之，安全库存是为了防止由于不确定性因素（如大量突发性订货、交货期突然延期等）而准备的缓冲库存。

安全库存的原则有以下三条：①不缺料导致停产（保证物流的畅通）；②在保证生产的基础上做最少量的库存；③不呆料。

安全库存制定需要考虑以下几个因素：①物料的使用频率（使用量）；②供应商的交期；③厂区内的生产周期（含外包）；④材料的成本；⑤订单处理期。

安全库存的计算涉及数理统计方面的知识，可以分为以下三种情况。

1. 需求发生变化，提前期不变的情形

假设需求的变化符合正态分布，由于提前期是固定的数值，因而可以直接求出在提前期的需求分布的均值和标准差，或通过直接的期望预测，以过去提前期内的需求情况为依据确定需求的期望均值和标准差。当提前期内需求状况的均值和标准差被确定后，利用公式可计算出安全库存量 SS。

$$SS = Z \times \sigma \times \sqrt{L}$$

式中，σ 为提前期内需求的标准方差；L 为提前期的长短；Z 为一定顾客服务水平下的安全系数，Z 与顾客服务水平的关系见表 3-16 所示。

表 3-16　　　　　　　　　顾客服务水平及安全系数表

顾客服务水平（%）	安全系数 Z	顾客服务水平（%）	安全系数 Z
100.00	3.09	96.00	1.75
99.99	3.08	95.00	1.65
99.87	3.00	90.00	1.80
99.20	2.40	85.00	1.04
99.00	2.33	84.00	1.00
98.00	2.05	80.00	0.84
97.70	2.00	75.00	0.68

例 3-2　某饭店的啤酒平均日需求量为 10 公升，并且啤酒需求情况服从标准方差是 2 公升/天的正态分布，如果提前期是固定的常数 6 天，试问满足 95% 的顾客满意度的安全库存量的大小是多少？

解：由题意知 $\sigma = 2$ 公升/天，$L = 6$ 天，$F(Z) = 95\%$，则 $Z = 1.65$。

从而 $SS = Z \times \sigma \times \sqrt{L} = 8.08$。即在满足 95% 的顾客满意度的情况下，安全库存量是 8.08 公升。

2. 提前期发生变化，需求为固定常数的情形

如果提前期内的顾客需求情况是确定的常数，而提前期的长短是随机变化的，在这种情况下公式为：

$$SS = Z \times \sigma_1 \times d$$

式中，σ_1 为提前期的标准差；Z 为一定顾客服务水平需求下的安全系数；d 为提前期内的日需求量。

例 3-3　如果在上一个例子中，啤酒的日需求量为固定的常数 10 公升，提前期是随机变化的，而且服从服务均值为 6 天、标准方差为 1.5 天的正态分布，试确定 95％ 的顾客满意度下的安全库存量。

解：由题意知，$\sigma_1 = 1.5$ 天，$d = 10$ 公升/天，$F(Z) = 95\%$，则 $Z = 1.65$。

从而 $SS = Z \times \sigma_1 \times d = 24.75$。即在满足 95％ 的顾客满意度的情况下，安全库存量是 24.75 公升。

3. 需求情况和提前期都是随机变化的情形

在多数情况下提前期和需求都是随机变化的，此时假设顾客的需求和提前期是相互独立的，则 SS 可按下边的公式进行计算。

$$SS = Z \times \sqrt{(\sigma \times \sqrt{L})^2 + (d \times \sigma_1)^2}$$

式中，Z 为一定顾客服务水平下的安全系数；σ_1 为提前期的标准差；σ 为在提前期内需求的标准方差；d 为提前期内的平均日需求量；L 为平均提前期水平。

例 3-4　如果在第一个例子中，日需求量和提前期是相互独立的，而且它们的变化均严格满足正态分布，日需求量满足均值为 10 公升、标准方差为 2 公升的正态分布，提前期满足均值为 6 天、标准方差为 1.5 天的正态分布，试确定 95％ 的顾客满意度下的安全库存量。

解：由题意知：$\sigma = 2$ 公升，$\sigma_1 = 1.5$ 天，$d = 10$ 公升/天，$L = 6$ 天，$F(Z) = 95\%$，则 $Z = 1.65$。从而 $SS = Z \times \sqrt{(\sigma \times \sqrt{L})^2 + (d \times \sigma_1)^2} = 26.04$。即在满足 95％ 的顾客满意度的情况下，安全库存量是 26.04 公升。

在企业经营管理中，由于意外情况发生而导致供应中断、生产中断，企业的风险随之加大，从而影响到为顾客服务，除非有可能使需求的不确定性和供应的不确定性消除或减到最小限度。通常有 4 种措施可以减少安全库存。

（1）改善需求预测。预测越准，意外需求发生的可能性就越小。还可以采取一些方法鼓励用户提前订货。

（2）缩短订货周期与生产周期。这一周期越短，在该期间内发生意外的可能性也越小。

（3）减少供应的不稳定性。途径一是让供应商知道生产计划，以便他们能够及早做出安排；途径二是改善现场管理，减少废品和返修品的数量，从而减少由于这种原因造成的不能按时、按量供应的情况；途径三是加强设备的预防维修，以减少由于设备故障而引发的供应中断或延迟的情况。

（4）运用统计的手法通过对前 6 个月甚至前 1 年产品需求量的分析求出标准差（即得出上下浮动点）后做出适量的库存。

【实训3－3】安全库存的确定

实训目的：

熟练掌握安全库存的确定方法，并能够应用其解决实际问题。

实训内容：

以【实训2】调研背景为基础，进一步结合安全库存计算方法计算出某项商品的安全库存量。

实训要求：

调研某项商品需求和提前期数据，分析其数据特点，选择适合的安全库存计算方法，确定该项商品的安全库存量。

实训课时：

4课时。

实训步骤：

（1）调研1～3种商品的提前期、需求量的数据。

（2）分析所获数据的特点，选择合适的安全库存计算方法。

（3）分别设定出不同服务水平，观察安全库存量的变化。

（4）分析服务水平对安全库存及企业经营成本有哪些影响，形成调研报告，建议合适的安全库存水平和顾客服务水平。

（四）ABC物料分类法

物料的ABC分类的依据是帕累托定律。帕累托是19世纪意大利一位经济学家，他发现当时意大利80％的财富集中在20％的人手里。后来人们发现很多场合都符合这个规律，于是称之为帕累托定律。

在一个企业中有很多库存物料。在ERP环境下这些物料的库存记录都必须是准确的。为了保持物料的库存记录准确性，必须做大量的盘点工作。但这些物料对于企业生产运作的重要性并非都是一样的，它们也服从帕累托定律。换言之，一定有大部分的物料价值集中在少数的物料上，这些物料是A类物料；还会有大量的物料仅占少量的价值，这类物料是C类物料；处于中间状态的是B类物料。于是，我们应当更严格地关注A类物料，对其采用比较高的盘点频率和比较低的计数容限进行周期盘点。而对于B类物料和C类物料的关注则可以相对宽松一些。通过这样的方法，既可达到ERP系统对库存记录准确度的要求，又降低了相关的成本。

假定A、B、C三类物料分别占全部物料总价值的80％、35％和5％，那么，只需将所有物料按使用价值（用量×单位成本）排序，然后按所排次序逐项累加，累加到占总价值80％所涉及的物料属于A类，再继续累加到占总价值35％所涉及的物料属于B类，其余物料属于C类，如图3－9所示。

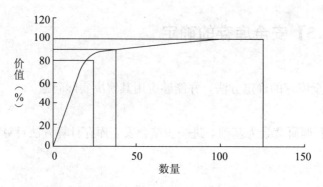

图 3 - 9 物料的 ABC 分类

（五）库存盘点

库存物料盘点是库存作业中的一项重要工作，是企业对每一种库存物料进行清点数量、检查质量及登记盘点表的库存管理过程。其目的主要是提高库存物料状态记录的准确度。

在企业的库存管理工作中，常常因为存货数量较多、收发频繁、计量误差以及自然损耗等原因，而导致企业的实际库存数量与账面数量不符。为了避免账物不符的现象发生，需要定期或不定期对仓库内存储的存货进行全面或部分的清点，准确掌握库存的实际存量，并且针对存货的账面数量与实际数量不符的差异，分析造成差异的原因，并进行差异处理。

库存盘点的另外一个重要作用是通过盘盈盘亏原因的分析，找到解决方案，并采取相应的管理措施，以提高企业的库存管理水平。当存货盘点实际数量大于账面数量时，称为盘盈；当存货实际数量小于账面数量时，称为盘亏。当发生盘盈盘亏时，应分析其原因并按照差异原因进行盘盈盘亏处理，调整账面数据使实际数量与账面数量相符。

常用的盘点方法可以按照以下四个方法来分类。

（1）按照盘点的对象是"账"还是"实物"来划分，可以将盘点分为账面存货盘点和实际存货盘点。账面存货盘点也叫"永续盘点"，是指根据出入库的数据资料，计算出存货（或商品）的账面结存的方法。实际存货盘点也叫"实地盘点"，是针对当前仓库（或商店）中的库存（或商品），进行实地清点统计，记录当前实际结存数量的方法。

（2）按照盘点的区域来区别，可以将盘点分为全面盘点和分区盘点。全面盘点是指在规定的时间内，对仓库（或商店）内所有存货进行盘点；分区盘点是指对仓库（或商店）内的存货（或商品）按货位或类别区分，每次依顺序盘点一定区域。

（3）按照盘点时间来划分，可以将盘点分为营业中盘点、营业前（后）盘点、停业盘点。营业中盘点就是"即时盘点"，营业与盘点同时进行；营业前（后）盘点适用于商业企业，是指开门营业之前或下班之后进行盘点；停业盘点是指在正常的营业时间内停业一段时间来盘点。

（4）按照盘点周期来划分，可以将盘点分为定期和不定期盘点。定期盘点是指每次盘点间隔时间相同，包括年度盘点、季度盘点、月度盘点、每日盘点、交接班盘点。不定期盘点是指每次盘点间隔时间不一致，是在调整价格、改变销售方式、人员调动、意外事故、清理仓库等情况下临时进行的盘点。

这里主要介绍周期盘点的具体内容。

周期盘点是得到并保持库存记录准确性的有效途径，是指每天对库存中的部分物料项目进行盘点，从而使一年中对所有物料项目的盘点次数达到预定的值。对各项物料进行盘点的时间间隔称为该项物料的盘点周期。一年中对某项物料进行盘点的次数，称为该项物料的盘点频率。周期盘点有以下几个优点。

（1）及早发现出错原因，并消除。每当发现库存错误，就要校正库存记录，同时找出原因。这些原因可能是库存安全没有得到切实保证，软件故障或不合理的规程，对库房人员培训不足等。一旦发现，应立即纠正，避免错误再次出现。

（2）校正不准确的记录。当周期盘点的结果和计算机中的记录不相匹配时，应当重新清点有关项，如果两次清点的结果相同，则应修改系统中的库存余额记录。

（3）取消年度库存盘点。年度库存盘点表是出于财务审查的目的。由于库存记录的准确度已达95％，所以，年度盘点已无必要，从而可以消除由于年度盘点而造成的停产。

（4）提高周期盘点人员的责质。通过周期盘点，盘点人员能熟练地识别零件，独得精确的记录，调整偏差，到解决系统错误的方法，使得库存记录更精确。

常见的周期盘点方法主要有三种：ABC分类、分区分块法和存放地点审查法。

（1）ABC分类。最常见的周期盘点方法是依据ABC分类法。ABC三类物料的库存记录准确性计数容限不应相同，例如，可分别设为1％，2％，5％。盘点周期也不应相同，例如，A类物料每月盘点一次，B类物料每季度盘点一次，C类物料每半年盘点一次。于是得到A、B、C三类物料的盘点频率分别是12、4和2。每天盘点的物料项目数可按如下方法求得：先按类分别求出物料项目数与相应的盘点频率的乘积，再求出所得这些乘积之和，然后把所得到的和除以一年的工作日数。按上面设定的盘点频率，我们举一个例子，如表3-17所示。

表 3-17　　　　　　　　基于 ABC 分类的周期盘点

物料类别	物料项目数	盘点频率	盘点物料项目数
A	250	12	3000
B	1500	4	6000
C	4000	2	8000
总计			17000
每年工作日			250
每天盘点物料项目数			68

（2）分区分块法。分区分块法是将库存项目按所在的区域分组，以提高盘点的效率。这种方法常用于分区存放系统以及在制品或中间库存的盘点。分区管理员以一个固定周期进行盘点，每次对一个区整个盘查一次，并与库存记录相比较。

（3）存放地点审查法。通常每个库房内都有很多库位。如果物料放错了地方，正常的周期盘点就不能进行，存放地点审查法用于准确地确定物料的有效的存放地点。使用这种方法，所有的库位都做了编号，每个盘点周期对特定的物料进行检查，通过对每个库位上的物料代码与库存记录进行比较，核实每项物料所在的库位。这种方法是容易实施的，因为它只需要核查物料代码而不需要检查物料的数量。盘点方法的选择取决于库存系统的实际情况，对于快速周转的物料项目，分区分块法是有效的方法；对于有许多库位的库房，ABC 分类方法和存放地点审查法结合在一起将会更有效。周期盘点可以当作一项制度，同时也允许在特别需要时做一次特别盘点。在周期盘点之后，应产生一份周期盘点报告。报告中包括所盘点的物料的代码、存放地点、度量单位、原记录数量、盘点数量、库存记录准确度百分比等重要信息。如果盘点结果与库存记录之间出现偏差，则要进行分析。如果偏差在计数容限范围之内，则将库存记录调整为盘点结果。如果偏差超出了计数容限，则做出标记，留待进一步处理，其中包括查找出错原因并消除之。

第四节　销售管理

在 ERP 系统中，销售业务流程是企业信息流的源头，是物流的最后一步，是销售收入的主要来源。企业从客户或购货单位获得订货需求，首先将信息传递给计划、采购、生产、仓储等部门，最后从仓库获得所需货物，销售给客户或购货单位，及时收回货款，办完财务手续，并进行销售业务统计分析，从而实现销售业务流程全过程的管理。面对当今制造型企业所处的环境，通过销售管理系统可以全面整合销售资源，加强销售业务管理，迅速对市场需求做出反应，全面满足客户的需求，从而赢得客户，在竞争中取胜。

一、销售管理内容

企业销售业务活动基本上包括两方面：一方面将企业生产出来的产品发送给客户，另一方面按销售价格从客户那里收回货币资金。企业的销售管理工作主要由企业的销售部门进行，但与财务部门和仓库部门等也有着密切的业务联系。

销售管理包括销售规划和销售业务管理两方面的内容。一般来讲，销售管理的主要内容应包括：销售市场分析、销售价格管理、销售计划管理、销售订单管理、销售发收货管理和销售服务管理等。

（1）销售市场分析包括销售统计分析和销售预测分析。其中，销售统计分析主要是对各种市场"已有"销售信息进行汇总统计分析，如从各种产品的订单订货情况、销售情况、订单收款情况、销售发货情况、销售计划完成情况、销售赢利情况，以及从地区、客户、销售员和销售方式等多角度、多方位进行统计和分析；销售预测分析则是利用有关预测方法和销售统计分析信息，对销售"潜在"的市场信息进行预测，以指导企业今后的销售活动和企业的生产计划。销售预测是企业制订销售计划和生产计划的重要依据。

（2）销售价格管理包括定价管理和价格折扣管理。定价管理是针对企业的市场营销目标、利润目标、产品成本、市场需求、竞争对手的价格以及企业的营销组合（分销商、经销商和供应商）等情况，制定出科学合理的价格；价格折扣管理则是在定价的基础上，企业还要根据市场条件的变化来调整价格，包括数量折扣、季节折扣、地区性折扣、顾客市场折扣和销售渠道折扣等。

（3）销售计划管理是指按照客户订单、市场预测情况和企业生产情况，对某一时期内企业的销售品种、储备品种的销售量与销售价格做出计划安排。企业的销售计划通常按月制定（或按连续几个月的计划滚动），也可以具体到某个地区、某类客户（群）或某个销售员个人按特定期限进行制定。

（4）销售订单（或销售合同）是企业生产、销售发货和销售货款结算的依据，销售订单管理是销售工作的核心。其主要内容包括根据客户需求的信息、交货信息、产品的相关信息及其他注意事项制订销售订单；通过考察企业生产可供货情况、产品定价情况和客户信誉情况来确认销售订单；将销售订单信息传递给生产计划部门（以安排生产），并密切跟踪销售订单的执行状况。

（5）销售发收货管理包括销售发货管理和销售发票管理。销售发货管理是按销售订单的交货期组织货源，下达提货单，并组织发货，然后将发货情况转给财务部门。具体包括根据销售订单中已到交货期的订单进行库存分配，下达提货单，在工厂内交货的订单由用户持提货单到仓库提货，厂外交货的则按提货单出库并组织发运。销售发票管理的内容是：开出销售发票，向客户催收销售货款，并将发票转给财务部门记账。对于客户退货可以开红字发票冲抵销售收入。销售账款结算是财务部门根据销售发票收取销售货款。

（6）销售服务管理。对客户提供各种相关的服务，是稳固市场与开拓市场的重要前提。销售服务的内容主要是为客户提供服务，包括提供售前、售中和售后服务并进行跟踪。

二、销售业务流程

一个完整的销售业务流程一般包括以下几个环节：订购→销售报价→销售订货→仓库发货→销售出库→收取应收账款。一笔销售业务的发生，同时涉及销售部、仓库、财务部等多个部门，系统间通过系列销售业务单据协调运作。销售流程如图 3-10 所示。

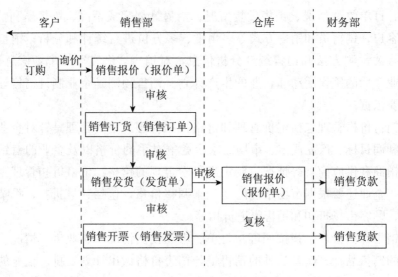

图 3-10 销售业务流程

具体业务处理过程如下。

（1）销售部门制订销售计划。企业往往是结合客户订单情况、市场预测情况和企业生产情况来制订销售计划，这类计划对将来一段时期内企业的销售品种、每个品种的销售量以及产品的销售价格做出安排。对中小企业而言，其销售计划一般按月制定。某些企业，也可能针对不同产品、不同区域或者不同的销售人员制订相应的销售计划。

（2）企业向客户提供销售报价单，以便客户进行筛选。

（3）销售人员按照销售计划，与客户签订销售合同或协议。提供售前服务，提交售中、售后服务的承诺，以争取获得最优的订单。

（4）销售部门根据客户需求的资料、交货信息、产品相关信息和其他的注意事项来制定销售订单。

（5）销售部门参照销售订单填制销售发货单。

（6）仓库部门参照销售发货单填制销售出库单。

（7）货物发出后，销售部门要制定发票并发送到财务部门记账。虽然销售货款结算是财务部门的任务，但是对于拖欠货款的客户，销售人员要做好收款计划，并配合财务人员向客户催款。

三、销售管理功能

销售管理的功能可以从以下十点来介绍。

1. 客户资料管理

客户资料管理主要是输入、维护、修改有关客户的基本信息，如客户编码、客户名称、主要联系人、地址、电话等通信方式、所在地、所在国等。通过对客户进行分类管理，维护客户档案，制定针对客户的价格政策，建立长期稳定的销售渠道。

2. 客户信息管理

企业对客户第一要区分是否为合格的客户，第二必须控制其信用等级，以避免不必要的经营风险。所谓信用额度是指给予该客户允许进行交易的最大货币额度。它与该客户的规模及历年来的付款情况有关。每一次与客户有业务交往时，都要按此额度来检查其信用。

3. 销售预测

根据市场需求信息，进行产品销售预测。销售预测的必要性表现在两方面。第一，对制造周期比较长的产品，预测的销售量成为生产准备或主生产计划展开的依据；第二，为编制销售计划提供依据。

4. 编制销售计划

销售计划的编制依照客户订单、市场预测情况和企业生产情况，对一定时期内企业的销售品种、各品种的销售量与销售价格做出安排。企业也可以针对某个部门或某个业务员制订销售计划。

5. 销售订单管理

处理订单信息，形成具体的订单，并正确地为计划系统提供依据。

6. 订单发货处理

销售业务员在检查成品库有货后，可按订单要求进行出货处理的一系列工作。指定发货后，系统自动形成出库单记账凭证，并进行相应的财务会计处理。

7. 销售计划管理

以部门、业务员、存货及其组合为对象，考核销售的计划数与定额数的完成情况，并进行考核评估。

8. 发票与账龄控制

依据销售发货单开具销售发票。一旦发票寄出，企业财务部门将把这笔账纳入"应收账款"账户中作为催款的依据。

9. 售后服务

售后服务主要是对产品的销售服务数据进行输入、分析和整理，以加强对客户关系的管理。

10. 销售实绩的统计功能

对企业的销售实绩，通过对数据的加工，可作为客户关系管理的素材。

本章小结

本章主要从四个角度介绍了企业在 ERP 环境下供应链管理的内容。需求管理部分我们需要重点掌握计划预测的方法，了解订单管理以及分销系统对企业的影响；采购管理部分主要介绍了采购内容与流程，以及与供应商谈判的技巧；物料管理则涵盖了物料清单和库存控制方面的内容，需要着重掌握的是订货批量以及安全库存的确定方法，除此之外，还介绍了企业常用的 ABC 分类法；销售管理需要了解销售业务的内容、流程与功能。

一、选择题

1. 库存的 ABC 分类是根据如下哪一项进行的物料分类方法?

A. 物料功能　　　　B. 物料类型　　　　C. 存储要求　　　　D. 年使用价值

2. 如果所有物料的保管成本均被调高,而其他参数保持不变,经济订货数量将有什么变化?

　　A. 仅在一个订货周期稍有降低

　　B. 增加而且直到保管成本再次调整之前保持不变

　　C. 减少而且直到保管成本再次调整之前保持不变

　　D. 没有影响

3. 如下哪一项是描述制造一件产品或装配件所需要的子项物料及其数量的文档?

　　A. 工艺单　　　　B. 物料需求计划　　　C. 物料清单　　　　D. 物料请购

4. 计划展望期短于一项物料的累积提前期会出现什么问题?

　　A. 将改善客户服务水平

　　B. 物料的累积提前期将缩短

　　C. 物料清单较低层次上的物料将无法计划

　　D. 物料清单较高层次上的物料将无法计划

5. 下面哪一项是需求的构成元素?

　　A. 预测和安全库存　　　　　　　　B. 预测和客户订单

　　C. 生产和采购　　　　　　　　　　D. 库存和安全库存

6. 在分销环境中,对如下哪种库存应当设置安全库存?

　　A. 产成品　　　　B. 在制品　　　　C. 原材料　　　　D. 半成品

7. 如下哪一项关于销售与运作规划的陈述是正确的?

　　A. 企业的管理层不必对销售与运作规划形成一致意见

　　B. 销售与运作规划是协调一致的计划

　　C. 需求预测通过产品单位来表示

　　D. 供应计划不包括库存

8. 如下哪一项最好地表述了 ABC 分析和控制的本质特征?

　　A. 对所有物料应当有同样水平的控制

　　B. 有少量的物料占了年物料使用价值的大部分

　　C. 物料需要紧密的控制

　　D. 库存记录准确性是重要的

9. 下面哪一项是物料需求计划的一个目标?

　　A. 让工厂总有活干　　　　　　　　B. 总是真实地反映物料需求

C. 确定预测　　　　　　　　　　　　D. 把库存投资降到最低

10. 下面哪一项是要在分销系统中进行平衡的目标？

A. 客户服务

B. 以最低的成本实现最大的分销效率

C. 最小的库存投资和最低的分销成本

D. 效率、成本和众多客户的及时的服务

11. 周期盘点主要目的是什么？

A. 纠正库存错误　　　　　　　　　　B. 减少每年的盘点次数

C. 要求比较少的盘点人员　　　　　　D. 发现库存错误的原因，并消除

12. 预测的主要目的是什么？

A. 预估产品需求　　　　　　　　　　B. 估算安全库存

C. 确定资源需求　　　　　　　　　　D. 帮助建立生产计划

13. 安全库存是指什么？

A. 在企业仓库中实际存放的物料的可用库存数量

B. 根据正在执行中的采购订单或生产订单，在未来某个时段物料将要入库的数量

C. 为了预防需求或供应方面的不可预测的波动，在仓库中经常应保持的最低库存数量

D. 在某个时段内向供应商订购或要求生产部门生产某种物料的数量

14. 下面哪种预测技术采用过去某些时区的平均需求？

A. 趋势时间平均　　　　　　　　　　B. 移动平均

C. 需求平滑　　　　　　　　　　　　D. 定性分析

15. 如果订货数量增加，而年需求量不变，如下哪种情况将会出现？

A. 保管成本增加，订货成本也增加　　B. 保管成本增加，而订货成本减少

C. 保管成本和订货成本都不变　　　　D. 保管成本减少，订货成本也减少

16. 下面哪一项关于预测的陈述是正确的？

A. 如果我们希望预测需求，必须使用过去的销售数据

B. 在生产中应当使用以货币单位表示的对总销售的预测

C. 必须对产品族中的单项产品进行预测

D. 应当记录和需求数据相关的环境数据

17. 按照经济订货批量法，如果把一项物料的订货成本加倍，将产生什么影响？

A. 订货量将增加　　　　　　　　　　B. 订货点将增加

C. 订货量将减少　　　　　　　　　　D. 订货点将减少

18. 对产品做销售预测是谁的责任？

A. 订单录入　　　　　　　　　　　　B. 市场部门

C. 主生产计划　　　　　　　　　　　D. 制造部门

19. 周期盘点不包括以下哪项活动？

A. 选择被盘点的物料　　　　　　　　B. 盘点物料

C. 把一些物料搬运到易于存取的库位 　　D. 调整库存记录

20. 在需求相对连续的情况下，增加安全提前期和如下哪一项效果相同？

A. 以更大的批量订货 　　　　　　　　B. 降低订货点

C. 增加库存水平 　　　　　　　　　　D. 从本地区的供应商那里订货

21. 产品 A 由子项物料 B 和 C 制成。子项 B 由子项 D 和 E 制成。应当预测哪项物料的需求？

A. 仅仅 A 　　　　B. A，B 和 C 　　　　C. D 和 E 　　　　D. B，C，D 和 E

22. 下面哪一项关于库存管理的陈述是正确的？

A. 库存和生产必须统一管理

B. 在生产规划层次上，库存不是重要的

C. 通常，在资金平衡表上库存是不重要的

D. 库存不占很多的成本

23. 下面哪一项是周期盘点的优点？

A. 及时发现和纠正问题 　　　　　　　B. 减少直接劳力成本

C. 使用剩余劳力 　　　　　　　　　　D. 补充库存

24. 下面哪项是关于物料清单在计划系统中的作用？

A. 用于工程设计 　　　　　　　　　　B. 用于确定订货批量

C. 用于表述制造物料的过程 　　　　　D. 用于表述产品结构

25. 下面哪种类型的库存用于应对供需波动？

A. 周转库存 　　　　B. 普通库存 　　　　C. 安全库存 　　　　D. 季节库存

26. 一项物料提前期为 6 周，平均需求量每周 150 件，安全库存量 300 件，订货批量 2000 件，订货点是多少？

A. 300 　　　　　　B. 900 　　　　　　C. 1200 　　　　　　D. 1500

27. 下面哪一项关于订货点法的表述是正确的？

A. 订货点＝单位时区的需求量×安全库存量＋订货提前期

B. 订货点＝安全库存量×订货提前期＋单位时区的需求量

C. 订货点＝单位时区的需求量×订货提前期＋安全库存量

D. 订货点＝单位时区的需求量＋订货提前期＋安全库存量

二、简答题

1. 什么是分销系统？

2. 物料管理的目标体现在哪些方面？

3. 物料主文件含有哪些信息？

4. 安全库存的原则有哪些？

5. 周期盘点的优点有哪些？

6. 周期盘点中如何确定每天盘点的物料项目数？

7. 销售管理的功能有哪些？

第四章　财务管理

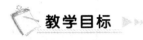

　　财务管理是 ERP 系统的重要组成部分。本章主要介绍企业财务管理的基本业务、固定资产管理、成本管理等内容。通过本章的学习，要求学生了解财务管理的基本概念、财务会计与管理会计的区别、固定资产的概念、成本的概念及其类型，熟悉 ERP 系统财务管理功能、业务流程、固定资产管理功能、投资与筹资渠道方式、成本控制的流程、综合费用的分类，掌握财务管理中表格的填写、固定资产的核算方法、税金核算、成本核算的基本方法和成本差异分析法。

第一节　基本业务

一、管理功能

（一）财务管理概述

　　企业财务管理是基于企业再生产过程中客观存在的财务活动和财产关系而产生的。根据企业再生产过程中的资金运动，ERP 财务管理系统集成了财务会计和管理会计的部分内容，如 ERP 中的账务处理、应收账款管理、应付账款管理、固定资产管理等为财务会计的内容，而 ERP 系统中的成本管理则采用管理会计方式。ERP 系统的财务管理一般分为三大部分。财务管理是以传统的财务管理，包括财务管理、应收、应付、现金管理、工资核算等业务；成本管理描述成本核算、成本控制等业务的有关理论与实现；固定资产管理描述 ERP 系统对企业固定资产的核算、管理。

　　1. 企业经营活动循环

　　企业是以赢利为目的的经济组织，它的全部活动就是利用所占有的资源来获得最大的回报。为了达到这样的目的，企业先要获得所需要的资本，资本来源于所有者的投资以及向债权人的举债。在获得了所需的资本以后，企业会利用这些资本采购所需的设备和原材料，因而要向供应商支付现金（包括银行存款），或者形成应付账款，在以后用现金偿还。企业还要雇用人力，为此需要向员工支付工资。这个过程是周而复始、不断重复的，从而构成一个循环，即采购付款循环。企业利用购入的设备、原材料和雇用的人力资源来生产产品，这个过程是一边消耗资源，一边形成产品的过程。这个过程也是周而复始的循环过程，即生产循环。企业生产出产品后，要想方设法把它们卖出去，以获得赢利。企业卖出产品会收到现金，或形成应收账款，在以后以现金的形式收回。这也是一个不断循环的过程，即销售收款循环。

企业的全部经营活动实际上就是这几个循环的不断重复，它们又构成了一个大循环，称为企业的经营活动循环。

2. "会计凭证—会计账簿—财务报表"循环

企业的经营活动离不开财务管理活动。和企业的经营活动相融合，企业的财务管理活动构成一个"会计凭证—会计账簿—财务报表"循环，而 ERP 系统财务管理的功能就是这个循环的模拟。为了了解 ERP 系统财务管理的功能，就要先了解财务管理的"会计凭证—会计账簿—财务报表"循环。

在企业的经营活动中，每一项经济业务都必须有原始凭证。原始凭证审核无误则可作为编制记账凭证的依据，然后根据记账凭证将经济业务活动记入相应的账目。虽然通过所有的账目已经记录了所有经济业务的发生和完成情况，但是还不能直观地从中获取有关的信息，来满足投资者、债权人、银行、供应商等企业外部的利害关系集团和个人，以及企业管理者了解企业财务状况、经营成果和经济效益需求。为此，必须编制财务报告，为了改善企业的经营状况，还要进行财务分析。

（1）会计凭证

会计凭证是记录经济业务、明确经济责任、按一定格式编制的据以登记会计账簿的书面证明。记录经济业务的合法性与合理性，保证了会计记录的真实性，加强了经济责任制。会计凭证按其编制程序和用途的不同，分为原始凭证和记账凭证，前者又称单据，是记录经济业务已经发生、执行或完成，用以明确经济责任，作为记账依据的最初的书面证明会计凭证文件，如出差乘坐的车船票、采购材料的发货票、到仓库领料的领料单等。记账凭证是会计人员根据审核无误的原始凭证或汇总原始凭证，用来确定经济业务应借、应贷的会计科目和金额而填制的，作为登记账簿直接依据的会计凭证。

（2）会计账簿

会计账簿简称账簿，是由具有一定格式、相互联系的账页所组成，用来序时、分类地全面记录一个企业、单位经济业务事项的会计簿籍。设置和登记会计账簿，是重要的会计核算基础工作，是连接会计凭证和会计报表的中间环节。填制会计凭证后之所以还要设置和登记账簿，是由于两者虽然都是用来记录经济业务，但两者具有的作用不同。在会计核算中，对每一项经济业务，都必须取得和填制会计凭证，因而会计凭证数量很多，又很分散，而且每张凭证只能记载个别经济业务的内容，所提供的资料是零星的，不能全面、连续、系统地反映和监督一个经济单位在一定时期内某一类和全部经济业务活动情况，且不便于日后查阅。因此，为了给经济管理提供系统的会计核算资料，各单位都必须在凭证的基础上设置和运用登记账簿的方法，把分散在会计凭证上的大量核算资料，加以集中和归类整理，生成有用的会计信息，从而为编制会计报表、进行会计分析以及审计提供主要依据。

（3）财务报表

财务报表亦称对外会计报表，是会计主体对外提供的反映会计主体财务状况和经营的会计报表，包括资产负债表、利润表、现金流量表或财务状况变动表、附表和附注，财务报表是财务报告的主要部分，其目的是为使用者提供对决策有用的信息。本节最后一部分将重点讲解资产负债表和利润表的主要特征及财务比率分析等问题。

（二）财务会计与管理会计

财务会计与管理会计的区别如表 4-1 所示。

表 4-1　　　　　　　　　　　财务会计与管理会计区别

	财务会计	管理会计
性质	对外报告会计使行业企业之间具有可比性	对内报告会计一般对外不公开
使用对象	财务会计	管理会计
范围目的	生成国家规定的财务报表（如资产负债表、损益表、现金流量表），以满足企业决策需求	生成为了支持企业特定管理的目的，详细程度不同，设定特定格式。如成本物料单、各种分析报表等
时间性	按照国家规定时间	按照管理需要自行定义时间段，报告历史、未来和当前信息
约束条件	受国家法令，公认的会计条例或准则的约束	无强制性约束，以满足企业成本/效益分析的要求为准

在区分财务会计和管理会计的同时，也要注意他们之间的相互关系。例如，财务报表中的资产负债表中有流动资产和存货金额等项目，其准确性都是基于产品成本，而损益表中的销售成本的准确性也要基于产品成本。如果产品成本是粗放和不准确的，那么，财务报表也是不准确的。

财务管理是 ERP 系统的重要组成部分。ERP 系统中的财务部分一般分为财务管理和会计核算两方面的功能。会计核算是财务管理的基础。作为 ERP 软件系统的一部分，财务模块通过和其他模块之间的接口，将生产活动、采购活动和销售活动输入的信息自动过入财务模块，更新总分类账和明细分类账中的数据，进而更新会计报表。从而实现生产、采购和销售活动与财务管理活动的集成，实现物流、资金流和信息流的集成。

（三）ERP 系统财务管理功能

财务管理功能的子系统包括总账模块、应收账模块、应付账模块、现金管理模块、固定资产核算模块、工资核算模块、成本核算模块。系统把传统的账务处理与发生账务的事务结合起来，不仅说明账务的资金现状，而且追溯资金的来龙去脉。

1. 总账模块

从本质上讲，总账是企业所有业务交易的完整记录。总账模块的功能是处理记账凭证录入、输出日记账、明细账以及总分类账，编制主要会计报表。总账模块是财务管理的核心，应收账、应付账、固定资产核算、现金管理、工资核算等模块都是以总账模块为核心来传递信息的。为了适应企业集团会计核算的需求，还提供了合并报表的功能。

2. 应收账模块

应收账款是指企业因销售商品、材料、物资或提供劳务等业务应向客户收取的账款。在 ERP 系统中，应收账模块包括以应收账款为主的所有应收款项，具有发票管理、客户信息管理、收款管理、账龄分析等功能。该模块和客户订单、发票处理业务相联系，在相关的事务处理中自动生成记账凭证，导入总账。

3. 应付账模块

应付账款是企业应付的购货账款，是企业向外赊购商品的会计处理。在 ERP 系统中该模块包括以应付账款为主的所有应付款项。其功能包括发票管理、供应商信息管理、支票管理、账龄分析等。该模块和采购模块、库存管理模块集成，从采购模块和库存管理模块中取得数据。

4. 现金管理模块

现金管理是对硬币、纸币、支票、汇票和银行存款的管理的统称，主要是对现金流入、流出的控制以及零用现金及银行存款的管理。包括票据管理和打印、付款维护、银行存款清单打印、付款查询、银行查询、支票查询等和现金有关的功能。此外，该模块应和应收账、应付账、总账等模块集成，可以自动生成凭证，导入总账。

5. 固定资产核算模块

固定资产核算模块对固定资产的增减变动以及折旧的计提和分配进行核算。其功能包括登录固定资产卡片和明细账、计提折旧、编制报表以及自动编制转账凭证，并转入总账。该模块应和应付款、成本、总账模块集成。

6. 工资核算模块

该模块是处理员工工资的结算、工资的核算和分配，以及有关按工资总额提取的各项经费的计提等。其功能包括工资登录、打印工资清单以及各类汇总报表，计提各项与工资有关的费用，生成凭证，导入总账。这一模块应当和总账模块、成本模块集成。

7. 成本核算模块

成本核算模块依据物料清单、工作中心、工艺路线、采购管理等方面的信息对产品的成本进行核算。本章的第三节将集中讨论成本管理的问题。

综上所述，各模块之间的关系如图 4-1 所示。

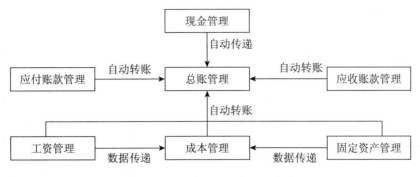

图 4-1 财务管理各模块之间的关系

二、业务流程

ERP 系统深刻地把握了企业经营活动的本质，有效地实现了财务管理和生产管理、采购管理、销售管理、库存管理功能的集成，将数据的采集延伸到生产、采购、销售和库存管理等环节。ERP 系统是一个以计划为主导的信息系统，它的计划和控制功能是伴随着企业的生产经营活动而展开的，这是一个循环往复的过程，ERP 系统的计划执行过程，就伴随着企业的物流和资金流过程。ERP 系统的计划与控制就是通过对信息流的控制，实现对物流和资金流的控制。

ERP 系统的执行过程是从采购活动开始的。采购部根据物料需求计划采购物料，物料采购回来以后，经质检部门验收入库，录入库存系统。此时，库存增加，同时应付账款也增加（或现金减少）。通过 ERP 系统的会计界面，生成会计凭证，过账后在总账系统中同时更新应付账款和存货账户。从而在采购付款循环中实现了物流和资金流的统一。

生产车间根据生产订单从仓库中领取原材料，此时，存货减少，而在制品增加，亦即生产成本增加。通过 ERP 系统的会计界面生成会计凭证，过入总账，更新相应的会计科目数据。加工完成，生产出可以向客户销售的产品并入库，通过 ERP 系统的会计界面，生成会计凭证，过入总账，减少总账模块中生产成本账户的金额，增加存货账户的金额，实现了生产循环中物流和资金流的统一。

销售部门接到客户的订单，通知仓库按照订单向客户发货，库存减少的同时，应收款增加。通过 ERP 系统的会计界面，生成会计凭证，过账后即可更新应收账款和存货有关账户的金额。以后收到客户付来的货款，通过 ERP 系统的会计界面，生成收款凭证并过账，总账系统中的现金和应收账款两个科目的数据同时得到更新。从而在销售和付款循环中实现了物流和资金流的统一。

利用 ERP 系统的财务管理功能进行对账和结账，以及编制财务报告，比起传统的手工操作来，大大提高了效率，可以更准确、及时地完成这些重要的财务活动。图 4-2 说明了 ERP 系统是一个集成系统。

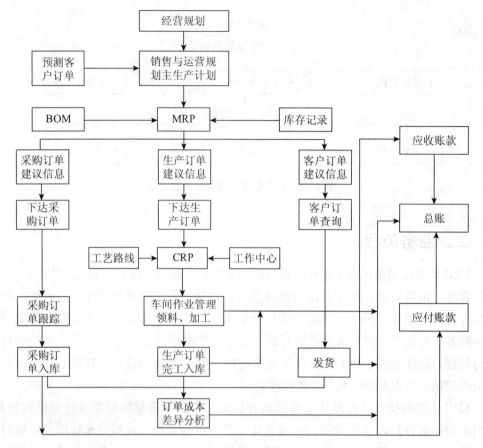

图 4 - 2　ERP 系统是一个集成系统

三、财务报表

　　财务报告是反映企业财务状况与经营成果的书面文件，包括主要会计报表、附表、报表注释与财务情况说明书。主要会计报表包括资产负债表、利润表和现金流量表。

　　财务报告的使用者通常包括投资者、债权人、政府有关管理部门、企业管理人员、潜在的投资者和债权人，以及企业员工、供应商、客户、财务顾问、法律顾问、行业公会等，他们对财务报告所提供信息的要求各有侧重。本节将对资产负债表和利润表的主要特征、编制方法、财务比率分析等问题作一一介绍。

（一）资产负债表

　　资产负债表是反映企业某一特定日期财务状况的会计报表，它表明企业在某一特定日期所拥有或控制的经济资源，所承担的现有义务和所有者对净资产的要求权。

　　1.资产负债表要素

　　资产负债表要素包括资产、负债、所有者权益，它们是资金运动的静态表现，它们之间的关系为"资产＝负债＋所有者权益"。

（1）资产。资产是企业拥有或控制的能以货币计量的经济资源，包括各种财产、债权和其他权利。资产按其流动性可以分为流动资产和长期资产或非流动资产。流动资产是指可以在一年内或超过一年的一个营业周期内变现的资产，包括现金、各种存款、短期投资、应收及预付款项、存货等；长期资产或非流动资产是指长期投资、固定资产、无形资产的变现周期往往在一年以上的资产，其中固定资产是非流动资产项目中重要的组成部分。

（2）负债。负债是企业所承担的能以货币计量、需以资产或劳务偿付的债务。负债也是按其流动性进行分类的，负债的流动性是指其偿还期限。偿还期在一年或一个营业周期以内的负债为流动负债（或短期负债），如短期借款、应付票据、应付账款、预收账款等；偿还期超过一年或一个营业周期的债务为长期负债，如长期借款、应付债券、长期应付款等。在资产负债表中，负债按其偿还期由短到长排列，显示了特定企业债务偿还的时间顺序。

（3）所有者权益。所有者权益是投资人对企业净资产的所有权（即企业全部资产减去负债后的余额），包括投入资本、资本公积、盈余公积和未分配利润。在资产负债表中，所有者权益是按其在企业停留的时间由长到短排列的，显示了特定企业的资本稳定性。其中留存利润是指通过企业的生产经营活动而形成的资本，即经营所得净利润的累计。一般资产负债表中的利润留存项目是指上一年度企业经营过程中所得的净利润。

2. 资产负债表结构

我国的资产负债表按账户式反映，即资产负债表分为左方和右方，左方列示资产各项目，右方列示负债和所有者权益各项目。通过账户式资产负债表，反映资产、负债和所有者权益之间的内在关系，并达到资产负债表左方和右方平衡。我国资产负债表的基本格式如表4-2所示。

表4-2　　　　　　　　　　某公司资产负债表

年　月　日　　　　　　　　　　　　　　　　　　　　　单位：百万元

资产	期末数	负债和所有者权益	期末数
流动资产	—	负债	—
现金	13	长期负债	40
应收款	35	短期负债	20
在制品	6	应付账款	—
成品	—	应交税金	—
原料	3	一年内到期的长期负债	—
流动资产合计	57	负债合计	60
固定资产	—	所有者权益	—

资产	期末数	负债和所有者权益	期末数
土地和建筑	40	股东资本	70
机器与设备	24	利润留存	—11
在建工程	—	年度净利	2
固定资产合计	64	所有者权益合计	61
资产总计	121	负债和所有者权益总计	121

（二）利润表

利润表是反映企业一定期间生产经营成果的会计报表，它把一定期间的营业收入与其同一会计期间相关的营业费用进行配比，以计算出企业一定时期的净利润（或净亏损）。

1. 利润表要素

利润表要素包括收入、费用和利润，它们是资金运动的动态表现，它们之间的关系为"收入－费用＝利润"。收入是企业在销售商品、提供劳务及他人使用本企业资产等日常活动中所形成的经济利益的总流入，包括主营业务收入（如工业企业的产品销售收入、商业企业的商品销售收入）和其他业务收入（如转让无形资产的收入）。费用是企业在生产经营过程中发生的各种耗费，包括直接计入产品成本的"直接费用"、通过分配计入产品成本的"间接费用"和直接计入当期损益的"期间费用"。利润是企业在一定期间的经营成果，包括主营业务利润、其他业务利润和营业外收支净额等。其中：

主营业务利润＝主营业务收入－主营业务成本－主营业务税金及附加

营业利润＝主营业务利润＋其他业务利润－营业费用－管理费用－财务费用

利润总额＝营业利润＋投资净收益＋补贴收入＋营业外收入－营业外支出

净利润＝利润总额－所得税

2. 利润表结构

目前，我国利润表的结构采用多步式，如表 4-3 所示。

表 4-3　　　　　　　　　　　利润表

年　月　日　　　　　　　　　　　　　　　　　　　　　　　　　单位：元

项　目	本年度
一、主营业务收入	1100000
减：主营业务成本	650000
主营业务税金及附加	18000

续 表

项 目	本年度
二、主营业务利润（亏损以"－"号填列）	432000
加：其他业务利润（亏损以"－"号填列）	0
减：营业费用	16000
管理费用	118000
财务费用	30000
三、营业利润（亏损以"－"号填列）	268000
加：投资收益（亏损以"－"号填列）	30000
补贴收入	0
营业外收入	40000
减：营业外支出	48000
四、利润总额（亏损总额以"－"号填列）	290000
减：所得税	95000
五、净利润（净亏损以"－"号填列）	195000

【实训 4－1】资产负债表、利润表的编制

实训目的：

掌握资产负债表的基本要素及填写方法；掌握利润表的基本要素及填写方法；掌握财务比率分析。

实训内容：

结合某公司的实际财务数据编写资产负债表、利润表、分析财务比率。

实训要求：

正确编制资产负债表和利润表，分析企业的偿债能力和盈利能力，并提出改善决策。

实训课时：

2 课时。

实训步骤：

（1）通过查阅相关财务会计相关书籍，了解报表编制的基本要求；

（2）每人选择一种财务报表进行编制；

（3）在报表的基本要求和基本原理下，结合某公司的财务数据，进行报表填写；

（4）对财务报表中的相关数据，进行企业偿债能力和盈利能力的分析；

（5）对企业的财务状况提出改善决策。

（三）财务比率分析

财务比率分析是指以财务报表和其他资料为依据和起点，采用比率分析，帮助财

务报告使用者及其他利益相关者改善决策。财务比率分析的最基本功能是，将大量的报表数据转换成对特定决策有用的信息，以减少决策的不确定性，并有效降低决策的风险性。

比率是财务分析中应用最广泛的一项分析工具。常用于反映企业财务状况和经营业绩的比率可以归纳成五大类，即收益力分析、安定力分析、活动力分析、成长力分析和生产力分析。这种从五个方面来评估企业经营绩效的方法，就是财务分析中的五力分析法。由于五力分析中考察的指标涉及企业财务和经营状况的各个方面，经营者可以通过五力分析法基本了解公司的经营业绩和发展前景。

1. 收益力

收益力表明企业是否具有赢利的能力。对收益力可从以下四个指标入手进行定量分析，它们是毛利率、销售利润率、总资产收益率、净资产收益率。

（1）毛利率

毛利率是经常使用的一个指标。在"ERP沙盘模拟"课程中，它的计算公式为：

$$毛利率＝（销售收入直接成本）/销售收入$$

毛利率说明了什么问题呢？理论上讲，毛利率说明了每1元销售收入所产生的利润。更进一步思考，毛利率是获利的初步指标，但利润表反映的是企业所有产品的整体毛利率，不能反映每个产品对整体毛利的贡献，因此还应该按产品计算毛利率。

（2）销售利润率

销售利润率是毛利率的延伸，是毛利减掉综合费用后的剩余。在"ERP沙盘模拟"课程中，它的计算公式为：

$$销售利润率＝折旧前利润/销售收入＝（毛利－综合费用）/销售收入$$

本指标代表了主营业务的实际利润，反映企业主业经营的好坏。两个企业可能在毛利率一样的情况下，最终的销售利润率不同，原因就是三项费用不同。

（3）总资产收益率

总资产收益率是反映企业资产的盈利能力的指标，它包含了财务杠杆概念的指标，它的计算公式为：

$$总资产收益率＝息税前利润/资产合计$$

（4）净资产收益率

净资产收益率反映投资者投入资金的最终获利能力，它的计算公式为：

$$净资产收益率＝净利润/所有者权益合计$$

这项指标是投资者最关心的指标之一，也是公司的总经理向公司董事会年终交卷时关注的指标。它涉及企业对负债的运用。根据负债的多少可以将经营者分为激进型、保守型。

负债与净资产收益率的关系是显而易见的。在总资产收益率相同时，负债的比率对净资产收益率有着放大和缩小的作用。例如，有A、B两公司，总资产相同，负债不同，假定负债年利率为10％，所得税率30％，比较计算相关指标如表4－4所示。

表4-4　　　　总资产收益率相同负债不同的两个企业相关指标计算对比

企业	总资产	税前利润	总资产收益率	负债	所有者权益	净利润	净资产收益率
A	100	20	20%	60	40	9.8	24.5%
B	100	20	20%	40	60	11.2	18.7%

2. 成长力

成长力表示企业是否具有成长的潜力，即持续赢利能力。

成长力指标由3个反映企业经营成果增长变化的指标组成：销售收入成长率、利润成长率和净资产成长率。

（1）销售收入成长率

这是衡量产品销售收入增长的比率指标，以衡量经营业绩的提高程度，指标值越高越好。计算公式为：

销售收入成长率＝（本期销售收入－上期销售收入）/上期销售收入

（2）利润成长率

这是衡量利润增长的比率指标，以衡量经营效果的提高程度，越高越好。计算公式为：

利润成长率＝[（本期（利息前）利润－上期（利息前）利润)]/上期（利息前）利润

（3）净资产成长率

这是衡量净资产增长的比率指标，以衡量股东权益提高的程度。对于投资者来说，这个指标是非常重要的，它反映了净资产的增长速度，其公式为：

净资产成长率＝（本期净资产－上期净资产）/上期净资产

3. 安定力

这是衡量企业财务状况是否稳定，会不会有财务危机的指标，由4个指标构成，分别是流动比率、速动比率、固定资产长期适配率和资产负债率。

（1）流动比率

流动比率的计算公式为：

流动比率＝流动资产/流动负债

这个指标体现企业偿还短期债务的能力。流动资产越多，短期债务越少，则流动比率越大，企业的短期偿债能力越强。一般情况下，运营周期、流动资产中的应收账款数额和存货的周转速度是影响流动比率的主要因素。

（2）速动比率

速动比率比流动比率更能体现企业的偿还短期债务的能力。其公式为：

速动比率进动资产/流动负债＝（流动资产在制品产成品－原材料）/流动负债

从公式中可以看出，在流动资产中，尚包括变现速度较慢且可能已贬值的存货，因此，将流动资产扣除存货再与流动负债对比，以衡量企业的短期偿债能力。一般低于 1 的速动比率通常被认为是短期偿债能力偏低。影响速动比率的可信性的重要素是应收账款的变现能力，账面上的应收账款不一定都能变现，也不一定非常可靠。

（3）固定资产长期适配率

固定资产长期适配率的计算公式为：

$$固定资产长期适配率＝固定资产/（长期负债＋所有者权益）$$

这个指标应该小于 1，说明固定资产的购建应该使用还债压力较小的长期贷款和股东权益，这是因为固定资产建设周期长，且固化的资产不能马上变现。如果用短期贷款来购建固定资产，由于短期内不能实现产品销售而带来现金回笼，势必造成还款压力。

（4）资产负债率

这是反映债权人提供的资本占全部资本的比例，该指标也被称为负债经营比率。其公式为：

$$资产负债率＝负债/资产$$

负债比率越大，企业面临的财务风险越大，获取利润的能力也越强。如果企业资金不足，依靠欠债维持，导致资产负债率特别高，偿债风险就应该特别注意了。资产负债率在 60%～70% 比较合理、稳健，当达到 85% 及以上时，视为发出预警信号，应引起企业足够的注意。

资产负债率指标小是绝对指标，需要根据企业本身的条件和市场情况判定。

4. 活动力

活动力是从企业资产的管理能力方面对企业的经营业绩进行评价的，主要包括 4 个指标：应收账款周转率、存货周转率、固定资产周转率和总资产周转率。

（1）应收账款周转率（转次数）

应收账款周转率是在指定的分析期间内应收账转为现金的平均次数，指标越高越好。其公式为：

$$应收账款周转率（周转次数）＝当期销售净额/当期平均应收账款$$
$$＝当期销售净额/［（期初应收账款＋期末应收账款）/2］$$

应收账款周转率越高，说明其收回越快。反之，说明营运资金过多呆滞在应收账款上影响正常资会周转及偿债能力。

周转率可以以年为单位计算，也可以以季、月、周为单位计算。

（2）存货周转率

这是反映存货周转快慢的指标，它的计算公式为：

$$存货周转率＝当期销售成本/当期平均存货$$
$$＝当期销售成本/［（期初存货余额＋期末存货余额）/2］$$

从指标本身来说，销售成本越大，说明因为销售而转出的产品越多。销售利润率一定，赚的利润就越多。库存越小，周转率越大。

这个指标可以反映企业中采购、库存、生产、销售的衔接程度。衔接得好，原材料适合生产的需要，没有过量的原料；产成品（商品）适合销售的需要，没有积压。

（3）固定资产周转率

固定资产周转率的计算公式为：

固定资产周转率＝当期销售净额/当期平均固定资产

＝当期销售净额/〔（期初固定资产余额＋期末固定资产余额）/2〕

如果是制造业和交通运输业，要计算固定资产周转。这项指标的含义是固定资产占用的资金参加了几次经营周转，赚了几次钱，用以评价固定资产的利用效率，即产能是否充分发挥。资产周转率越高，企业资金周转率越快，赚钱的速度越快，赚的钱就越多。

（4）总资产周转率

总资产周转率指标用于衡量企业运用资产赚取利润的能力，经常和反映赢利能力的指标一起使用，以全面评价企业的盈利能力。其公式为：

总资产周转率＝当期销售收入/当期平均总资产

＝销售收入/〔（期初资产总额＋期末资产总额）/2〕

该项指标反映总资产的周转速度，周转越快，说明销售能力越强。企业可以采用薄利多销的方法，加速资产周转，带来利润绝对额的增加。

5. 生产力

生产力是衡量人力资源的产出能力的指标，可通过计算以下两个指标衡量。

人均利润＝当期利润总额/当期平均职工人数

＝当期利润总额/〔（期初职工人数＋期末职工人数）/2〕

人均利润指标衡量人力投入与利润之间的关系。指标越大越好。

人均销售收入＝当期销售净额/当期平均职工人数

＝当期销售净额/〔（期初职工人数＋期末职工人数）/2〕

人均销售收入指标衡量人力投入与销售收入之间的关系。指标数值越大越好。

生产力指标旨在说明：企业规模扩大，员工数量增加，增加的这些员工生产是否有效率。

计算出企业的各项经营比率后，各项单个的数据给人的印象是散乱的，我们无法判断企业整体的经营在同行业中处于一种什么样的位置。而通过图表可以清晰地反映出数据的各种特征，雷达图是专门用来进行多指标体系分析的专业图标。

雷达图通常由一组坐标轴和三个同心圆构成。每个坐标轴代表一个指标。同心圆中最小的圆表示最差水平或是平均水平的 1/2；中间的圆表示标准水平或是平均水平；最大的圆表示最佳水平或是平均水平的 15 倍。其中，中间的圆与外圆之间的区域称为标准区，如图 4-3 所示。

在雷达图上，企业的各项经营指标比率分别标在相应的坐标轴上，并用线段将各坐标轴上的点连接起来。图中坐标 l 值为行业的平均值，如果某项指标位于平均线以内，说明该指标有待改进；而对于接近甚至低于最小圆的指标，则是危险信号，应分析原因抓紧改进；如果某项指标高于平均线，说明该企业在相应方面具有优势。各种指标越接近外圆越好。

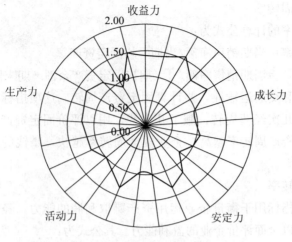

图 4-3　企业能力雷达图

第二节　固定资产管理

一、固定资产核算

（一）固定资产概述

固定资产是指使用期限超过一年或两年以上，单位价值在规定标准以上并在使用中保持原有形态的资产，包括房屋建筑、机器设备、运输设备、工具仪器等。固定资产属于劳动资料，它可以连续在若干生产周期内使用而不改变其原有的实物形态，固定资产的价值将以折旧的方式转移到产品中。

固定资产是企业的重要资源，按经济用途分为生产经营用和非生产经营用两类。生产经营用固定资产是指直接服务于生产经营全过程的固定资产，如厂房、机器设备、仓库、销售场所、运输车辆等。非生产经营用固定资产是指不直接服务于生产经营，而是为了满足职工物质文化、生活福利需要的固定资产，如职工宿舍、食堂、图书馆以及科研等其他方面使用的房屋、设备等固定资产。企业的固定资产占用企业的大量资金，因此，固定资产管理是企业的一项重要基础工作。市场上也有许多独立的固定资产管理系统软件供应，但只有与财务、生产、计划等各管理子系统集成的软件才能更好地使用、维护及管理好固定资产，为企业的经营决策提供科学的依据。

固定资产管理系统的作用是完成企业固定资产日常业务的核算和管理，生成固定资产卡片，按月反映固定资产的增加、减少、原值变化及其他变动，并输出相应的增减变动明细账，保证企业固定资产的安全完整并充分发挥其效能；同时，按月自动计提折旧，生成折旧分配凭证，保证再生产的资金来源。

（二）固定资产核算

固定资产的增减核算一般要设立：固定资产、累计折旧、固定资产清理等账户。固定资产账户是用来核算固定资产增加、减少与结存的账户。累计折旧账户是用来核算固定资产每期折旧与累计折旧余额的账户。固定资产清理账户是用来核算固定资产因转让、报废和损毁等原因转入清理的固定资产价值，以及在清理中产生清理费用、清理收入等的账户。

1. 固定资产增加的业务处理

固定资产增加的业务有：购入、自建、改建或扩建、其他单位投资转入、融资租入、捐赠及盘盈等业务。

（1）固定资产购入处理。对于不需安装的固定资产，将购买价格和支付的包装费、运输费、保险费与税金等数据，借记"固定资产"账户，贷记"银行存款或现金"账户。对于需要安装的固定资产，要先在"在建工程"账户中反映，交付使用时，将购价加上包装费、运输费、保险贸与税金等数据。

（2）自建固定资产。自行建造完成后，将其过程发生的全部支出费用等数据借记"固定资产"账户，贷记"在建工程"账户。

（3）改建或扩建。若是使用中的固定资产，要从经营用固定资产转入未使用的固定资产明细账。发生的改造费用，借记"在建工程"账户，贷记"原材料、应付工资、银行存款"等账户。回收的废料冲减"在建工程"。交付使用时，再将固定资产从"未使用固定资产"转入"经营使用固定资产"。

（4）其他单位投资转入。如果评估价值小于原单位账面价值，应做分录原价值借记"固定资产"账户，评估价值贷记"实收资本"账户，差额贷记"累计折旧"账户；如果评估价值大于原单位账面价值，按确认的价值应做分录借记"固定资产"账户，贷记"实收资本"账户。

（5）融资租入。按租赁协议确定的价值、运杂费等费用应做分录借记"固定资产"账户，贷记"在建工程或长期应付款"账户。

（6）捐赠。接受捐赠的固定资产加上杂费等应做分录借记"固定资产"账户，贷记"累计折旧、资本公积"账户。

（7）固定资产盘盈。在填制固定资产盘盈盘亏报告后应做分录借记"固定资产"账户，贷记"累计折旧"账户，其中差额贷记"待处理财产损溢－待处理固定资产损溢"账户，差额批准后再转入"营业外收入－固定资产盘盈"账户。

2. 固定资产减少的业务处理

固定资产减少的业务有转让、报废或损毁、盘亏等。

（1）固定资产转让。固定资产转让时应做分录，固定资产净值，借记"固定资产清理"账户，已提折旧借记"累计折旧"账户，固定资产原值，贷记"固定资产"然后按双方协议价格做相应分录。最后结转固定资产清理后的净收益（或净损失）。

（2）固定资产报废或损毁。固定资产报废或损毁发生时，应做分录，借记"固定资产清理、累计折旧"账户，贷记"固定资产"账户；清理的所有费用（残值、费用、赔偿等），如是收益，应借记"固定资产清理"账户，贷记"营业外收入－处理固定资产净收益"账户。

（3）固定资产盘亏。固定资产盘亏的处理与固定资产盘盈的处理相反。

3. 固定资产修理

部分固定资产的修理一般在设备管理中处理，其余部分可在固定资产修理处理。对于经常性修理所需的数额较小费用，一般在发生时就直接计入当月费用，借记"制造费用"和"管理费用"等账户，贷记"原材料"等有关账户。对数额较大的大修费用，一般采用预提或待摊的方法。但在系统处理时，可以采用分摊的月份数来概括这两种情况。

4. 固定资产的折旧处理

自动计提折旧是固定资产管理模块的主要功能之一。固定资产折旧是指将固定资产的原始成本分配到使用资产的各个会计期间的过程。固定资产的折旧管理功能主要是：通过设置折旧参数和折旧方法来计算折旧费用，并自动生成折旧分配表，然后制作记账凭证，将本期的折旧费用自动登账，并将当期的折旧额自动累加到累计折旧中。

影响折旧的参数（因素）主要包括：原值、预计残值、累计折旧、使用年限、折旧方法等。折旧方法主要有平均年限法、工作量法、双倍余额法递减法、年数总和法等方法。

固定资产的折旧方法一经确定，不得随意变更。当月增加的固定资产，当月不计提折旧，从下月起计提折旧；当月减少的固定资产，当月仍计提折旧，从下月起停止计提折旧。固定资产提足折旧后，不管能否继续使用，均不再提取折旧；提前报废的固定资产，也不再补提折旧。

下面对常用的折旧方法进行描述。

（1）平均年限法。平均年限法是将固定资产成本平均分摊于预计使用年限的一种方法。用该方法计算出来的每个会计期间的折旧额都是相等的。其计算公式如下：

$$年折旧额 = \frac{固定资产原值 - 预计净残值}{预计折旧年限}$$

$$月折旧额 = 年折旧额/12$$

（2）工作量法。工作量法是根据固定资产实际完成的工作量（产量、行驶里程、工时数）计算折旧额的一种方法。其计算公式如下：

$$单位工作量折旧额 = \frac{固定资产原值 - 预计残值}{预计总工作量}$$

$$月折旧额 = 该项固定资产当月工作量 \times 单位工作量折旧额$$

（3）双倍余额法递减法。双倍余额法递减法是一种不考虑固定资产残值情况下的加速折旧方法。所谓加速折旧值是指固定资产在使用早期多提折旧，后期少提折旧，从而相对加快固定资产折旧速度。其计算公式如下：

$$年折旧额 = 2/折旧年限 \times 固定资产账面净值$$

（4）年数总和法。年数总和法也是一种加速折旧方法。年数总和法是将固定资产的原值减去残值后的净额，再乘以一个逐年递减的分数计算每年的折旧额。其计算公式如下：

年折旧率＝（折旧年限－已折旧年限）/［折旧年限×（折旧年限＋1）/2］

年折旧额＝（固定资产原值－预计净残值）×年折旧率

二、固定资产管理

ERP 的固定资产管理模块功能主要有基础数据维护、原始卡片录入、固定资产折旧管理、固定资产增减管理、固定资产维修管理和固定资产租赁管理等。

（1）基础数据维护。对固定资产分类，定义固定资产科目（加固定资产、累计折旧、租金费用等）。

（2）固定资产卡片是固定资产核算的依据，为保证历史资料的连续性，在进行固定资产核算前，将建账前固定资产卡片输入。固定资产卡片信息就是固定资产管理模块需要管理的基本信息，固定资产卡片的基本格式及信息如表 4-5 所示。

表 4-5　　　　　　　　　　　　　　　固定资产卡片

固定资产编号：G0001	名称：激光打印机
规格：EPSON LASERJET	设备编号：S0001
类别：01 购买	取得凭证号码：123654
取得日期：2011.5.18	生产日期：2005.10.5
生产厂家：EPSON	来源单位：EPSON 专卖
出厂产品编号：123456A	价值：4800
货币代码：RMB	数量：1
计量单位：台	部门：CB01 厂部
保管地点：厂部办公室	固定资产状态：使用
是否计提折旧：是	折旧借方科目：4001 生产成本
折旧方法：1 平均年限法	折旧年限：5　　已折旧月数：6
法定折旧方法：1 平均年限法	累计折旧：432
净残值率：10%	

（3）固定资产折旧管理。固定资产折旧管理主要功能通过设置折旧参数和折旧方法来计算折旧费用，并自动生成记账凭证。其中，折旧参数主要包括折旧基数、净残值、折旧年限等。

（4）固定资产增减管理。固定资产增减管理包括固定资产的增加和固定资产的减少两个功能。其中，固定资产增加包括投资者投入固定资产、企业购入固定资产、接受捐赠固定资产、盘盈固定资产、融资租入固定资产等处理功能；固定资产减少包括出售固定资产、报废固定资产、事故毁损固定资产、投资转出固定资产、盘亏固定资产等处理功能。

（5）固定资产维修管理。固定资产的维修按照其修理范围的大小和修理时间长短，可分为经常性修理和大修理。对经常性修理所需的费用，因数额较小，一般在发生时就直接计入当期损益。对大修理费用，因数额较大，一般采用预提方法或待摊方法。

（6）固定资产租赁管理。固定资产租赁管理包括对固定资产的租入和租出的租赁合同管理及租金管理。其中，租赁合同将作为计算相应费用的依据，其内容包括租赁起始日期、结束日期、费用计算方法、费用明细、付款方式等；租金管理则分为两种情形：对于固定资产的租入，为取得使用权而发生的租金费用应列入当期的有关成本费用中，租入的固定资产不作为自有固定资产入账，而只需要在备查簿中做辅助登记；对于固定资产的租出，由于只暂时转让固定资产的使用权，资产的所有权并未丧失，因此固定资产仍要反映在租出方的账簿中，并计提折旧，而取得的租金收入则列作当期的其他业务收入。

【实训 4‑2】企业固定资产管理的基本流程

实训目的：

熟悉企业固定资产管理的基本流程，理解 ERP 系统中固定资产管理的信息流程及单据特征。

实训内容：

基础数据维护、原始卡片录入、固定资产折旧管理。

实训要求：

通过模拟某企业的 ERP 对固定资产进行管理，对固定资产管理中各原始数据正确录入，并对固定资产计提折旧。

实训课时：

4 课时。

实训步骤：

（1）通过模拟某企业的 ERP 固定资产流程，对基础数据进行维护；

（2）熟悉主要数据的含义，编制固定资产卡片；

（3）对新购置的固定资产卡片数据进行操作，资产录入；

（4）选择折旧方法，并进行本期计提折旧。

三、企业筹资与投资

（一）企业筹资渠道与方式

企业在持续不断的生产经营活动中，总要产生对资金的需求，需要通过筹措和集中资金，并加以运用来完成自身的经营目的；同时，企业因开展对外的投资活动和资本结构的调整，也需要筹集和融通资金。企业筹资就是企业根据其生产经营、对外投资和调整资本结构等活动对资金的需要，通过一定的筹资渠道和资金市场，运用适当的筹资方式，经济有效地获取所需资金的一种行为。

1. 筹资渠道

资金是企业的血液，是企业任何活动的支撑。筹资渠道是指筹措资金的来源方向与通道，体现着资金的源泉和流量。认识筹资渠道的种类及每种渠道的特点，有助于企业充分拓宽和正确利用筹资渠道。我国企业目前筹资渠道主要包括：

（1）国家财政资金。国家对企业的直接投资是国有企业最主要的资金来源渠道，特别是国有独资企业，其资本全部是国家投资形成的。现有的国有企业资金来源大部分是国家财政以直接拨款的方式形成的。

（2）银行信贷资金。银行对企业的各种贷款，是我国目前各类企业最为重要的资金来源。我国银行分为商业性银行和政策性银行两种。商业银行是以赢利为目的、从事信贷资金投放的金融机构，它主要为企业提供各种商业贷款。

（3）非银行金融机构的资金。非银行金融机构主要是指信托投资公司、保险公司、租赁公司、证券公司、企业集团所属的财务公司等。它们所提供的各种金融服务，既包括信贷资金投放，也包括为企业承销证券等金融服务，可以为一些企业直接提供部分资金和为企业筹集资金提供服务。

（4）其他企业的资金。企业在生产经营过程中，往往形成部分暂时闲置的资金，并为一定的目的而进行相互的投资活动；另外，企业间的购销业务可以通过商业信用方式来完成，从而形成企业间的债权债务关系，形成债务人对债权人的短期信用资金占用。

（5）民间闲置资金。企业职工和社会公众的结余货币，为了获利作为游离于银行和非银行金融机构之外的个人资金，可用于对企业的投资，形成民间资金的来源渠道，从而为企业所利用。

（6）企业自留资金。它是指企业内部形成的资金，也称为企业的内部资金，主要包括计提的折旧费用、提取的公积金和未分配利润等而形成的资金。这些资金的重要特征之一是，它们无须企业通过一定的方式去筹集，而直接由企业内部自动形成或转移，是企业的"自动化"筹资渠道。

企业除了通过以上方式进行筹资，还可以从我国境外进行筹资，例如，吸引外国投资者的投资，从境外的信贷机构取得贷款等。

2. 筹资方式

筹资方式是指筹集资金所采取的具体形式，它体现着不同的经济关系。认识筹资方式的种类及每种筹资方式的特点，有利于企业选择适宜的筹资方式，有效地进行筹资组合。对于各种筹资渠道的资金，企业可以采用不同的筹资方式进行筹集。

（1）吸收直接投资。吸收直接投资是指企业以协议等形式吸收国家、其他法人单位、个人和外商等直接投入资金，形成企业资本金的一种筹资方式。吸收直接投资不以股票为媒介，是非股份制企业筹集主权资本的一种基本方式。

（2）发行股票。股票是股份有限公司为筹集主权资金而发行的有价证券，是持股人持有公司股份的凭证，它代表持股人在公司中拥有的所有权。发行股票是股份有限公司筹措主权资金的一种基本方式。

（3）银行借款。银行借款是指企业根据借款合同向银行以及非银行金融机构借入的、按规定期还本付息的款项，是企业筹集长、短期借入资金的主要方式。

（4）商业信用。商业信用是指商品交易中以延期付款或预收款进行购销活动而形成的借贷关系。它是企业之间的直接信用行为，是企业筹集短期借入资金的一种重要方式。

（5）发行债券。债券是债务人为筹措长期借入资金而发行的、约定在一定期限向债权人还本付息的有价证券。发行债券是企业筹集长期借入资金的一种重要的筹资方式。

（6）租赁。租赁是出租人以收取租金为条件，在契约或合同规定的期限内，将资产租借给承租人使用的一种信用业务。租赁筹资是企业筹资的一种特殊方式。

（7）企业内部积累。筹资渠道解决的是资金的来源问题，筹资方式解决的是通过何种方式取得资金的问题，它们之间存在密切的关系。一定的筹资方式可能只适用于某一特定的筹资渠道，但是同一渠道的资金往往可以采取不同的方式取得，因此企业在筹集资金的过程中，应实现两者的合理结合。

（二）企业投资渠道

企业筹资的目的是投资。投资是指企业为了获取预期的效益而投入资金用以转化为实物资产或金融资产的行为和过程。这种预期的效益不仅包括财务上的经济效益，而且还包括社会效益。

企业的投资通常出于不同的经营需要，有的是为了有效地利用闲置资金，有的是为了影响或控制其他企业的经济业务，也有的是为了企业将来扩大经营规模准备条件。企业投资的渠道也日趋多元化，概括来讲，可分为对内和对外两个方面。

1. 企业对内投资的渠道

（1）固定资产投资。指企业投入资金着手于建筑、购置、安装、更新、固定资产的活动以及与此相联系的其他工作。

（2）流动资产投资。指为满足企业生产和经营中的周转需要而投入资金用以增加流动资产。流动资产投资包括：企业为即刻进行支付的货币储备；为扩大销售而赊销商品尚未结算的应收款投资；为维持和扩大生产、销售而占用的库存原材料、外购件、产品或在产品的存货投资；为维护正常的生产经营活动所需的其他流动资产（如预付费用、其他临时支出等）占用的其他流动资产投资。

（3）无形资产投资。指企业为取得专利权、商标权、专用技术权等无形资产而投入的资金，包括外购和自行研制的无形资产。

（4）其他投资。指除了以上投资以外的对内投资，如人力资源投资等。

2. 企业对外投资的渠道

企业对外投资是指对企业外部其他部门的投资。概括来讲，其渠道主要有直接投资和间接投资两种。

（1）直接投资。直接投资是指企业将货币资金、实物或无形资产直接注入到被投资企业，由被投资企业向投资者出具出资证明书，确认其股权的一种行为。直接投资一般多表现为企业联营，主要包括：企业以现金、银行存款等货币资产进行的货币资产投资；企业以流动资产或固定资产等有形资产进行的实物投资；企业以自己所拥有的专利、商标等各种无形资产进行的无形资产投资。

（2）间接投资。间接投资是指投资者通过购买被投资企业发行的股权证或通过在证券市场上购买被投资企业发行的股票或债券来达到投资目的的行为。间接投资一般多指证券投资，包括债券投资、股票投资等。

第三节 成本管理

一、成本计算

（一）成本概述

产品成本是生产过程中各种资源利用情况的货币表示，是衡量企业技术和管理水平的重要指标。企业要使自己的产品占领市场，就必须对其成本进行控制，否则就会失去市场竞争力，从而影响到企业的生存和发展。所以，成本控制是每个企业都必须关心的事情。企业通过对成本的计划、控制和分析，来优化资源的利用，降低成本，提高效益。

ERP 为企业的成本管理提供了工具。把财务和成本管理纳入到系统中来，是 ERP 发展过程中的一个重要标志。ERP 系统的成本管理功能对企业是非常重要的。因此，必须了解 ERP 系统中的成本计算方法和相关的概念。

（二）成本类型

企业的总成本由产品成本和经营成本构成。产品成本包括直接材料费、直接人工费和制造费用，这样计算出来的产品成本实际上是截止到车间级别（或分厂）的成本。产品成本将准确反映车间一级的成本管理水平。企业级别发生的三项费用（管理费用、财务费用、销售费用）不与产品成本计算发生直接关系，不计入产品成本。企业的成本构成如图 4-4 所示。

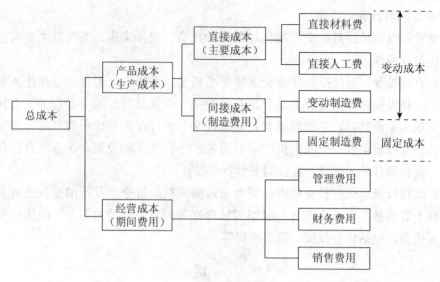

图 4-4　企业的成本构成

产品成本由直接成本和间接成本构成。在管理会计中，直接成本和间接成本是一种按照归属的难易程度原则分类的。直接成本是指可以明确分辨用于某个具体物料上的费用，与产品生产数量相关，不需要进行费用分摊，直接成本包括直接材料费和直接人工费。间接成本是指不能明确分清用于某个具体物料上的费用，需要进行费用分摊，主要指产品的制造费用，即按一定标准分配计入产品成本的费用。如企业各生产单位、车间为组织和管理生产而发生的各项费用，包括车间管理人员工资、职工福利费、劳保费、设备折旧费、修理费、水电费、车间办公费、车间差旅费及其他费用。

为了便于计划、监控、分析、维护产品成本，在 ERP 系统中通常设置 4 种基本的成本类型。

1. 标准成本

标准成本（Standard Cost）是成本管理中的计划成本，是经营的目标和评价的尺度，反映了在一定时期内要达到的成本水平，有其科学性和客观性。标准成本在计划期（如会计年度）内保持不变，是一种冻结的成本，作为预计企业收入、物料库存价值及报价的基础。

2. 现行标准成本

现行标准成本（Current Standard Cost）也称为现行成本，类似于人们常说的定额成本，是一种当前使用的标准成本，或者将其看作标准成本的执行成本。现行成本反映的是生产计划期内某一时期的成本标准。在实际生产过程中，产品结构、加工工艺、采购费用和劳动生产率等因素会发生变化，因而也会导致成本数据发生变化。

3. 模拟成本

ERP 系统的特点之一就是运用其模拟功能，回答"如果……将会……"的问题。例如，有时想要知道产品设计变更、结构变化或工艺材料代用所引起的成本变化，则可通过 ERP 的模拟功能来实现。为了在成本模拟或预定过程中不影响现行数据，所以设置模拟成本（Simulated Cost）。这对于产品设计过程中进行价值分析也是有用的。

4. 实际成本

实际成本是在生产过程中实际发生的成本，主要来自各部门的反馈信息，如工票、领料单、采购发票等。

（三）产品成本计算

在一般企业的财务会计中，按其所包括的范围可区分为完全成本法、变动成本法和制造成本法。完全成本法，也称为吸收成本法，是指在计算产品成本和存货成本时，把所消耗的直接材料、直接工资、制造费用、管理费用等全部包括在内的计算方法，它是财务会计一般的做法，也是我国传统上所采用的成本计算方法。变动成本法，也称为直接成本法，是指在计算产品成本和存货成本时，只包括产品在生产经营过程中的变动费用（如直接材料、直接工资、变动的制造费用等），而把固定制造费用全数以"期间成本"计入本期损益，作为产品销售利润的减除项目。制造成本法与完全成本法不同。使用制造成本法计算产品成本和存货成本时，只包括直接材料、直接工资和制造费用，而把管理费用、销售费用、财务费用作为期间费用处理，在发生期内全数列入当期损益，作为产品销售利润的扣除。制造成本法与变动成本法也有不同，制造成本法不要求把制造费用再区分为变动制造费用和固定制造费用，而是将制造费用按照一定分配标准计入产品成本和存货成本。

我国企业会计准则规定，企业应当采用制造成本法。也就是改革传统的成本核算办法，由完全成本法改为制造成本法，产品成本核算到制造成本为止，销售费用、管理费用、财务费用不再摊入产品成本，而是作为期间费用直接计入当期损益。

ERP 成本计算的基本数据包括采购成本、材料定额、工时定额以及各种费率等。它们分别记录在物料主文件、物料清单、工作中心和工艺路线等文件中。这些基本数据有些是数量性数据，如工时定额、材料定额。有一些是价格性数据，如材料价格和各种费率。这些基本数据的准确性是成本计算准确性的保证。

在 ERP 中，成本计算方法采用成本累加计算法，是按物料清单所规定的物料之间的层次、需求关系和制造过程，从产品结构的最低层次开始，从低层向高层逐层累计。成本的发生和累计与生产制造过程同步，随着生产制造过程的进行，在材料信息和生产计划信息动态产生的同时，成本信息也随之产生，使在计划、控制物流的同时，也控制了资金流，做到了物流、信息流和资金流的统一。

ERP 系统是按照成本发生的实际过程来计算产品成本的。它的计算基础是产品结构，如图 4 - 5 所示。所有制造的产品都是从采购原材料或外购件开始的，也就是说，产品结构中所有的最底层都是采购件，即图 4 - 5 中的 O，P，R，E，这层发生的成本是采购件的价格和采购间接费（指采购部门的管理费、运输、保管、租金、保险等费用），两者之和构成产品成本中的直接材料费。这时还没有发生加工成本。

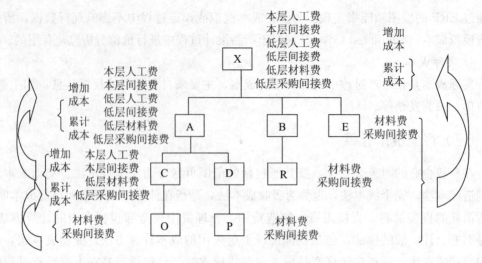

图 4-5　成本累加法

进入上一层，即 C，D，B。如果有加工装配作业，将发生加工成本。加工成本主要是直接人工费和分摊的间接成本，两者构成这层物料的增量成本。再汇总低层物料的累计成本，形成这层物料的合计成本，也就是常说的计划价格。计算方法如下：

直接人工费＝人工费率（工作中心文件）×工作小时数（工艺路线文件）

间接费分配＝间接费率（工作中心文件）×工作小时数（工艺路线文件）

如此逐层自低向高累加，直到计算出最顶层的最终产品的成本。这种计算产品成本的方法也就是所谓的成本累加计算法。它反映了产品成本发生和增加的实际过程。它可以用来说明物料或产品的库存值、作业费用和成本单价。

累加计算法由于成本构成分解较细，便于企业财会人员按不同要求进行汇总。如果对工序跟踪，也便于期末在制品的成本结算或结转。产品结构中任何层次的任何物料成本有了变化，都可以迅速计算出整台产品成本的变化，便于及时调整产品价格。

ERP 系统把加工单和采购单看成一个财务实体，加工和采购成本是在执行车间作业或采购作业的过程中发生的。

系统把产品结构中各层次物料的成本，按低层累计和本层发生的材料费、人工费和变动及固定间接费及其合计值分别列出，用成本物料单（成本 BOM）的报表形式表示。成本物料单可以详细地表达每一种物料的各类成本费用，又可以表达每一层的物料价值。这样的成本物料单对分析成本的构成、寻求降低成本的切入点提供了充分的信息。

二、成本差异分析

所谓成本差异是指产品实际成本与标准成本的差额。企业可以根据成本差异发现问题，具体分析差异形成的原因和责任，及时采取相应的措施，实现对成本的控制。

成本差异又分为有利差异和不利差异。实际成本低于标准成本时的差异称为有利差异，即成本节约。反之，实际成本超过标准成本所形成的差异称为不利差异，即成本超支。不论差异是有利差异还是不利差异，只要超过了规定的允差，都应进行差异分析。有时出现有利差异也不一定是好事，因为在某项差异上出现有利差异可能导致另一项差异出现更大的不利差异，要从总体来权衡利弊。

（一）直接材料成本的差异分析

直接材料差异，包括材料用量差异和材料价格差异。其中：

材料价格差异＝实际数量×（实际价格－标准价格）

材料用量差异＝标准价格×（实际数量－标准数量）

直接材料差异＝材料价格差异＋材料用量差异

＝实际价格×实际数量－标准价格×标准数量

由于采购部门具有购料价格的控制权，一般而言，价格差异应由采购部门负责。而材料数量差异，一般应由生产部门负责，但有时也可能是采购部门的责任，应作具体分析研究。

有利差异和不利差异不是绝对的，都要进行分析，有的有利差异可能也会对企业产生不利的影响。例如，使用价格较低的材料，降低了质量要求，短期可能会降低企业成本使企业利润增加，但从长期看，会降低企业声誉，影响企业的长期发展。

（二）直接人工成本的差异分析

直接人工差异，包括直接人工效率差异和直接人工工资率差异。其中：

直接人工工资率差异＝实际工时×（实际工资率－标准工资率）

直接人工效率差异＝（实际工时－标准工时）×标准工资率

直接人工差异＝直接人工工资率差异＋直接人工效率差异

＝实际工时×实际工资率－标准工时×标准工资率

工资率差异形成的原因，可能是由于生产中升级或降级使用不同工资等级的工人（会反映在平均工资率的变动中）；也可能是由于加班工资所形成不利的工资率差异，一般应由生产部门负责；但也可能是由于工资标准的调整。因此，工资率差异形成的原因需要具体分析。而效率差异形成的原因，可能是由于工人的熟练程度、设备的原因、管理的问题；也可能是由于原材料的质量。一般应由生产部门负责，但也可能是采购部门责任。

（三）变动性制造费用的差异分析

变动性制造费用差异，包括变动性制造费用效率差异和变动性制造费用耗费差异。其中：

变动性制造费用效率差异＝（实际工时－标准工时）×标准分配率

变动性制造费用耗费差异＝实际工时×（实际分配率－标准分配率）

变动性制造费用差异＝变动性制造费用效率差异＋变动性制造费用耗费差异

＝实际工时×实际分配率－标准工时×标准分配率

　　变动性制造费用产生不利差异的原因有两个：一是各项费用项目的价格高于预计价格；二是各项费用的耗费量大于预计耗费量。

（四）固定性制造费用的差异分析

　　固定性制造费用在一定相关范围内不会受生产活动水平变动的影响而固定不变，因此，固定性制造费用是通过固定预算进行控制的。固定性制造费用差异包括固定性制造费用预算差异和固定性制造费用生产能力利用差异。其中：

　　　　　固定性制造费用预算差异＝固定性制造费用－固定性制造费用预算

　　固定性制造费用生产能力利用差异＝（以工时表现的正常生产能力－按实际产量计算的标准工时）×固定性制造费用单位工时标准分配率

　　固定性制造费用生产能力利用差异具有如下特点：

　　（1）若预计业务量等于应耗的标准小时数，则没有生产能力利用差异；

　　（2）若预计业务量大于应耗的标准小时数，则生产能力利用差异为不利差异，表示计划生产能力尚未得到充分利用；

　　（3）若预计业务量小于应耗的标准工时数，则生产能力利用差异为有利差异，说明计划生产能力已得到充分利用。

三、成本控制

（一）成本控制流程

　　随着信息化的发展和日益加剧的市场竞争，企业对成本管理的要求越来越高。在这种环境下企业为了生存和发展，纷纷引进和建立了 ERP 系统，很多企业采用 ERP 进行成本管理获得了一定的成功，但还停留在传统的对制造成本的控制，因此，探讨如何应用 ERP 对产品进行全程控制，具有十分重要的意义。

　　ERP 作为一种先进的管理模式必然要在不同的环节对成本加以控制。在各项业务发生之前，它能对引发成本发生的各种动因进行规划分析并预测成本发生的可能性及数额，进行先导式控制，以确保实际经营过程的低成本运行；在生产过程中，ERP 系统利用海量的数据信息和强大的计算能力，充分挖掘成本降低的潜力；产品成本形成之后，通过对已发生成本的定期分析和考核，及时总结经验，为未来降低成本指出解决途径。从系统本身来看，ERP 成本控制系统强调事前计划事中控制、事后控制、事后反馈"三步曲"的统一。

　　ERP 系统的成本控制几乎涵盖了企业生产经营的所有阶段。目前，ERP 系统的应用主要是与标准成本法或作业成本法结合，但是无论采用哪种模式，在 MRP（物料需求计划）计算过程中都涉及采购管理、生产管理、销售管理等几个重要模块如图 4－6 所示。

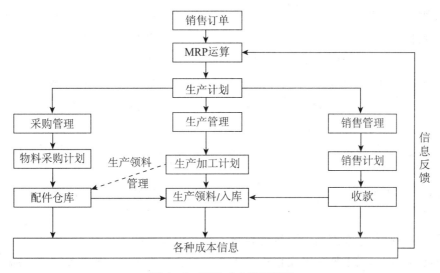

图 4-6　ERP 成本控制流程

（二）成本控制模块

传统的成本控制中主要是对制造成本的控制，主要集中于生产过程，而基于 ERP 的成本控制是对产品的完全成本控制，即实现对整个供应链的全面有效控制。与传统的成本控制相比，在 ERP 系统下的成本控制更为科学。ERP 在成本控制中的应用可分为采购成本控制、生产成本控制、销售成本控制三个模块。

1. 采购成本控制

采购成本控制主要是指在采购的过程中，对用于生产采购的原材料及销售采购的物品的成本控制。利用 ERP 控制采购成本，就是要使整个采购过程信息化、透明化、制度化。采购部门主要利用电子采购平台实现对供应商和采购信息的管理，通过招标选定供应商并签订合同，采购合同中包含的信息便成为 ERP 系统中的基础数据，利用这些数据 ERP 系统可以实现供应商信誉管理、到货质量管理和采购付款管理等模块功能。此外，在采购中供应商选择这一环节猫腻最多，也是采购成本控制的重要环节，对其成本控制主要依赖 ERP 系统对供应商信息的评估，将供应商的相关信息与供应商主文档中的信息对比，包括供应商的资信、到货率、提供物料的质量等，使整个过程透明化、制度化、公开化。验货入库后相关的采购单在 ERP 内部会进行自动检查，当差异超过了预先设置的容许界限时（如交货日期和数量）将会被拒收而形成退货单，同时 ERP 系统会自动检查入库单与采购定单的配比，以便信息的及时反馈，当接收部门核对无误后，物料便运入仓库保存。

2. 生产成本控制

在企业全部成本中产品生产成本占很大比重，决定着整个企业成本水平的高低，而在产品成本中设计阶段的成本最为重要。一个普遍的看法是：产品成本的 80% 是约束性成本，并且在产品设计阶段就已经确定，有效的成本控制发生在产品设计阶段，

ERP 软件可以帮助企业更快地设计产品，通过目标成本与设计成本的比较，计算差异，以降低设计成本。对于设计成本控制，一般使用目标成本。目标成本是根据市场供应情况预测的产品销售价格与预期利润的差额。ERP 系统可以设置模拟工艺路线、模拟 BOM 编制的功能，由任何一个产品的成本拷贝形成目标成本和模拟成本。ERP 系统的快速建立产品模型、新产品与 CAD 连接、快速检索和物料代替等功能，可以极大地提高产品设计的速度。有统计显示，利用 ERP 进行产品设计可以节省 30％～90％的开发时间，开发时间的缩短不但可以节省大笔的研发支出，而且可以将产品提前投入市场，创造新的价值。

另外，ERP 系统还可对产品生产中的直接材料、直接人工、制造费用等进行相应控制。

（1）直接材料成本控制。直接材料是产品生产成本的主要部分，因此是生产成本控制的重点。产品成本是由组成它的零部件成本累积而成的，即 BOM（物料清单）不仅反映了组成产品的物料及其结构，同时也反映了企业在生产过程中成本逐次形成的结构，所以，对产品成本的控制可以从单个零件的成本控制入手。

（2）直接人工成本控制。ERP 系统可以利用企业已有的人工成本数据和企业的现实条件分析并制定其标准成本，在实际生产时，当实际发生的人工成本与标准成本出现差异时，要从人工效率和单位工资率两个方面来分析差异的原因，制定对策。

（3）制造费用控制。传统的成本核算中，对间接费用的分摊不尽合理，大多是利用工时或销量等对制造费用进行分配，为了更好地进行成本控制，ERP 中用的是基于活动的成本分摊法，即作业成本法。

3. 销售成本控制

销售成本控制在很大程度上是对销售业务的真实性和完整性的控制，以免发生不必要的成本，这一点与内部控制的目标具有一致性。销售管理模块是 ERP 系统的重要组成部分，是企业与客户之间业务处理的接口，在 ERP 中与销售有关的主要包括订单管理模块、库存管理模块、应收管理模块以及客户关系系统。ERP 销售成本以控制客户订单为出发点，进行相应的信用控制和发货管理，待商品发出后系统自动记账并生成虚拟发票，通过分类汇总，由会计人员对虚拟发票记账，并进行应收账款管理。ERP 系统在整个销售管理的过程中会将各种成本信息汇集成浏览报表，以便管理层进行管理控制和成本控制。

ERP 系统的实施使企业的信息化程度有了极大的提高，管理层可利用它对成本进行更好的控制。"成本控制"思想是贯穿于 ERP 系统始终的一条主线，只有深刻体会这种思想并将其付诸实践，才能充分体现 ERP 在成本控制中的优势。但 ERP 系统也不是万能的，它仅仅是为企业更好地运行提供手段，各种因素对成本的不同影响还需要相关人员用大量的时间和精力去分析，毕竟智能化的系统依然需要人的参与。只有将 ERP 的优势与优秀的人才结合才能使企业在市场竞争中获得巨大回报。

四、企业综合费用与税金管理

（一）企业综合费用

企业的综合费用包括企业的管理费用、销售费用、财务费用、工资费用和制造费用。

1. 管理费用

企业管理费用是指公司行政管理部门为组织和管理企业生产经营活动所发生的费用，包括公司董事会和管理部门在公司经营管理中发生的、或者应当由公司统一负担的公司经费等。包括工会经费、上缴基金、水电费、差旅费、会议费、办公费、修理费、董事会费等费用。

（1）工会经费：核算按公司管理人员工资总额的 2% 提取的工会经费。

（2）差旅费：核算公司管理部门的管理人员因公发生的差旅费。

（3）会议费：核算公司和各事业部门召开各种会议发生的各项费用。

（4）办公费：核算管理部门的文具、印刷、邮电、办公用品等办公费用，但不包括图纸和制图用品。

（5）修理费：核算管理部门所使用固定资产按照规定预提的大修理费，以及管理部门所使用固定资产和低值易耗品的经常修理费用。

（6）董事会费：核算公司董事会以及其成员为执行职能而发生的各项费用，包括差旅费、会议费等。

2. 销售费用

销售费用是指公司在销售产品、自制半成品和提供劳务等过程中发生的各项费用以及专设销售机构的各项经费。包括包装费、销售服务费、广告费、展览费、租赁费、差旅费、销售人员工资等费用。

（1）包装费：核算销售部门在销售产品、部件过程中发生的包装费。

（2）销售服务费：核算销售部门发生的各项售后服务费用。

（3）广告费：核算销售部门支付的用于产品广告宣传的广告费、资料费。

（4）展览费：核算销售部门支付的用于产品参加各种展览所发生的费用。

（5）租赁费：核算为销售产品而支付的房屋、场地租赁费。

（6）差旅费：核算销售部门员工的上下班交通补贴和因公外出的各种差旅费、误餐费支出等。

（7）工资：核算销售部门的员工工资及奖金。

3. 财务费用

公司为筹集生产经营所需资金等而发生的费用为财务费用。包括利息支出、汇兑损失、调汇手续费、银行手续费等费用。

（1）利息支出：核算公司生产经营期间为筹集生产经营所需资金而发生的利息净支出（减存款利息收入）。

（2）汇兑损失：核算由于汇率变动而造成的应由当期损益负担的汇兑损失（减汇兑收益）。

（3）调汇手续费：核算公司由于调剂外汇而发生的手续费。

（4）银行手续费：核算公司到银行办理各种结算业务而交付给银行的手续费。

4. 工资费用

工资是指雇主或者法定用人单位依据法律规定、或行业规定、或根据与员工之间的约定，以货币形式对员工的劳动所支付的报酬。包括计时工资、计件工资、奖金、津贴和补贴、加班加点工资、特殊情况下支付的工资。

5. 制造费用

用来核算企业生产车间、部门为生产产品和提供劳务而发生的各项间接费用。如生产车间的维修费、办公费、水电费等费用。

（二）税金规则

1. 税金种类

税金是国家财政收入的一个重要组成部分，是国家按照法律规定的标准取得财政收入的一种手段。企业应交纳的税费主要有营业税、增值税、所得税、城市维护建设税、车船使用税、房产税、土地增值税、土地使用税、印花税、消费税、资源税等。

（1）营业税。营业税是指在我国境内提供劳务、转让无形资产或销售不动产的单位和个人按其营业收入征收的一种税。它是一种行为税，只要有营业行为并且有收入就应纳税，而不管赢利多少。

（2）增值税。增值税是对我国境内的应税货物及应税劳务在生产经营过程中的增值额为计税依据课征的一种税。其增值额为生产经营过程中新创造的那部分价值，也可以说是纳税人在一定时期内销售商品或提供劳务所取得的收入大于其商品购入或取得劳务时所支付的金额的差额。

（3）所得税。所得税是指国家对企业或个人的各种所得按规定税率征收的税款。

（4）城市维护建设税。城市维护建设税是国家为扩大和稳定城市乡镇公共设施和基础设施建设对享用市政设施的企业，以其应交纳的营业税和增值税为计税依据所征收的一种附加税。

（5）车船使用税。车船使用税是对我国境内行驶于国家公共道路的车辆，航行于国内河流、湖泊和领海口岸的船舶，按车辆（船舶）的种类和大小，向拥有并使用这些车辆（船舶）的单位和个人征收的一种税。

（6）房产税。房产税是国家在城市、县城、建制镇和工矿区征收的由产权所有人缴纳的税。

（7）土地使用税。土地使用税是国家为了合理利用城镇土地，调节土地级差收入，提高土地使用效益，加强土地管理而开征的一种税。

（8）印花税。印花税是国家对企业在经济活动中书立、领受的凭证征收的一种税。其征税范围包括各种经济技术合同、产权转移书据、营业账簿、权利许可证照和财政部确定征税的其他凭证五类。

2.税金核算

在企业的税金核算中，营业税、增值税、所得税的核算对于企业来说尤为重要。

（1）营业税的计算。营业税是以提供应税劳务、转让无形资产和销售不动产的经营行为为课税对象的一种税。它一般适用于饮食服务行业，是根据营业服务收入或收益征收的一种税。企业的营业税是根据营业额和规定的税率计算的，其计算公式如下：

$$应交营业税＝营业收入额×税率$$

营业税的税目有九个项目，分为两档9个税率。例如服务业为5％，运输业为3％，娱乐业采用弹性税率，为5％～20％不等。

（2）增值税的计算。增值税是对企业从事生产、经营货物过程中，新增加的价值部分征收的一种流转税。它适用于在我国境内销售货物或提供加工、修理修配劳务以及进口货物的单位或个人。增值税的计税依据如下：

$$应纳税额＝当期销项税额－当期进项税额$$

其中，销项税额是指纳税人销售货物或者提供应税劳务，按税法规定向购买方收取的增值税税额。

$$销项税额＝销售额×税率（基本税率17％）$$

增值税的税率分为三档：一是基本税率，为17％，适用于一般货物和劳务；二是低税率，税率为13％，适用于粮、油，自来水、冷气、热水、煤气、民用煤炭制品，图书、报纸、杂志，调料、化肥、农药、农机、农用膜4类货物；三是纳税人的出口货物，税率为零。

值得注意的是服务业主要是零售业务，在销售商品时一般填制普通发票或填制销售发票，这样销售商品的售价中已包含增值税的税额，所取得的收入是含税销售收入，因此在月末需要将含税收入调整为不含税的销售额，将销项税额从含税收入中分离出来。其计算公式如下：

$$销售额＝\frac{含税收入}{1＋增值税税率}$$

$$销项税额＝销售额×增值税税率$$

例4-1 某商场经营商品的增值税税率为17％，月末含税收入为351000元，进项税额为42200元，计算本月应交纳的增值税。

解：商品销售收入$＝\frac{351000}{1＋17％}＝300000$（元）

销项税额$＝300000×17％＝51000$（元）

本月份应交增值税额$＝51000－42200＝8800$（元）

从上例中可以看出：销项税额为51000元，进项税额为42200元，其差额8800元即为该商场本月份应交的增值税额，下月初缴纳本月增值税。

（3）所得税的计算。所得税以企业所得额为征收对象，所得多的多征，所得少的少征，无所得的不征。所得税是以全年的所得额为计税依据，但为了保证国家财政收入的及时和均衡,所得税采取分月、季预征,年终汇算清缴,多退少补的办法。

根据税法规定,所得额是指在一定经营期间的收入总额,扣除了与其配比的费用成本后的余额,即企业实现的利润总额;而纳税所得额是指利润总额加减税前调整项目后的数额。新准则规定企业一律采用资产负债表债务法核算所得税,这就要求企业在取得资产、负债时,应当确定其计税基础。

在缴纳税费之前应调整以下三个方面的内容:

(1) 企业各种捐赠支出、赔偿金、滞纳金和罚款支出,以及被没收的财物损失等,减少了企业的利润总额,而税法规定这些项目也应纳税,因此,在计算纳税所得额时,要加上这些项目的金额。

(2) 企业投资于股票的股利收入和投资于联营企业分得的利润等,这些收入均列入了相关账户,从而增加了企业的利润总额,而这些收入已由被投资企业交纳了所得税,为了避免重复纳税,在计算纳税所得额时,应将这些项目的金额从利润总额中扣除。

(3) 税前利润弥补以前年度亏损,以及按规定免征所得税的国库券利息收入等,是计算纳税所得额的扣除项目。若无税前调整项目,纳税所得额就是利润总额。

所得税的计算公式如下:

$$纳税所得额 = 利润总额 + 税前调整项目金额$$
$$应交纳所得税 = 纳税所得额 \times 33\%$$

本章小结

本章主要学习财务管理的基本业务、固定资产管理及成本管理。

企业财务管理是基于企业再生产过程中客观存在的财务活动和财产关系而产生的。根据企业再生产过程中的资金运动,ERP 财务管理系统集成了财务会计和管理会计的部分内容。ERP 系统是一个以计划为主导的信息系统,它的计划和控制功能是伴随着企业的生产经营活动而展开的,这是一个循环往复的过程,ERP 系统的计划执行过程,就伴随着企业的物流和资金流过程。ERP 系统的计划与控制就是通过对信息流的控制,实现对物流和资金流的控制。

固定资产是企业的重要资源,包括生产性与非生产性的资产。企业的固定资产占用企业的大量资金,固定资产管理是企业的一项重要基础工作。因此,在生产经营活动中,要注重固定资产的核算与管理,充分运用适当的筹资与投资方式,提高企业资金的运作效率。

资金是企业的血液,是企业任何活动的支撑。产品成本是生产过程中各种资源利用情况的货币表示,是衡量企业技术和管理水平的重要指标。企业要使自己的产品占领市场,就必须对成本进行分析、核算并进行成本进行控制,否则就会失去市场竞争力,从而影响到企业的生存和发展。所以,成本控制是每个企业都必须关心的事情。

复习思考题

一、选择题

1. 资产负债表所依据的基本公式是下面哪一个？

A. 资产＝负债＋所有者权益 　　B. 所有者权益＝负债＋资产

C. 收入－费用＝利润 　　D. 收入＋费用＝利润

2. 资产是企业拥有或控制的能以货币计量的经济资源，下列不属于企业资产的是（ 　 ）。

A. 现金 　　B. 应收及预付款项

C. 存货 　　D. 长期应付款

3. 下列财务比率中反映短期偿债能力的是（ 　 ）。

A. 销售利润率 　　B. 总资产收益率

C. 流动比率 　　D. 股东权益报酬率

4. 某公司有一厂房原价为 500000 元，预计使用年限为 20 年。预计净残值率为 2％；下面哪一项所标示的该厂房的月折旧率和月折旧额是正确的？

A. 月折旧率＝0.49％，月折旧额＝3050 元

B. 月折旧率＝0.49％，月折旧额＝3050 元

C. 月折旧率＝0.41％，月折旧额＝2050 元

D. 月折旧率＝3.41％，月折旧额＝5000 元

5. 下面哪一项关于固定资产折旧的陈述是正确的？

A. 固定资产折旧，是指在固定资产的使用期限内，按直线法对于应计折旧额进行的系统分摊

B. 固定资产折旧，是指在固定资产的使用期限内，按年限平均法对于应计折旧额进行的系统分摊

C. 固定资产折旧，是指在固定资产的使用期限内，按确定的方法对于应计折旧额进行的系统分摊

D. 固定资产折旧，是指在固定资产的使用期限内，按循环盘点法对于应计折旧额进行的系统分摊

6. 经理要企业固定资产的最全面的资料，最好给他提供（ 　 ）。

A. 固定资产原值一览表 　　B. 固定资产到期提示表

C. 固定资产卡片列表 　　D. 役龄资产统计表

7. 企业以协议等形式吸收国家、其他法人单位、个人和外商等直接投入资金，形成企业资本金的一种筹资方式是指（ 　 ）

A. 吸收直接投资 　　B. 发行股票

C. 银行借款 　　D. 商业信用

8. 在 ERP 软件系统中通常设置哪些成本类型？

A. 只有标准成本

B. 只有标准成本和现行标准成本

C. 只有标准成本、现行标准成本和实际成本

D. 标准成本、现行标准成本、模拟成本和实际成本

9. 产品的成本由下面哪些项目构成？

A. 只有直接材料费和销售费

B. 只有直接材料费、直接人工费和制造费

C. 只有直接人工费和销售费

D. 只有直接材料费、制造费和销售费

10. ERP 在成本控制中的应用不包括以下哪个模块？

A. 采购成本控制   B. 生产成本控制

C. 管理成本控制   D. 销售成本控制

二、简答题

1. 简述企业的经营活动循环过程。

2. 什么是管理会计？有什么特点？

3. 主要的财务报表有哪些？该如何进行财务分析？

4. ERP 系统中主要的财务管理功能模块有哪些？

5. 简述 ERP 系统中的财务管理业务流程。

6. 什么是固定资产？什么是流动资产？

7. 关于固定资产有哪些基本核算类型？

8. 简述固定资产折旧的计算方法有哪些。

9. 简述 ERP 的固定资产管理模块的主要功能。

10. 企业筹资的渠道方式有哪些？

11. 在 ERP 系统中通常设置哪些成本类型？

12. 简述在 ERP 系统中成本类型。如何进行成本计算？

13. 什么是成本差异？有哪些成本差异？

14. 思考如何成为一个低成本的企业。

第二篇　ERP 实施管理

第五章　实施规划

掌握实施 ERP 系统的规划方法、企业对 ERP 系统选型的原则与方法、ERP 系统业务流程重组的概念和业务流程重组应遵循的原则，以及 ERP 实施的关键性因素；了解 ERP 规划的关键步骤和 ERP 系统实施的可行性分析内容；理解业务流程重组的 ERP 的关系。

第一节　需求分析

实施应用 ERP 系统不成功的案例是很多的。考察这些案例就会发现一些共同的现象：基础数据不准确，例如，库存记录、物料清单、工艺路线不准确等。于是不能根据这些数据得到有效的计划数据来指导企业的生产经营活动；企业的广大员工对 ERP 缺乏主人翁的精神和感情，只有少数人在进行 ERP 的实施工作，一般只是 IT 人员在做这项工作，其他职能部门的人员未介入或以向 IT 人员提供帮助的姿态参与部分工作，整个项目推进十分困难；实施过程缺乏积极进取且切实可行的计划，时断时续，以至于员工对项目实施失去热情；关键岗位的员工调换工作，新来的员工不了解情况，致使项目受阻。如果这种情况发生在领导岗位，带来的后果将十分严重；公司的员工不愿意放弃业已习惯的工作方式去使用 ERP 系统，它们经常希望修改 ERP 系统来适应他们原有的工作方式；教育和培训不足。广大员工对于如何应用 ERP 系统来解决企业的问题缺乏全面和深入的了解。不了解如何维护系统，也不了解如何度量系统的运行情况；最严重的问题往往是企业的高层领导不重视，认为是 IT 部门的事，认为是下面的事，支持停留在口头上，基本上不亲自过问，更谈不上参与。

所有这些问题都说明，实施应用 ERP 绝不是买一套 ERP 软件系统就可以立即轻而易举地解决问题的。实施应用 ERP，要做大量深入细致的工作，要涉及观念的更新、行为的改变、精心的组织和切实可行的计划，而且这是一个逆水行舟、不进则退、没有终点的过程。

实施应用 ERP 系统，意味着企业要用一套全新的思想、方法和工具来管理企业的运作，这就要求企业的广大员工，包括企业高层领导都改变传统的思维方式和工作方式来适应新的要求。同时，作为 ERP 系统的规划、设计和实施者都应该切实掌握 ERP 系统服务对象和客户的真实需求，避免 ERP 系统与企业发展、运营相悖，防止 ERP 操作与企业生产流程不协调。因此，实施 ERP 系统之前，要对企业的需求进行全面调研与分析。

一、需求分析内容

需求分析可分为宏观和微观两个方面。宏观需求分析是从整体和战略的高度出发，全面分析、规划企业的需求，是企业制定 ERP 实施目标的基础。而微观需求分析是针对企业具体的业务流程，甚至是具体产品的分析。

（一）宏观需求分析

企业是否需要设置 ERP 软件，完全取决于在全球市场环境下的竞争需求。如果没有这种需求，没有竞争的压力，就会缺少实施 ERP 软件的动力。因此，企业在对待是否设置 ERP 软件，存在一个认识和时机的问题。宏观需求分析主要包括分析企业目前的管理方式是否适应市场竞争的要求、理清企业的业务流程、分析企业的管理机制。

（二）微观需求分析

经过宏观需求分析并提交可行性报告后，如果认为 ERP 软件确实是市场竞争中的有用武器，而且先天条件基本具备，人力和资金到位，应当不误时机地采用 ERP 软件，这样就要进入详细的微观需求分析阶段。

1. 分析业务流程

微观需求分析是从业务流程分析入手的，分析业务流程的主要目的是要找出那些不利于快速响应的环节，借助信息技术来加快物流和资金流的流速（反映生产周期和资金周转周期）、加大流量（反映销售量和销售收入）。在分析现有业务流程的基础上，提出改进业务流程的解决方案和必要的条件，提出企业对 ERP 软件的"个性化"要求，作为选择软件和业务重组的主要依据。

2. 分析数据流程

分析数据流程，国内的企业主要采用：由企业的各级领导提出自己所关心的数据指标（包括关键业绩指标的内容和查问各项指标的时间频率），或进行决策时需要的信息，由项目筹备小组根据其需求分析得出数据、信息和指标的数据流程，再结合业务流程分析，找出响应迟钝、数据不全、信息不畅等问题的症结所在，进一步研究采用信息化以后的管理方案。

3. ERP 软件的功能

不同行业和企业往往有一些特殊的要求，下面就几个值得注意的带有共性的、最基本的方面做一概括：ERP软件必须能够正确描述企业的产品结构和工艺流程；对财务成本和税务流程，在符合会计法、税法、财务准则、会计准则等国家法律的原则基础上，各个企业往往有一些特殊的要求，这是一个普遍的事实，应当认真分析；对有进出口贸易的企业，必须有多语种、多币值、多种税务处理的功能，要能方便地切换；软件应当能够适应企业业务流程的变化和组织机构的调整。

二、调研内容与方法

ERP系统的建立与运行效果与服务对象密切相关，对企业ERP系统需求分析主要通过调研完成，调研的结果与对调研资料的系统分析直接反映ERP规划、设计、设施者对ERP系统服务对象的认识与ERP系统本身的认识。因此，采用合理、有效、科学的调研方法，明确关键调研内容是一项关键的工作和环节。

（一）调研内容

1. 系统的环境和运行状态

系统的环境和运行状态包括现行系统的发展历史、目前的规模、经营状况、发展战略、业务范围与外界联系等，以便确定系统的边界、外部环境、接口以及目前的管理水平。

2. 组织机构和人员分工

了解现行系统的组织机构、领导关系、人员分工情况等，从而了解企业组织的构成、业务分工以及人力资源的开发利用情况。

3. 业务流程

不同系统进行不同的业务处理，系统分析员要全面、细致地了解企业各有关业务部门的业务内容和流程以及物流和信息流情况。除此之外，还要对各种输入、输出、处理、处理速度、处理数量和处理质量进行了解。

4. 各种计划、单据和报表的处理

计划、单据和报表都是信息的载体。在调研中，凡是与业务有关的手工保存和传递的信息载体都要全面收集，并了解其产生与使用的部门、发生的周期、用途，以及包含的数据项、含义、长度和类型等，为信息的分析和统计所使用。

5. 资源情况

资源情况包括人力、物力、资金、设备、建筑及其布局情况。若有计算机，还要统计计算机的名称、型号、功能、容量、外部设备配置、操作系统、语言、数据库、汉字处理能力、目前使用状况以及存在的问题等。

6. 约束条件

约束条件包括现行系统在人员、资金、设备、业务处理方式、时间和地点、国家对企业的发展和信息系统建设的有关政策等方面的限制条件和规定。

7. 薄弱环节

现行系统中的各个薄弱环节正是新系统中要解决和改进的问题，是新系统重要的组成部分。因此，在调研中要收集用户的各种意见和要求，找出系统中存在的问题，分析其产生的原因。

（二）调研的方法

对现行系统的调查研究是一项繁杂而艰巨的工作，为了使该项工作顺利进行，需要掌握一定的调研方法。常用的调研方法有表格调研、座谈调研、查阅资料、观察和抽样法，调研方法的使用由调研的内容和目的来决定。

1. 表格调研法

对于那些结构性强、指标含义明确且具体的内容，适于使用表格来调研。有如下调研表可供选择使用。

（1）目标调查表。了解机构的目标、实现目标的关键成功因素以及存在的问题。

（2）组织机构调查表。了解现有组织机构的设置和职责、人员配备以及文化和技能素质等基本情况。

（3）任务调查表。了解各业务部门的任务内容，完成任务所需要的信息，任务执行过程以及完成任务所需要的时间等。

（4）文件信息调查表。收集了解与本部门有关的上级、同级、本部门以及下属单位各类文件的数量和信息量。

（5）报表数据调查表。了解报表的种类、用途、特性、保管期限和信息量等。

（6）计算机资源调查表。了解现有计算机系统的类型、容量、分布以及计算机软件、硬件系统的配置情况，为新系统的物理配置做参考。

（7）计算机应用项目调查表。了解计算机的应用情况和水平。

2. 座谈调研法

这是调研人员和被调研人员面对面的接触，通过有目的的谈话获取所需资料的一种调研方法。座谈有两种方式，一是调研者事先拟好调研提纲，有顺序地发问，让被调研者回答；二是调研者和被调研者通过自由交谈，了解所需要的信息。这种调研方式适合于那些结构性较差、目前尚无合适的理论来说明完成该项任务的明确的过程，以及组织应具有的功能用调查表方式不易表述清楚的内容。

3. 查阅档案法

每个企业都有各种各样的文件，其中含有定量的和定性的信息，如企业的生产计划、库存记录、销售报告、财务报表等，通过查阅这些文件，可以了解企业经营运作的概貌，以及企业的财政状况。还可以通过企业的各种工作手册、条例规范、生产指南、政策手册等，了解企业的文化、管理现状，以及企业及其员工对于企业状态和未来发展的认同情况。

4. 走访调研法

观察法是系统分析员深入现场，直接对调研对象的情况进行观察记录，取得第一手资料的调研方法。使用这种方法或者是因为所需要的信息无法通过其他方法获得，或是为了验证通过其他方法所获得的信息的正确性。通过观察员工进行工作和处理问题的方法和流程，了解被调研对象的工作状况、所需要的信息以及存在的问题。

5. 抽样调研法

这是根据概率统计的原理，从被调查系统的大量工作任务中，抽选出部分任务的执行过程进行调研，用统计推断方法将其结果推广到整个系统。该方法适用于那些需要全面资料而又不可能进行全面普查的情况。例如，在工作中，大量的信息是随机的，如一次电话的时间、一天中电话的次数等，采用抽样调研的方法是比较有效的。

第二节　可行性分析

可行性分析是在项目投资之前，对项目投资的各种方案的实施的可行性、技术先进性、经济合理性进行调查研究、分析评价的过程。它的任务是研究项目是否可行，并预测建成后可能取得的技术经济效果，为正确的投资决策提供依据。ERP 系统的实施和应用是一项投资多、耗时长、风险大的工程项目，为了避免盲目投资，减少不必要的损失，在 ERP 系统实施前，应对系统实施的必要性和可行性进行分析。

一、技术可行性分析

根据 ERP 系统的目标衡量所需要的技术是否具备，这些技术包括硬件和网络技术、软件技术、应用技术以及相关的技术人员。其中 ERP 软件的选择至关重要，下面重点阐述 ERP 软件设计选择的相关问题。

（一）研发与购买的可行性分析

从 ERP 的发展过程来看，软件系统的实现有两种方法，即自行开发软件和购买现成的商品软件。

自行开发软件有明显的缺点，即耗时过长、未必成功且起点较低。

自行开发一套 ERP 软件，一般至少要用 2～3 年的时间，再加上其他方面的工作，实现周期将会更长。这样，不仅要考虑软件开发的成本，还必须考虑推迟实现 ERP 系统的损失。

另外，自行开发软件往往特别着眼于当前的业务环境和需求，其管理思想的体现只能取决于当前管理人员和软件开发人员的素质，因而往往起点较低，可能经不起时间的考验，一旦业务发展突破原有框架，软件很可能不再适用。

鉴于自行开发软件可能出现以上问题，所以采用商品化软件实现 ERP 系统的企业比例在日益增加。据国外统计，20 世纪 70 年代以前还不到 50%，而 80 年代则超过了 80%。

但是，也不能由此得出结论，认为购买现成的商品软件就是一件简单和十全十美的事情。事实上，购买现成的商品软件可能会出现以下问题：由于商品软件的通用性，系统可能过于复杂。一般来说，要比具体企业的需求复杂得多，这不仅造成使用上的困难，而且价格也比较高；可能需要进行二次开发来修改或扩充系统的功能；可能难以连接企业已有的程序；可能存在故障隐患。一个大型的 ERP 软件系统含有故障隐患是不奇怪的，问题在于这些故障可能很难发现和排除，往往需要软件供应商的帮助，如果这种帮助不能及时得到，那么整个 ERP 项目的实施和应用可能会推迟。

（二）国内与国外 ERP 软件分析

这个问题很难做出简单的回答。下面我们来分析一下两种情况的优点和缺点，企业可以结合自身的情况来选择。

1. 选择国外 ERP 软件的优点

（1）国外软件集中了国外几十年的管理经验，蕴含了许多先进的管理思想，为规范我国企业的业务流程、重组管理模式提供了可借鉴的参考模型；

（2）国外软件一般来说具有全面集成、技术稳定、功能灵活、系统开放等诸多优势，为企业的不断发展与管理的持续改善提供了较大空间；

（3）国外著名软件开发公司的发展较为稳定，有相对较强的财力支撑，对客户的技术支持相对稳定和富有经验，在升级维护方面的支持也比较及时，有利于企业信息系统的更新。

2. 选择国外 ERP 软件的缺点

（1）软件设计过于复杂。由于追求商品软件的通用性，系统可能内置多种配置功能和控制参数，造成系统过于庞杂，远远超过了企业合理需求范围，这不仅给用户造成使用上的困难，而且价格也比较高。

（2）软件购置费用、每年的软件维护费用以及咨询和培训的费用都比较高。如果企业在资金的持续投入上不能及时到位，则软件应用的效果势必大打折扣。

（3）用户化与二次开发的工作量大。国外 ERP 软件的开发是基于国外的文化和管理背景，特别是在财务管理方面更是如此，因此需要对软件进行用户化甚至二次开发的工作来修改或扩充系统的功能。用户化或二次开发必然要占用一定时间和费用，因而会延误项目进程，加大建设成本。

（4）有些国外软件供应商的文档汉化质量不是很好。国外 ERP 软件的界面、文档以及其他的技术资料的汉化往往不能令人满意。由于文档资料数量巨大，又难于找到既懂外语又懂 ERP 的人员来做翻译工作，所以，有些国外 ERP 软件的技术文档虽然译成了汉字，但有一些翻译质量不高，这必然给企业人员学习和掌握软件系统带来困难。

3. 选择国内 ERP 软件的优点

（1）国内 ERP 软件在购置和维护方面的费用相对比较低，实施咨询和培训的费用也比较低，企业资金投入的压力较小；

（2）国内 ERP 软件复杂程度低，易学易用；

（3）国内 ERP 软件的使用文档，简明易懂；

（4）国内 ERP 软件在适合我国企业管理规范与处理惯例方面有较多的考虑，例如财务管理，因而用户化工作量会很少；

（5）国内 ERP 软件的支持网点众多，企业可以得到当地服务机构的快速响应。

4. 选择国内 ERP 软件的缺点

（1）功能有待进一步加强，国内管理软件的发展历史比较短，尚需要不断积累企业管理方面的经验，进一步增强软件功能；

（2）软件功能的全面集成性、稳定性不能满足某些企业的需要；

（3）随着 IT 的发展，软件也会面临更新换代问题，国内 ERP 软件在动态适应企业变化方面，有待于进一步提高；

（4）供应商实力参差不齐，技术支持力量往往不够稳定，长期合作存在隐患。

（三）ERP 软件选择的关键问题

1. 对于 ERP 的期望值过高，认为 ERP 无所不能

对于 ERP 的期望值过高，认为 ERP 无所不能是企业选型 ERP 时易犯的通病，尤其是先行教育没有做到位，决策者对 ERP 缺乏了解的情况下更是如此。他们往往认为，既然 ERP 需要投资这么多，就应该能解决企业的所有问题。实际上，产品研发、制造工艺和现代管理是制造业企业的三大基石。ERP 属于管理范畴，不可能解决另两个领域中的问题。即使在管理领域，ERP 也必须和人的正确活动相结合，才能发挥作用，而不是自动地解决问题。例如，有的企业把 ERP 等同于决策系统，认为只要有了 ERP，企业战略制定、销售经营计划都不用费心去考虑了；还有的人认为 ERP 包罗万象，应该解决办公自动化、集团化财务管理等各种问题。这种不切实际的想法不仅给 ERP 选型造成困难，也会直接影响到项目实施过程。

2. 有盲目的从众心理，缺乏投资/收益的分析

不少企业有从众心理，人云亦云，而不是从企业的实际需求出发，进行成本/效益分析然后做出决策。还有的企业的决策者仅仅把应用 ERP 作为自己业绩的筹码，在这种情况下去选择软件，很难选择到适合的软件，对于将会遇到的问题也会估计不足。

3. 盲目地压缩培训、实施等软件之外的投资，为以后的实施留下了隐患

很长时间以来，人们承认硬件的价值，而忽视软件的价值。后来，软件的价值得到了承认，但是服务的价值仍然不被认可。在软件选型的过程中一种常见的现象是，企业坚持压缩培训、实施咨询方面的投资。但是，在以后的实施过程中，由于培训和实施咨询活动的不足，会给 ERP 的顺利实施带来许多困难。

4. 以友好的口头承诺代替合同条款

任何友好的口头承诺如果不写在商业合同中都是不算数的，即使软件供应商并非有意做出虚假承诺，但情况是不断变化的。在新的情况下，如果有其他问题对软件供应商是更重要的，那么口头承诺是没有法律效力的。所以，切莫以友谊代替原则，以口头承诺代替合同条款。

二、经济可行性分析

实施 ERP 系统和任何一项投资事业一样，必须先进行论证，考虑成本、效益和潜

在的影响，进行系统的投资效益分析，确定 ERP 系统的投资在经济上是否可行，然后才能批准立项。实施 ERP 系统的成本可以分为 3 个方面：①技术成本，包括计算机硬件和软件，系统安装、调试、二次开发、接口、文档和维护；②改进和维护数据完整性的成本，包括物料清单、工艺路线、库存记录、工作中心、主生产计划等；③人员成本，包括教育和培训、专家咨询等。

除此之外，还应当考虑由于延误实施 ERP 而造成的损失，这一点对于正确的决策也是很重要的。

下面用一个例子来说明如何进行 ERP 系统的成本效益分析，这个例子来自一家制造业公司。

（一）ERP 系统的效益

表 5-1 提供了这家公司的成本、效益数据的相关数据。

表 5-1	成本效益数据	单位：万元
年销售额		5000
生产成本		2500
库存		1250
采购成本		1250
直接人工成本		400

这个公司生产的产品比较复杂，批量小，提前期比较长。在不使用 MRP 的情况下，这个公司每年有两次库存周转。

库存周转的问题是每个公司都必须考虑的。如果一个公司只进行采购和装配，那么它可以有很高的库存周转。如果一个公司生产的产品很复杂，投入到这个产品的80%的费用是用来购买零件，这些零件是在产品完成的最后阶段才使用，而且是通过门对门服务的方式采购，那么在这种情况下，也可以有很高的库存周转。而另一方面，如果公司有自己的铸造车间，加工所有零件，形成组件，再形成最终产品，并且有分库房和主库房，那么这样的公司将有比较高的库存投资。每个公司必须查看自己的库存投资，并确定是否可以通过更好的调度来减少库存投资。

以上数字表明，在这个公司里，采购成本约占生产成本的 1/2，直接人工成本约是采购成本的 1/3。经验表明，使用了 ERP 可以使库存减少 1/3。在本例中，这大约是420 万元。假定库存保管费用占价值的 10%，那么，库存投资将节约 42 万元。

每一个成功的 ERP 系统用户都会在客户服务水平上有所提高，使企业能在恰当的时间生产出适销对路的产品。这样一来，库存成本降低而客户服务水平提高，这是一种理想的状态。假定由于客户服务水平的提高，使销售额增长 5%，在本例中，这将是250 万元，如采用 10% 来计算由于销售额增长的获益，那么应是 25 万元。

在使用 ERP 之后，在典型的装配车间，生产率一般能提高 30%，在典型的加工车间生产率一般能提高 5%～10%。在本例中，对直接人工成本采用保守的百分比，如 8%，来计算由于生产率提高的获益，应该是 32 万元。

ERP 的用户经验表明，当采购人员卸去了催货的负担时，可以节约相当大的成本，即使采购成本减少 5%，这也是很大的节约，即 62.5 万元。以上的分析可以概括如表 5-2 所示。

表 5-2	获益分析　　　　　　　　单位：万元
获益原因	获益数额
库存减少	42
客户服务水平提高	25
生产率提高	32
采购成本减少	62.5
共计	161.5

另外，由于更好地处理物料需求和产品的及时发送问题，可以节省大量的运输费用；由于更好地管理工程改变，可以减少由于技术发展和型号改变而造成的物料过时报废；由于好的计划可以形成稳定的生产环境，从而减少废品率；还有加班费的减少，这些都可以计算出来。不过在本例中未加以计算，而在某些企业中这些可能是很重要的，都应加以计算。

(二) ERP 系统的成本

实施 ERP 系统的成本可以分为 3 个方面：技术成本，包括计算机硬件、软件、系统安装、调试、二次开发、接口、文档和维护等；改进和维护数据完整性的成本，包括物料清单、工艺路线、库存记录、工作中心、主生产计划等；人员成本，包括教育和培训、专家咨询等。

国外大多数企业都有可以用于实现 ERP 的计算机设备，至多需要再添加一些存储设备。和计算机有关的另一项成本是系统开发的工作。在国外，大多数企业有系统开发的人员，在我国，情况不完全是这样，有的企业有这方面的力量，有的则没有，而且这方面力量的强弱也不相同。

校正物料清单主要是指非直接劳力的工资和奖金。另外，在开始时，也可能需要某些咨询，以确定如何构造物料清单，这部分费用可以计入"专家咨询"部分。确定工艺路线的工作和确定物料清单的工作非常类似，因此，在大多数公司里，这只占很少的时间。一旦物料清单和工艺路线校正完毕，那么在开始阶段，这方面不再有其他的费用，也很少会再出现与此有关的费用。大多数企业必须校正库存记录，还有些企业需要考虑库存受限访问（即库房改造）的问题。

教育和培训经费的预算应包括一次性费用和日常费用两部分。教育和培训的问题下面还将详细讨论。

咨询的问题也将在下面做更详细的讨论，这里需要指出的是，对一个有能力、有经验的实施顾问，每月访问一次是比较好的方法。

表 5-3 所列的是在上述同一家制造业公司实施 ERP 的成本。

表 5-3	实施 ERP 的成本	单位：万元
	一次性成本	维护成本
计算机软件	25	5
系统开发工作等	10	3
物料清单，2 人年	6	—
工艺路线，2 人年	6	—
库房改造	10	—
教育	15.5	5.5
咨询	2	1
共计	74.5	14.5

三、运行管理可行性分析

ERP 系统的建立将引起管理思想和观念、管理体制和管理方法的改变，这种改变体现在从企业高层领导到广大员工思维方式和行为方式的改变。经验表明，这往往是 ERP 系统成功实施的关键。

（一）企业的高层领导要富有开拓进取的精神

经验表明，企业高层领导对 ERP 系统的重视、期待和参与程度是 ERP 系统获得成功与否的关键。因此，在 ERP 实施和应用过程中，企业高层领导的作用是非常重要的。

高层领导必须了解 ERP，只有愿意并期待使用 ERP 作为管理信息系统工具，才能全面提高企业的经营管理水平，做出科学的决策。然而，常见的现象却是企业经营状况好，想不到管理信息系统的必要性和重要性，企业经营状况不好，顾不到管理信息系统的必要性和重要性。高层领导的行为过程就是决策过程，这种无所作为的决策过程对于企业的发展危害极大。

面对严峻的竞争形势，故步自封只能贻误战机，而观望等待更是无济于事。只有下决心从根本上提高企业的管理水平，提高企业对瞬息万变的市场的应变能力，才是赢得竞争的根本措施。

（二）企业的中层领导必须建立整体的企业观

在以层级结构和部门分工为特点的企业组织环境中，不同部门所追求的目标经常是不一致的，部门目标和企业总体的目标也不总是一致的。作为企业整体管理的工具，ERP将为企业带来甚至是意想不到的效益，但是，也往往要求人们改变他们的行为方式。

试想一位部门领导，他领导一个部门的工作已经是轻车熟路，与方方面面的关系也已经很默契。忽然有一天，要求他改变业已习惯的工作方式，他会发自内心、自然而然地表示欢迎吗？如果他心里有自己的想法却又不说出来又会怎样？改变人的行为方式往往要涉及改变人的思维方式，而人的思维方式和行为方式的改变是最困难的。

（三）广大员工要乐于接受ERP系统

企业建立一套ERP系统的决策必须让广大员工知道，否则，员工很容易把实施应用ERP和企业裁员联系起来。在这一点上，必须让员工知道，作为企业整体管理的工具，ERP可以使企业中从高层领导到一般员工的每个人都能把工作做得更好。

（四）要有完善的组织体系和严明的规章制度

完善的组织体系和严明的规章制度，能使实施ERP的前期基础工作以及接下来的实施工作较容易开展。

（五）通过教育和培训改变人的思维方式和行为方式

ERP不是一个单纯的计算机系统，而是一个以计算机为工具的人的系统。要使ERP系统真正有效地发挥作用，必须改变人的思维方式和行为方式。这就要求企业从上到下形成一种共识：要下决心成功地实施ERP系统，并把它作为企业整体的管理工具，要有充分的思想准备去改变企业中原有的一切不合理的因素，包括人们的思维方式和行为方式。在ERP实施和应用的过程中，如果没有思维方式和行为方式的改变，那就意味着让ERP系统去适应企业习惯的思维方式和行为方式。这样，ERP系统的实施和应用必然会遭到失败。

经验表明，ERP系统实施和运行管理中出现的许多问题，归根结底是人的思维方式和行为方式的问题。为了转变企业员工的思维方式和行为方式，必须通过教育和培训来改变原有的工作习惯和方式。

教育并不是高层领导去教育一般员工，而是要求企业中包括高层领导在内的所有员工都要受到教育和培训。而且，在ERP系统的实施和管理过程中，这样的教育和培训工作必须是持续的。

在对以上几个方面的可行性进行分析之后，即可提出可行性分析报告，为企业高层领导做出建立ERP系统的决策提供依据。如果可行性分析报告对于企业建立ERP系统的可行性是肯定的，而且获得企业高层领导的批准，那就可以进入制订ERP系统实施规划的阶段。

第三节　项目规划

一、规划理念

实施 ERP 系统的关键因素包括 3 个方面：技术、数据和人。人的因素是最重要的，人的因素的重要性无论怎样强调都不过分——优秀的员工可以使 ERP 系统越来越完善，而再好的 ERP 系统交给素质低下的员工也难以发挥作用。人的因素需要通过教育和培训来解决。在人的因素中，企业高层领导的因素是最重要的因素。

ERP 系统不能以手工方式来实现，所以对计算机系统的技术要求是不言而喻的。有了计算机系统，还必须要有准确的数据，才能使 ERP 系统很好地工作。关于数据的问题在前面的章节中已经介绍过，所以下面仅仅谈谈人的因素。

人的因素是最重要的。企业的各级人员必须对 ERP 有充分的理解，这是实施 ERP 系统获得成功的关键所在。高层管理人员的参与程度、中级管理人员的积极性以及企业广大员工的态度，是实施 ERP 系统获得成功的最重要的因素。

有些企业实施 ERP 系统未能获得成功或未能充分发挥 ERP 系统的作用，究其原因，在于他们把 ERP 作为一个计算机系统而不是作为一个人的系统来对待。他们花了许多的时间和精力去选择 ERP 软件系统，然而，成功的 ERP 用户和不成功的 ERP 用户之间的巨大差别绝不是由软件系统的微小差别造成的。人的因素解决不好，就不可能建立好的 ERP 系统。

所以，在实施 ERP 的过程中，就重要程度来说，以上 3 项关键因素的排列次序应是：人、数据和技术。

二、规划制订

（一）建立实施组织

企业实施 ERP 系统需要有两级组织：项目小组和项目指导委员会。

1. ERP 实施项目小组

企业作为实施 ERP 项目的主体，通常需要建立相对稳定的组织来主持项目的进行，这个组织的成员素质及工作能力都至关重要。ERP 实施项目小组主要由企业各方面的用户组成，并且负责 ERP 系统的操作与实施。其工作包括以下内容：制订 ERP 项目计划；报告计划的执行情况；发现实施过程中的问题和障碍；适时做出关于任务优先级、资源重新分配等问题的决定；必要时向企业高层领导提出建议；为保证 ERP 成功的实施而需要的任何操作层面的工作。

项目小组的组成原则如下：项目小组只需有少数专职人员，其中包括项目负责人及其副手、数据处理人员，其他大部分成员可以由部门领导来兼任。项目小组应当有一位专职的负责人，这是一个关键岗位。

在软件选型阶段，要组织一支精干、高效率的软件选择队伍，即成立 ERP 项目的筹备小组，其职责如下：组织 ERP 基本原理培训，为企业正式引入 ERP 奠定基础；进行 ERP 项目的可行性研究，提交可行性分析报告，估计预期效益并做出成本/效益分析，为领导决策提供依据；明确企业对新系统的需求，提交需求分析报告；同软件商接触，评价和选择软件。

ERP 系统的选型要从企业的管理模式、业务需求和 IT 要求等方面来综合考虑，因此 ERP 项目筹备小组中应包括各领域的相关人员。

（1）对企业组织有影响力的人

ERP 项目筹备小组的负责人应当由企业的高层领导担任。这样做是由于以下原因：其一，购买 ERP 系统需要较大的投资，而项目投资的决策必须由企业的高层领导做出；其二，市场上国内外的 ERP 软件系统种类繁多，它们有着不同的规模和价位，在功能上也各有千秋。因此，在选型过程中将面临困难的选择。有高层领导的直接参与，便于从企业整体高度考虑问题和进行决策。

（2）软件产品的选择队伍应当和将来的实施队伍统一

ERP 项目筹备小组的人选要包括各部门的业务人员和财务管理人员。这样，在软件选择的过程中，就能考虑到实施的要求，对问题的处理能够更全面。

企业在进行 ERP 系统的选型时，最忌讳的是由 IT 部门做主导，而业务部门却漠不关心。ERP 选型首先要考虑业务部门的需求，如果业务人员不参与选型，就不可避免地会造成软件与实际工作的脱节，有可能直接导致项目实施的失败。

在 ERP 系统中，财务管理功能是重要的组成部分。企业规模不同，财务核算和控制的要求也存在一定差异，财务主管的参与可以保证 ERP 选型满足财务管理方面的要求。

（3）企业的 CIO 和 IT 技术人员是 ERP 项目筹备小组的重要成员

由于企业对信息化建设的重视，现在很多企业都设立了 CIO（Chief Information Officer）的职位。虽然 CIO 和 IT 技术人员不应对软件的选择负最终的责任，但他们是 ERP 项目筹备小组的重要成员。在 ERP 项目筹备小组中，他们可以从技术角度对软件进行评价，保证产品能在公司的 IT 环境中正常运行，并且能判断出所选择的软件是否能够与已有的系统兼容。另外，CIO 和 IT 技术人员还可以对选择软件过程中的不同意见起到平衡作用。

2. ERP 项目指导委员会

为了确保 ERP 项目的实施成功，还应当成立 ERP 项目指导委员会。指导委员会对项目计划的执行情况进行定期审查，及时地解决问题和协调矛盾，确保项目的实施顺利进行。

指导委员会成员包括总经理、副总经理和专职的项目负责人，并指定总经理或某位副总经理作为指导委员会的主持人。

指导委员会应考虑如下问题：可否重新安排企业现有资源以保证项目的使用？可否从企业外部获得资源？如果可以，则要对这样做的代价做出权衡。项目计划所要求的任务是否都是必要的？是否可以减少一些工作而不损害 ERP 的成功？是否有必要重新计划项目的某一部分，甚至（在最坏的情况下）重新计划项目的全部？项目指导委员会要通过对项目实施计划执行情况的定期审查，发现和解决问题，确保 ERP 的顺利实施，并对 ERP 实施获得成功负有最终的责任。

（二）制订实施计划

实施 ERP，要做的事情很多，这些事情之间有着密切的联系。因此，必须有一份切实可行的实施计划。通常，ERP 的实施计划要把整个实施过程划分为若干阶段，每个阶段又划分为若干活动，每项活动又划分为若干项任务。一项任务应当在一至二天内，甚至半天内完成，因此，应当是非常明确和具体的。还要指明承担者和完成的时间，从而具有很好的可操作性。项目计划应当以甘特图的方式表示出来，在项目实施过程中，根据情况的变化随时修订。

ERP 的项目计划是一项基本的控制工具，用来控制项目的进展，使在计划的时间内达到成功的结果。项目计划应当满足以下要求：积极进取且切实可行；要完全覆盖 ERP 的各项功能的实现；以天或周来表示计划事项；实施内容要表述的足够详细，体现可操作性，以便用来对项目实施进行有效的管理；要明确职责，每项工作都应指明承担人的姓名，而不能只说明工作的任务和负责的部门，还要指明完成的时间，以便于控制。

三、规划范例

ERP 实施规划的实例

第一部分　ABC 公司 ERP 实施规划（目录）

前言

- ABC 公司的组织机构和职能
- ABC 公司现行业务流程和信息传递
- ABC 公司目前管理中存在的问题
- ABC 公司目前管理中存在问题的原因分析
- ERP 系统建设建议方案
- ABC 公司业务总流程建议
- ABC 公司管理的整体思路与当前改革的突破口
- ABC 公司管理准则与规程
- ABC 公司绩效度量与管理
- ABC 公司组织机构框架
- ABC 公司七大主业务流程优化/重组的建议

物料清单与工艺路线管理流程

- 物料清单与工艺路线的管理目标方案与当前方案
- BOM 管理业务流程
- 技术处机构与岗位设置
- 物料清单与工艺路线的管理准则与规程
- 岗位工作描述

计划流程

- 计划管理目标方案与当前方案
- 计划管理业务流程
- 计划工作机构与工作岗位设置
- 计划流程管理准则与规程
- 计划管理岗位工作描述

采购管理

- 采购管理目标方案与当前方案
- 采购业务流程
- 采购工作机构与工作岗位设置
- 采购流程管理准则与规程
- 采购管理岗位工作描述

生产管理

- 生产管理的目标和方案以及当前方案
- 生产管理流程
- 生产管理工作机构与工作岗位设置
- 生产管理准则与规程
- 生产管理岗位工作描述

销售与客户服务

- 销售与客户服务管理的目标方案与当前方案
- 业务流程
- 销售与客户服务工作机构与工作岗位设置
- 销售与客户服务流程管理准则与规程
- 销售与客户服务管理岗位工作描述

物料管理

- 物料管理目标方案、当前方案和物流管理目标方案
- 物料管理流程
- 物料管理工作机构与工作岗位设置
- 物料管理准则与规程
- 物料管理岗位工作描述

财务管理

- 财务管理目标方案与当前方案

- 财务管理流程
- 财务管理工作机构与工作岗位设置
- 财务管理管理准则与规程
- 财务管理岗位工作描述

实施计划的甘特图

第二部分　ABC 公司实施 ERP 系统各阶段的工作和成果

表 5-4 列出了 ABC 公司实施 ERP 系统各阶段的工作和成果。

表 5-4　　　　　　ABC 公司实施 ERP 系统各阶段的工作和成果

实施阶段	主要工作	阶段成果
第一阶段：项目组织	企业调研 各级人员管理理念培训 项目研讨 成立项目组织机构 制订项目计划 制定项目公约 准备项目设施 启动大会	ERP 需求分析报告 项目组织机构 项目计划 项目公约
第二阶段：ERP 软件培训与业务原型测试	软件应用培训 业务原型测试 客户化与结构设计方案	业务原型测试数据准备方案 业务原型测试报告 商品软件客户化与接口方案
第三阶段：管理规范化	制定企业管理准则与规程用以描述目标流程 初步确定新的管理模式/工作职责 整体模式设计	规范化管理准则与规程文件初稿 管理模式初稿 整体模拟方案
第四阶段：正式运行准备目标流程确认	联合测试与整体模式文本设计 构造模拟数据库 进行联合测试与整体模拟 调整、确定管理模式与目标流程 调整、确认管理准则与规程 确定系统转换策略与计划	模拟跟踪报告 管理模式定稿 企业管理准则与规程定稿 系统转换策略与计划

续　表

实施阶段	主要工作	阶段成果
第五阶段：系统与规范化管理正式运行	最终用户培训 企业实际数据库初始化 录入动态数据 执行系统转化计划 正式启动规范化管理系统	企业正式使用 ERP 系统与规范化管理模式、管理流程
第六阶段：系统运行管理	系统微调 继续用户培训 审查数据准确性 解决管理问题 进行企业业绩管理	运行管理考核方案

本章小结

　　ERP 系统实施规划是一项系统工程，需要对技术可行性、经济可行性、运行管理可行性等多方面因素进行全面、系统、科学的分析、评价与规划。ERP 系统实施规划是 ERP 系统是否可以顺利运行、是否可以提升企业管理效率、是否可以满足企业领导期望的关键，ERP 系统能够提供的系统综合管理服务与未来扩展服务，都应在规划中得以体现，并且找到可以实现的有效途径与方法。

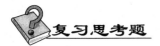**复习思考题**

一、选择题

　　1. 下面哪些陈述所表述的实施 ERP 的关键因素以及它们的重要程度次序是不正确的？

　　A. 数据、技术和人　　　　　　　　B. 技术、数据和人

　　C. 人、数据和技术　　　　　　　　D. 人、技术和数据

　　2. 实施应用 ERP 系统的关键因素是什么？Ⅰ. 计算机技术　Ⅱ. 数据　Ⅲ. 厂房和设备　Ⅳ. 人

　　A. 只有Ⅰ　　　　　　　　　　　　B. 只有Ⅱ和Ⅲ

　　C. 只有Ⅰ、Ⅱ和Ⅳ　　　　　　　　D. 全部

　　3. 企业实施 ERP 系统需要有哪些组织？Ⅰ. 董事会　Ⅱ. ERP 项目指导委员会Ⅲ. ERP 项目小组　Ⅳ. 产品质量评审委员会

　　A. 只有Ⅰ　　　　　　　　　　　　B. 只有Ⅰ和Ⅱ

　　C. 只有Ⅱ和Ⅳ　　　　　　　　　　D. 全部

二、简答题

1. 为什么要制订 ERP 的实施规划？

2. 为什么要进行 ERP 实施需求调研？

3. 由谁来进行 ERP 实施需求调研？

4. ERP 实施需求调研的内容和方法是什么？

5. ERP 实施的可行性分析目的是什么？包括哪些内容？

6. 实施 ERP 系统的成本包括哪些？

7. 如何进行 ERP 实施应用的成本效益分析？

8. ERP 系统运行管理的可行性要考虑哪些方面的内容？

9. 实施 ERP 系统要有怎样的组织？

10. ERP 实施分为哪几个阶段？

11. ERP 离不开计算机软件，那么，企业应当是自行开发软件还是购买现成的商品软件呢？

12. 目前我国市场上的 ERP 商品软件有很多，既有国内的，也有国外的。那么，企业在选择商品软件时，是选择国内的好还是选择国外的好？

13. ERP 选型容易出现哪些错误的倾向？

14. 如何估算购置 ERP 软件系统的成本？

15. 选择 ERP 产品的最基本的原则是什么？

第六章　实施运营

 **教学目标** ▶▶▶

掌握 ERP 系统的实施方法、ERP 系统运行管理的要点与方法和 ERP 系统实施运营的关键要素；理解 ERP 系统实施流程与路线和 ERP 系统维护与升级的重要性。

第一节　实施方法

ERP 的价值已经得到越来越普遍和理性的认识。越来越多的企业选择 ERP 作为全面提高管理水平并赢得竞争的有效工具。

当一个企业购买了 ERP 软件之后，重要的问题就是如何把这套软件有效地使用起来，这就是 ERP 系统的实施。

数十年来，人们在 ERP 的实施应用领域做了广泛、深入的实践，积累了丰富的经验，形成了一条"可靠的实施路线"。在此基础上，各软件供应商又结合其软件系统的特点，提出了大同小异的实施应用方法，作为他们的服务产品。

必须强调的是，在 ERP 的实施过程中，情况是不断变化的。ERP 项目的实施队伍必须根据新的情况不断地对实施计划做出修订。为了正确地把握 ERP 的实施过程，必须了解"可靠的实施路线"的基本要点以及企业高层领导的作用、工作方针和工作规程、实施过程中的检测方法等。本章还将介绍 ERP 运行管理的方法以及 ERP 实施应用十大忠告。

一、实施流程

ERP 的实施是一项巨大的工程，为了便于控制，确保实施成功，需要把整个实施方法划分为 6 个阶段，如图 6-1 所示。

1. 项目组织与培训

这个阶段的主要工作是成立 ERP 实施项目小组、确定专职的项目小组负责人、成立项目指导委员会、开展 ERP 先行教育、安装 ERP 软件、进行软件功能的培训等。

2. 原型测试

原型测试也称为计算机试点。这个阶段的主要工作是学习软件和测试软件。

3. 流程规范化

ERP 系统的运行是人机交互的。所以，人的思维方式和行为方式对 ERP 系统的有效运行具有关键性的作用。为了规范人的思维方式和行为方式，这个阶段的主要工作之一是建立 ERP 系统运行的工作准则和规程。另外，准确的数据对于 ERP 系统的有效运行也具有关键性的作用。所以，这个阶段的另一项主要工作则是基础数据的准备。

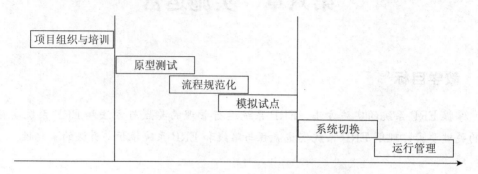

图 6 - 1　实施 ERP 的 6 个阶段的甘特图

4. 模拟试点

这个阶段的主要工作是进行模拟试点，即会议室试点。进一步学习软件并验证前一阶段所建立的工作准则和规程的有效性。

5. 系统切换

这个阶段的主要工作是把真实的数据装入 ERP 系统，开始使用 ERP 系统管理企业的运作。

6. 运行管理

这个阶段的主要工作是发现和解决问题，并不断提高，这是一个持续不断的改进过程。

二、实施路线

在过去 40 多年中，已有大量的企业实施了 MRP（Material Requirement Planning 物料需求计划）、MRP II 和 ERP。其中，有些是成功的，有些是不成功的。通过这些实践的分析研究对 ERP 的实施形成了一条可靠的路线。这条可靠的实施路线也就是实施流程的细化。

这条路线不是来自空想的理论，也不是出于灵感的迸发，而是产生于长期的实践，是大量的经验和教训的总结，这条路线主要由以下 10 个要点组成。

（一）先行教育

企业高层领导对 ERP 的理解程度以及在实施过程中的参与程度直接影响到实施的成败。因此，必须在 ERP 系统实施之前，开展先行教育。先行教育按对象的不同将课程内容分为两种：一种是面向企业高层领导的，参加对象是企业的总经理和主管生产、财务、工程和市场销售工作的副总经理；另一种是面向企业的具体操作管理人员，参加对象是生产、计划、采购、销售、工程和数据处理部门的负责人。

（二）成市效益论证和项目公约

实施 ERP 系统和任何一项投资事业一样，都要事先进行论证，考虑成本、效益和潜在的影响，然后才能批准立项。

经过先行教育和成本效益论证，企业的高层领导已经了解了什么是 ERP，它对自己的企业是否适合，以及它的成本、效益等问题，并可以做出是否准备实施 ERP 的决策了。

如果能够认可所做的成本效益论证以及实施的时间框架，并决心在所确认的时间框架内把实施 ERP 作为企业中仅次于正常运营的第二位的工作，则应形成一份书面的项目公约，从企业的高层领导到部门经理，所有的相关人员都要签字，表明要对在认可的成本范围和时间框架内为成功地实施 ERP 共同负责。

项目公约强调了 ERP 项目的重要性，并明确地指出，ERP 项目是整个企业的项目，而绝不仅仅是 IT 部门的事情。

另外，项目公约也为今后的实施过程中出现的问题（如企业经营状况的变化、领导人员的调动等）提供了处理的依据。

（三）成立项目小组

一旦完成了对实施 ERP 的成本效益论证并批准了该项目，下一步就应成立项目小组。项目小组主要由用户组成，并且负责 ERP 的实施。其工作内容包括：

（1）制订 ERP 项目计划；

（2）报告计划的执行情况；

（3）发现实施过程中的问题和障碍；

（4）适时做出关于任务优先级、资源重新分配等问题的决定；

（5）向企业高层领导做出报告和建议；

（6）为保证 ERP 成功地实施而需要的任何操作级上的工作。

这里，要特别强调的是制订 ERP 项目计划的问题。ERP 的项目计划是一项基本的控制工具，用来控制项目的进展，使得在计划的时间内达到成功的结果。项目计划应当满足以下要求：

（1）积极进取且切实可行；

（2）以天或周来表示计划事项，至少对于近期目标应当如此；

（3）要完全覆盖闭环 MRP 以及财务和模拟功能的实现；

（4）要足够详细，体现可操作性。

一项工作所占用的时间应当细化到半天、一天或两天。如果占用更长的时间，则应将工作任务进一步细化，以便用来对项目实施进行有效的控制和管理。

要明确职责，每项工作都应指明承担人的姓名，而不能只说明工作的内容和负责的部门。

项目小组的人员组成原则如下：项目小组只需有少数专职人员，其中包括项目负责人及其副手以及数据处理人员,其他大部分成员可以由部门领导来兼任。

下面是一个项目小组人员的组成情况:

专职成员包括项目负责人、项目负责人助理、系统分析员、程序员(2 人);兼职成员包括成本会计负责人、总账会计负责人、数据处理负责人、制造工程负责人、人事部门负责人、车间负责人、产品工程负责人、生产控制负责人、采购负责人、质量控制负责人、销售管理负责人。这个项目小组共 16 人。其中,除程序员 2 名外,其他各为 1 人。

项目小组每周应召开 1~2 次会议来商讨项目实施中的问题。

(四)确定专职的项目负责人

项目负责人是一个关键人物,他要领导项目小组在实施 ERP 的操作级上努力工作。对于项目负责人的选择,有 4 种常见的错误,必须引起注意。

1. 选用计算机系统人员

前面介绍过,不应当把 ERP 仅仅看作 IT 部门的事情。而选用计算机系统人员作为项目负责人则很容易造成这种错误的局面,这主要涉及职责问题。计算机系统人员是项目队伍中不可缺少的一部分,但项目负责人必须是用户。系统是企业的系统,系统属于用户。系统安装后,任何一个系统人员都不能负责使系统在企业经营中运行起来,只有用户可以做到这一点。也就是说,只有各部门的管理人员才对系统效益和成本回收负责,这一点是很重要的。项目负责人就是上层决策人的代表。

2. 选用外来人员做项目负责人

许多企业认为 ERP 是某种计算机技术,因此认为,如果从外面找到合适的"专家"就解决问题了,但事实并非如此。还有的企业甚至把 ERP 项目承包给某一位外来的人员,这样做是一定要失败的。

一个好的项目负责人往往由物料经理或生产经理来担任,他们在企业工作多年,熟悉企业的产品、人员情况和存在的问题。教会这样的人去熟悉 ERP,比教一位"专家"了解企业及其人员情况和存在的问题要容易的多。经验表明,按这样的原则选择项目负责人是明智之举。

3. 让没有经验的人负责

让没有经验的人去说服工长、采购员和公司中其他有经验的员工,让他们改变原有的习惯,以更有效的方式来工作,将是十分困难的,因为他在这些人面前还缺乏足够的威信。

4. 用兼职的项目负责人

ERP 项目的实施在企业里是第二位的工作。但是,如果对每个人来说它都是第二位的工作,那么这项工作将会被延误。因此,必须有一个人,对于他来说 ERP 项目的实施是第一位的工作。这个人就是项目负责人。

一个好的项目负责人应该具备以下条件:专职、来自企业内部、具有企业运营方面的经验、是企业内有影响的和受尊敬的管理人员。

在任何一个企业里，以下人员都可以作为项目负责人的候选人：生产部门经理、采购部门经理、销售部门经理、生产和库存部门经理、客户服务部门经理、工程技术部门经理、物料部门经理等。

（五）成立项目指导委员会

ERP 的实施涉及多种因素，是一个复杂的过程，在此过程中，需要解决和协调的问题很多，其中有些问题仅依靠项目小组及其负责人是解决不了的。因此，还应成立项目指导委员会，对项目计划的执行情况进行定期审查，及时地解决问题、协调矛盾，确保项目的实施顺利进行。为此，指导委员会应至少每月召开一次会议。

指导委员会成员包括总经理、副总经理和专职的项目负责人，并正式指定总经理或某位副总经理作为指导委员会的主席。

指导委员会主席对 ERP 的实施负有决策级上的责任，他要直接听取项目负责人的报告，代表指导委员会处理决策问题，可通过他取得其他高层领导的支持。

项目负责人在指导委员会和项目小组之间起到桥梁的作用，他在指导委员会中的职责是报告项目计划的执行情况，特别是关键路径上的任务执行情况。

指导委员会要对项目负责人报告的情况进行审查并做出决策，特别是对于项目实施关键路径上的任务出现严重延期的情况时，指导委员会应考虑如下问题：

（1）可否重新安排企业现有资源以保证项目的使用；

（2）可否从企业外部获得资源，如果可以，则要对这样做的代价做出权衡；

（3）项目计划所要求的任务是否都是必要的；是否可以减少一些工作而不损害 ERP 的成功；

（4）是否有必要重新计划项目的某一部分，甚至（在最坏的情况下）重新计划项目的全部。

以上 4 个问题涉及实现项目的 3 个可调节的基本控制变量，即工作量、时间和可用资源，必须由指导委员会做出调节的决定。

除了项目计划延期的问题之外，指导委员会还必须处理某些涉及关键位置上的人的问题。下列问题是在 ERP 的实施中容易遇到的问题：

（1）工程师对物料清单的生成不感兴趣；

（2）市场销售人员不想介入主生产计划的编制；

（3）财务人员想保持他们自己的一套记录，而不愿纳入 ERP 系统。

另外，可能还有一些来自软件供应商的问题以及某些事先难以预料的问题，都要求指导委员会做出决定。

总之，项目指导委员会要通过对项目实施计划执行情况的定期审查，发现问题、解决问题，确保 ERP 的顺利实施，并对 ERP 实施获得成功负有最终的责任。

（六）专家的指导

经验表明，几乎没有一家企业能够在没有专家指导的情况下实施 ERP 并获得成功，因为成功地实施 ERP 对于任何一家企业的绝大多数人来说都是没有经验的，所以向专家咨询是十分必要的。在寻找咨询专家时，最重要的一点是要有成功地实施 ERP 系统的经验。

（七）教育和培训

ERP 的教育和培训有两种形式，即外部课程和内部教育。

外部课程不应当是针对某一个特定企业的，甚至不应是针对某一个特定的制造行业的。来自不同的制造行业、不同的企业、担任不同职务的人员在一起学习，互相讨论，这样更容易摆脱认为自己的企业是"独特的"和"与众不同的"这种狭隘观点，从而更容易理解 ERP 对制造业普遍适用的标准逻辑。

在 ERP 的实施过程中，企业的广大员工都应接受关于 ERP 的教育。但派企业中的所有人都去参加外部课程的学习是不可能的，因此企业内部的教育也是必要的。

内部教育包括原理、概念和技术的介绍，应用方法的研究以及软件系统的培训。原理、概念和技术是指 ERP 系统的功能结构、反馈的作用、计划订单的产生、派工单的形成等关键问题。这些原理、概念和技术的应用，即如何应用这些工具来为特定的企业工作。培训和教育有不同的含义：教育注重原理、概念和技术以及它们的应用，目的在于如何管理好企业。培训的工作更多地依赖于具体的 ERP 软件，注重软件的细节和某些特定的方面，目的是如何操作具体的 ERP 系统。

（八）三种试点

实现基本 MRP，人们尝试过 3 种方法，即"交钥匙"、并行和试点。

"交钥匙"是一种形象的说法，比喻立即切换到新系统并运行起来。按照一些理论家的说法，这种方法最能激发人的主观能动性，然而实际上并非如此，没有一个企业曾经按交钥匙的方法使 MRP 系统获得成功。

并行的方法是指新旧系统并行运行，直至新系统能顺利运行则抛弃旧系统。这似乎是一个稳妥的方法，但问题是：首先，可能根本没有足够的人力来同时运行两个系统；其次，MRP 是一个以计算机为工具的系统，它要进行大量的数据处理，这是手工方式无法做到的，因此，新旧系统是无法并行的。

试点的方法是大多数成功的 ERP 用户在实施 MRP 过程中使用的方法。这种方法是通过一系列步骤，来验证 MRP 软件系统能正常地工作而用户也真正理解了 MRP 的基本逻辑之后，再切换到 MRP 系统。

试点分为 3 个层次，即计算机试点、模拟试点和现场试点。

（1）计算机试点。计算机试点也称为原型测试。其目的是确保软件能在计算机上正常运行，计算机试点的关键人员是系统人员和数据处理人员，一般使用虚拟的物料项目和虚拟的数据。

（2）模拟试点。模拟试点也称为会议室试点，因为这种试点通常是通过在会议室内建立一个模拟的系统环境来进行。模拟试点的主要目的是对用户进行教育和培训，让用户更多地了解软件，学习如何使用它来管理企业业务。在这个阶段，工作的重点从计算机转到了人，通过运行模拟的业务实例，使用户真正地了解系统。

（3）现场试点。现场试点也就是主生产计划和物料需求计划首次投入实际运行的时刻，其目的是证明主生产计划和物料需求计划能够正常运行。

为了搞好现场试点，应遵循以下原则：

（1）要确定适当的试点规模。为了很好地测试整个系统的运行情况，应选取足够多的物料项目进行试点，但又不能太多以至于难以驾驭，最好是使用200～600个物料项目。

（2）要选取适当的试点产品。对于简单产品，如服装或化妆品，试点应当反映整个产品族中所有物料项目的情况。对于具有一定复杂度的产品，如自行车或打字机，现场试点则应针对一项产品。对于高复杂度的产品，如飞机或机械工具，现场试点则应针对一个零部件，在这种情况下，现场试点可能对应于物料清单中的一个分支，或许是一个标准组件的物料清单。

（3）试点过程要包含尽可能多的物料类型。应当选择包括最终产品或最终项目、组件、自制件、外购件和原材料在内的一个很好的物料项目的组合来进行现场试点。

（4）参加试点的物料项目要有相对的独立性。现场试点中包含的公用件越少越好。既用在试点产品中，又用在其他产品中的物料项目不能很好地用来测试MRP。因为在这种情况下，MRP不能反映对这些物料的全部需求。

（5）要选用最好的计划员。现场试点的过程需要深入细致、精力集中地工作。因此，应选择最好的计划员所处理的产品来进行现场试点。

在进行现场试点之前，必须先做好某些准备工作，其中之一是成功地模拟试点，由此表明用户已很好地理解了MRP系统；另一些关键因素包括数据的完整性、教育、培训等因素。如果项目小组认为可以进行现场试点，则向指导委员会提出报告，得到批准即可进行现场试点。在现场试点中要通过考察以下问题得到用户对系统的确认：

①是否能预见缺料的发生；

②是否能产生正确的订单下达建议；

③关于试点产品的主生产计划是否切实可行；

④能否自信地承诺客户订单。

如果对以上问题都能给出肯定的回答，那么现场试点的目的就达到了，否则表明系统没有正常地工作，或用户对系统没有真正地理解。在任何一种情况下，都不要贸然进行系统的切换，首先应当做的事情是检修系统使其正常工作，或弥补教育和培训的不足。

企业中的每个人，包括指导委员会、项目小组成员以及最终用户都应当明白，在证明系统工作正常而且得到用户确认之前，项目的实施不能超越现场试点的阶段。

现场试点占用的时间以1个月左右为宜，如果制造周期长，也可以适当延长，当然也不能安排时间太长，例如，用一个季度作为现场试点的计划时间，对于大多数企业来说，都显得过长了。

3 种试点的区别如表 6-1 所示。

表 6-1 3 种试点的区别

试点类型	关键人员	物料项目/数据	目的
计算机试点	数据处理人员	虚拟/虚拟	在计算机上运行并调试软件 学习和了解软件
模拟试点	主生产计划员 物料计划员 项目小组部分成员	真实/虚拟	使用户彻底地了解软件 验证软件适合企业业务
现场试点	主生产计划员 物料计划员	真实/真实	证实系统运行正常 取得用户的确认

（九）系统切换

一旦现场试点获得成功，即系统运行得很好，用户也掌握得很好，则可以着手把其他的物料项目切换到 MRP 系统的控制之下。这种切换有两种不同的方法：一种方法是把所有其他物料项目一同切换到新系统；另一种方法是把其他物料项目分成几组，每次切换一组，这种"分而治之"的方法往往是更可取的，因为它风险比较小，整个过程便于控制，而且做起来也比较容易。如果切换的第一组物料项目属于计划员 A，那么计划员 B 和 C 可以在切换的过程中帮助计划员 A，这既减轻了计划员 A 的工作负担，也使计划员 B 和 C 从实践中得到了进一步的培训，当对计划员 B 管理的物料进行切换的时候，计划员 A 和 C 又可以帮助计划员 B。

当然，多组的方法并不总是可行的和必要的。在有些企业中，"公共件"非常普遍，以致难以分离成组，在这种情况下，分成一组或许是最好的方法。还有的企业产品结构比较简单，几千个物料代码包括了全部物料项目，因此，也没有再细分成几组的必要。

切换是一个非常紧张的阶段，要准备增加工作时间和其他所需的资源。项目小组负责人和成员以及关键的系统人员要随时准备帮助用户解决可能出现的各种问题。要取得所有的输出报告，采取必要的行动，使系统得以运行，并开始衡量系统运行的性能。

（十）继续改进

"ERP 不是目的地，而是一个长途征程。"所以，一个企业在实施 ERP 获得成功之后还应努力工作，使企业的运营情况越来越好。企业应把实施 ERP 获得成功作为一个新起点，去争取进一步的成功。

以上我们介绍了一条实施 ERP 的可靠的路线，这条路线逻辑清晰、通俗易懂，虽然需要做的工作很多，但没有风险，已有许多企业遵循这条路线实施 ERP 并获得了成功。

三、实施时机

当一个企业准备实施 ERP 系统的时候，首先要考虑的一个问题是，从开始实施到获得成功需要多长时间？

这个问题决定于以下因素：企业的规模和复杂程度，企业用来实施 ERP 的资源，高层领导的参与程度，实施队伍的知识、技能和工作态度，以及企业为 ERP 系统所选择的运行环境等。一般文献中的时间框架是 18～24 个月。但在实践中有很大差别，也有在 1 年内初步实施成功的先例。这里，我们主要强调两点。

（一）不能操之过急

原因在于需要做的事情太多，如广泛深入的教育和培训，数据准备，制定企业运营的策略和工作规程等。

（二）不能旷日持久

时间拖久了，成功的机会将会减少。原因如下。

（1）工作强度和热情。ERP 将由用户来实现，实施 ERP 的责任要求他们在企业的运营之外付出更多的时间和精力，去做更多的工作。时间拖久了将会使人感到气馁和失望。执行一个积极进取的计划则使人们可以期望，在可接受的时间内事情会得到实质性的改善。

（2）工作的优先级。ERP 的实施必须有一个非常高的优先级，应仅次于企业的正常运营。然而，这样高的优先级是不能长期地保持下去的。一个企业也和一个人一样，其集中注意力的时间是有限的。如果优先级下降了，那么成功的机会也随之下降。最好的方法是对 ERP 的项目实施赋予一个非常高的优先级，并迅速而成功地予以实现。

（3）情况的变化。无论人员的变化还是环境的变化，都是对 ERP 项目实施的一种威胁。一个部门的领导可能非常了解 ERP，并积极热心地领导本部门实施 ERP 的工作，如果他的工作岗位有变动，新来的领导可能由于某种原因而反对实施 ERP，使以前的努力付诸东流。环境的变化可以有多种因素：生意剧增可能导致顾不上 ERP 的实施，生意锐减可能导致难以负担项目实施的费用，竞争的压力，新的政府法规等，都可能影响到 ERP 的实施。

（4）效益。项目实施的时间拖的太久也就推迟了效益的获得。

综上所述，确定一个积极进取的时间框架是十分必要的。

四、实施准则

企业的管理也是在一个通信的过程中实现的，准确的通信是有效管理的基础。ERP 系统是一个以计算机为工具的计划和通信系统。在通过 ERP 系统实现企业管理的过程中,人做一些工作,而后交由计算机继续做一些工作,再由人继续做工作。在这个过程中,要求信息必须准确,信息的处理和传递也必须准确。但这并不是一件很容易的事情,因为在这个通信过程中涉及计算机和人两个方面。其中计算机的行为是规范的,只要向它输入准确的信息,它就能进行准确的处理并产生准确的信息。但是,对同一件事情,人的理解和行为方式却可以千差万别。因此如何规范人的行为方式是至关重要的,这就是工作准则和工作规程的作用。

(一)实施准则重要性

通过 ERP 系统的计划和通信功能,企业的所有员工在各自的岗位上按部就班地工作,然而却是在执行着一个统一的计划,这就要求有统一的工作准则和工作规程去规范人们的行为方式。在 ERP 系统运行的各个环节上,如数据定义的准备和录入、主生产计划、物料需求计划、能力需求计划、生产控制、采购、循环盘点、工程改变、成本会计等,都应有相应的工作准则和工作规程,有关人员必须遵守,而不能按个人的理解来处理问题。

建立工作准则和工作规程无疑是非常重要的工作。然而,它的重要性往往不被人们所认识。因此,在实施和应用 ERP 系统的过程中,这项工作经常被忽略或以非常草率的方式进行。这样做之后,实施工作好像进行地很快,但是在系统开始运行之后,就会出现很多问题。由于没有工作准则和工作规程,系统的每个用户只能按各自的理解和处理方式来处理问题。于是出现越来越多的错误信息,信息传递不能正常进行,系统通信难以协调,整个系统的可靠性越来越差,最终的结果是导致整个系统的瘫痪。

(二)制定实施准则

工作准则和工作规程是 ERP 系统得以正常运行的关键,是企业管理过程中人和人之间、人和计算机之间进行精确通信的保证。但这又是两个不同的概念。工作准则是关于企业运作的指导原则,它并不告诉人们如何去做某件事情,但指明每项工作的目标、责任和衡量标准。例如,对于接收采购原材料的业务活动,工作准则并不指明每一步应当如何去做,但是,它指明在多长时间内完成检验、做出接收或拒收的决定,在多长时间内将有关数据录入系统等。工作规程是指完成一项特定的任务所应采取的步骤,它要指明从任务的第一步到最后一步的所有步骤,且应足够详细。工作规程应遵循工作准则的指导原则,而且对于工作准则所涉及的每项任务,均应有相应的工作规程。

建立工作准则和工作规程并无实质性的困难。事实上,这些关键的文件应当是一个企业在确定如何使用 ERP 系统的过程中自然形成的。建立工作准则和工作规程可以采取如下步骤。

1. 确定企业运营过程中所有基本的业务活动

这可以通过自顶向下、逐步求精的方法绘制数据流程图或 IDEF 图来实现,这些基本业务活动可以分成两类,一类是通过计算机来实现,另一类则完全是人的行为过程,不使用计算机。

2. 对于通过计算机实现的基本业务活动，编制测试实例进行测试

测试实例要指明处理步骤，在测试过程中要记录测试结果，在测试结束后，根据测试结果编制工作准则和工作规程的草稿。对于不使用计算机的基本业务活动，则直接写出工作准则和工作规程的草稿。

3. 收集、整理、完善

将上面步骤形成的工作准则和工作规程的草稿收集起来，由项目小组会同各职能部门进行整理和完善，形成工作准则和工作规程的草案，要指明工作准则和工作规程的编号、主题、编写负责人等。

4. 在会议室试点过程中进一步测试工作准则和工作规程

在会议室试点过程中，要对工作准则和工作规程进行全面测试和修订，定稿后经指导委员会批准，形成企业的正式文件，指明生效日期，发给整个企业执行，并定期总结修订。

下面是一个工作准则和工作规程的示例。

例 6-1　ABC 公司的工作准则。

编号：0010

生效日期：01/01/2005

主题：物料接收和入库管理

版次：1

编写人：×××

内容：

除非有经核准的供应商质检部门的质检合格证明，全部物料必须经过严格检验，才能投入生产过程。

在卸货过程中，要查看包装是否有损坏，如发现任何缺损，应立即报告质检部门和采购部门。

在物料接收后的 2 小时以内，必须将有关记录输入到系统中。

已接收待验的物料，必须在 8 小时之内处理完毕，做出合格或不合格的结论。

对经检验不合格而拒绝接受的物料必须在 16 小时之内做出处理。

物料接收主管人员对接货的全过程负责，并负责向物料接收人员提供适当的培训，考核其工作绩效，考核结果与物料接收人员的工资和奖金挂钩。

ABC 公司的工作规程如表 6-2 所示。

表 6-2　　　　　　　　　　　　　　ABC 公司的工作规程

编号：0070　　　　　　　　　　　　　　　　　　　　　　　生效日期：01/01/2005

主题：接收采购物料　　　　　　　　　版次：1　　　　　　　　　　编写人：×××

人员	行动步骤
物料接收人员	（1）卸货并且取得包装标签。 （2）清点物料并检查是否有损坏。 在货物清单上登记日期、时间、损坏物料的数量，或损坏包装的数量及损坏类型；填写损坏物品报告并且将文件副本交采购部门归档。 转按工作规程 0071 进行处理。 （3）通过 ERP 软件系统记录物料接收过程。 （4）打印接收单并送检验员
检验员	（5）取得检验标准。 （6）按要求检验物料。 （7）如果全部通过检验，在接货单上填写合格证明并通知物料管理人员转移存货库位。如果不合格，转按工作规程 0072 进行处理
物料管理人员	（8）确定存货库位并在接货单上注明。 （9）将物料放在指定的位置，通过 ERP 软件系统输入数据。 （10）将填好的接货单给应付款部门
应付账款	（11）检查是否有相匹配的发票，如果有，则附上收货单并执行匹配和付款流程（工作规程号 0102）。如果没有发票，则将接货单归档

五、实施监管

ERP 实施监管通过检测完成，下面详细列举了在 ERP 实施过程的不同阶段上必须完成的主要任务。每项任务作为一个问题可以回答"是"或"否"。

一个正在实施 ERP 的企业，在项目实施的每个阶段上应当对照检测表的内容检测自己的工作。只有对每份检测表中的每个问题都能给出肯定的回答，才能确保 ERP 的实施沿着可靠的路线进行，直至获得成功。

检测表可以在实施 ERP 的过程中随时起到指导和校正的作用，对于 ERP 实施过程中的关键人员，如总经理、项目负责人、项目小组成员、项目实施指导委员会其他成员，都是非常重要的。

1. ERP 实施检测表 1：成本效益论证和项目公约

总经理和关键人员参加了先行教育。

所有的部门领导人员参加了先行教育。

成本效益论证由高层管理人员和所涉及的全部操作级管理人员联合进行。

成本效益论证得到了总经理和所有必要人员的批准。

确定 ERP 的实施作为企业的第二位重要工作。

制定了关于 ERP 实施的项目公约书面文件，并由参加成本效益论证的所有高层领导和部门负责人正式签字，以取得共识。

2. ERP 实施检测表 2：项目组织与责任

从企业的操作部门领导人中选择一位关键人员作为专职的项目负责人。

成立了主要由所有有关部门的操作级管理人员组成的项目小组。

成立了由总经理、副总经理和项目负责人组成的指导委员会。

确定了指导委员会的主席。

项目小组至少每周召开 1 次会议。

指导委员会至少每月召开 1 次会议。

聘请了具有实施 ERP 经验的顾问，每月或每两个月到现场进行指导 1～2 天。

项目小组制订了在项目公约认可的时间框架内实现 ERP 的详细计划，按天或周表示，明确任务职责并指明承担人的姓名。

项目小组要在至少每周 1 次的会议上，根据指导委员会的意见修订项目实施详细计划。

3. ERP 实施检测表 3：教育和培训

指导委员会所有成员，包括总经理，都参加了 ERP 的外部课程学习。

项目小组全体成员都参加了 ERP 的外部课程学习。

有一系列的内部教育，面向操作管理人员，造就企业的"内部专家队伍"。

有一系列的内部教育，由"内部专家队伍"主持，面向企业广大员工，其中包括总经理和他的副手。

4. ERP 实施检测表 4：数据和工作准则与工作规程

库存记录准确度在 95％以上。

物料清单准确度在 98％以上。

整个企业所用的物料清单格式统一，结构良好，完全适用于 ERP 的要求。

工艺路线（工序和工作中心）的准确度在 98％以上。

物料项目数据完整、合理。

工作中心数据完整、合理。

有关于销售与运作规划的工作准则与工作规程的书面文件，已经得到批准并且已经用于运行企业的业务。

有关于主生产计划的工作准则与工作规程的书面文件，已经得到批准并且已经用于运行企业的业务。

有关于物料需求计划的工作准则与工作规程的书面文件，已经得到批准并且已经用于运行企业的业务。

有关于工程改变的工作准则与工作规程的书面文件，已经得到批准并且已经用于运行企业的业务。

5. ERP 实施检测表 5：软件系统

所选择的软件产品已有成功的用户，而且正在使用中。

软件系统费用的估算与成本论证相符。

已建立管理软件改变要求的工作准则与工作规程。

6. ERP 实施检测表 6：实现基本 MRP

销售与运作规划的编制已经完成。

MPS/MRP 试点已经选定。

计算机试点已经完成。

模拟试点已经完成。

库存记录准确度达到 95％以上，物料清单的准确度达到 98％以上。对这样高的数据准确度，要求所有的物料项目都能达到，而不仅限于试点项目。

在整个企业范围内，80％以上的员工接受了初始教育和培训。

项目指导委员会批准进行现场试点。

现场试点获得成功，且用户签字确认。

关于生产和采购的反馈联系（拖期预报）已经建立。

临时的车间作业管理系统已准备就绪。

指派了一名或多名车间人员在系统切换期间专职参加项目的工作。

项目指导委员会批准系统切换。

MPS/MRP 的切换已经完成。

7. ERP 实施检测表 7：实现闭环 MRP 和 ERP

所有工艺路线的准确度均达到了 98％以上。

车间作业管理的试点已经完成。

车间作业管理全面完成。

派工单可以产生正确有效的优先级。

能力需求计划已经实现。

投入/产出控制已经实现。

供应商教育程序已经完成。

供应商计划法试点已经完成。

已对主要供应商实行供应商计划法。

执行情况考核系统已经实现。

所有供应商均切换到供应商计划法。

财务计划接口已实现。

模拟功能已经实现。

第二节　运行管理

一个企业经过艰苦的努力成功地完成了 ERP 的实施任务，并且成了 A 级用户后，接下来应该怎么办呢？有不少企业认为获得成功后，就再也不必为它操心了，这种看法无疑是错误的。正如某些 ERP 专家所说的："ERP 不是目的地，而是长途征程。"A 级的 ERP 系统并不能自行维护并一直保持 A 级标准，在其运行过程中，仍然需要持续的维护和经常的信息反馈。

ERP 系统的运行管理要达到以下两个目标：一是要保持已有的水平不要降低，二是要争取越来越好。

那么企业怎样才能维持已有的水平，而且使 ERP 系统越来越好呢？下面将对这些问题做出回答。

企业信息化建设是一个不断完善的过程，需要按照 ERP 的实施方法论按部就班地实施，在这个过程中，基本上会保证最大程度上实现知识的转移，企业在此基础上就可以驾驭 ERP 系统来为企业服务。对于企业来讲，实施 ERP 阶段性的结束后，仍然有很多工作要做，比如说由于企业经营特点的调整而需要 ERP 的业务流程做相应的调整，各业务部门会提出更高的业务管理需求，这些工作大部分都可以靠企业自身的力量来完成，因为这是一项不会结束的工作。

ERP 的实施结束对于系统来说却是刚刚开始，因为企业在实施完 ERP 之后，需要考虑的是 ERP 的长远性，需要做好持续规划的准备。ERP 系统的实施无疑对于业务流程、效率乃至组织结构等方面都会产生相当的影响。那么，随着市场的不断变化，企业往往会对信息系统功能提出新的需求，要进行持续优化、改进，ERP 实施企业呈现出螺旋发展的状态。

系统的日常运行管理决不仅仅是机房环境和设施的管理，更主要的是对系统每天运行状况、数据输入和输出情况以及系统的安全性与完备性及时、如实记录和处理。本节将从系统维护、系统升级和组织变革三个方面来阐述 ERP 运行管理的内容。

一、系统维护

在 ERP 系统实施完成后，在其运行期间常常会暴露出某些隐含的错误，需要及时排除。同时，用户可能会提出一些新的要求，这就需要对程序进行修改或扩充，使其系统进一步完善。因此，系统维护的主要任务就是保证系统的正常运转，使系统的资源得到有效运用，并使系统的功能在运行中不断得到完善和扩充，以提高系统的效率和延长系统的生命周期。由于对系统的维护工作贯穿于系统整个运行期，维护工作的质量将直接影响到系统的使用效果。

（一）系统维护的类型

根据维护活动的目的不同，可以把系统维护分成以下四种类型。

（1）正确性维护：改正在系统开发阶段已发生的而系统调试阶段尚未发现的错误。一般来说，这类错误是由于遇到了以前从未有过的某种输入数据或者是对系统的硬件和软件的不正确使用引起的。也可能是调试阶段诊断错误引起的，这就需要对错误进行诊断和改正。

（2）适应性维护：由于计算机科学技术的迅速发展，新的硬、软件不断推出，使系统的外部环境发生了变化。外部环境不仅包括计算机硬件的配置，也包括软件和数据库、数据存储方式在内的数据环境。为了使系统适应这种变化，满足用户的要求，就需要对系统进行相应的修改。

（3）完善性维护：为了扩充功能和改善性能而进行的修改。在系统的使用过程中，用户往往会提出增加新功能或修改已有功能的要求，为了满足这类要求就需要对系统进行完善性维护。

（4）预防性维护：为减少或避免以后可能出现的前三类维护而对软件配置进行的工作，即为了减少以后的维护工作量、维护时间和维护费用而进行的系统改进。

（二）系统维护的内容

系统维护的内容有以下几个方面。

（1）程序的维护：程序维护是指修改一部分或全部程序。在系统维护阶段，会有部分程序需要改动。根据运行记录，发现程序的错误，这时需要改正；或者是随着用户对系统的熟悉，用户有更高的要求，部分程序需要修改；或者是环境发生变化，部分程序需要修改。

（2）数据文件的维护：数据是系统中最重要的资源。系统提供的数据全面、准确、及时程度是评价系统优劣的决定性指标。因此，要对系统中的数据进行不断更新和补充，如业务发生了变化要建立新文件，或者对现有文件的结构进行修改。

（3）代码的维护：随着系统环境的变化，旧的代码不能适应新的要求，必须进行修改，制定新的代码或修改旧的代码体系。代码维护困难不在代码本身的变更，而在于新代码的贯彻使用。当有必要变更代码时，应由代码管理部门讨论新的代码系统。确定之后用书面形式写清交由相关部门专人负责实施。

（4）机器、设备的维护：系统正常运行的基本条件之一就是保持计算机及其外部设备的良好运行状态，这是系统运行的物质基础。机器、设备的维护包括机器、设备的日常维护与管理。一旦机器发生故障，要有专门人员进行修理，保证系统的正常运行。有时根据业务需要，还需对硬件设备进行改进或开发。同时，这项工作也应该做好检修记录和故障登记的工作。

（5）机构和人员的变动：信息系统是人机系统，人工处理也占有重要地位。为了使信息系统的流程更加合理，有时有必要对机构和人员进行重组和调整。

（三）再培训与再教育

如果没有关于 ERP 继续教育的严密计划，那么对长期成功地运行管理 ERP 系统将是一个很大的威胁。继续教育是必需的，其原因如下：

（1）有新员工加入企业，或者是现有员工在企业里更换了不同的工作。对这些新的任职者，如果教育不及时，企业将不能像以前那样有效地运行 ERP 系统。

（2）实施 ERP 的企业员工可能会忘记，因此需要再教育和再培训。

（3）经营条件会变更。对于任何一个企业来说，3 年前的经营环境与今天的可能会有很大的变化，企业可能发展了新的生产线，进入了新的市场，变革了生产工艺，执行了新的政府法规，增加了新的子公司，市场状况由卖方市场转变为买方市场等。经营条件的变化可能会对 ERP 系统的应用提出不同的要求，因此需要继续教育和培训。

（4）使用 ERP 意味着运用成套工具来经营企业。ERP 的各种工具不易变化，但是经营环境却在变化，可能和几年前 ERP 投入使用时有很大变化，这就要定期维护这些工具，以适应今天的企业环境和目标。

（5）ERP 的继续教育和培训是一个伴随企业经营的长期过程，在这个过程中，人们可以维护他们的工具，适应新的形势，迎接新的挑战。因此，ERP 的继续教育和培训应当紧密地和企业的运行机制相结合。应当对企业中的每个岗位建立最基本的 ERP 教育和培训标准，并纳入岗位工作规范。为了使 ERP 的继续教育和培训能纳入企业的经营机制，最好由企业的人事部门来做这项工作。人事部门已经有了每个雇员的档案，在这个基础上制订 ERP 继续教育和培训的计划并进行管理是比较方便的。

二、系统升级

（一）系统评估

任何事情，没有评估就不能得到有效的控制和改善，对于 ERP 这样重要的企业资源，更要定期地进行评估。评估 ERP 的效果需要运用到运营和财务两方面的指标，运营指标又可以分为明细指标和综合指标。运营明细评估用来检查 ERP 系统的运行情况，它可以起到早期报警的作用，从而帮助企业不断地改进系统的性能。

（二）修改升级

在 ERP 系统的运行期间，由于客户新的需求的出现，不仅要对程序进行修改，有时还要进行系统的升级换代，而系统的升级一般包括软件与硬件两个方面的升级，所以 ERP 系统需要做好相应的调整和移植。

ERP 软件提供商会定期提供版本升级服务，企业可相应地采取一些措施接受升级服务。例如，SAP 主要提供两种类型的升级服务：一种是纠正性版本升级，SAP 针对系统报告的问题在版本中增加了相应的补丁；另一种是功能性版本升级，主要是在相关领域对 SAP 功能模块的拓展。

升级并不仅仅是一个技术意义上的过程，而是很可能涉及企业大量的人力、物力资源。SAP的升级很可能改变了数据表结构，增加了新的功能模块，或改变了现有业务流程，改变了代码，甚至整个系统的外观都会发生变化。因此，在需要升级的时候，可能需要考虑一些额外的措施，例如，对业务流程、报告、接口的集成测试；识别和解决由SAP升级所造成的报表、接口、企业高级应用编程（ABAP）、授权的变化与修改等问题；配置与测试在升级版本中发布的新功能模块；由升级所引起的一系列用户文档的建立和用户培训的开展（一般是在升级导致用户的日常工作发生变化的情况下）。

三、组织变革

（一）ERP 实施组织变化

在ERP系统的实施获得成功以后，不要解散ERP项目小组和指导委员会。虽然它们的工作方式与ERP实施过程中有所不同，但它们的作用却是非常重要的。

ERP的实施任务完成以后，ERP项目小组应有如下变化：因不再有专职的工作人员，所以小组的规模可以小一些；ERP已成为一个正在运行的系统，而不再是一个在建项目，因此，应将项目小组更名为"ERP运行管理小组"或者其他类似的名称；小组会议由每周1次改为每月1次；每年更换组长1~2次，组长在小组成员中产生。市场部门经理、生产部门经理、财会部门经理、工程技术部门经理和采购部门经理均可以担任组长。这样做可以增强ERP运行管理小组成员的集体感，同时强调了ERP是一个全企业范围的系统。这个小组的工作主要在于关注ERP系统的运行情况，随时向企业高层领导汇报结果并不断进行改进。

在ERP系统成功实施以后，项目指导委员会的组织也应当保留。和项目小组的情况类似，它的名称可以更改为"项目运行管理指导委员会"，每半年开1次会。它从管理小组获得ERP系统运行情况的最新记录，其任务和实施期间一样，即分析和掌握事态的发展并提供指导，必要时做出重新分配资源的决定。

（二）企业原有组织变化

传统的企业组织结构是层级制金字塔式的，这种传统的组织结构在以知识经济、网络经济为背景的电子商务时代，问题日渐增多，比如自上而下的众多管理层影响了信息传递的速度和质量，进而影响决策的准确性和时效性；企业资源被各管理层控制，完整的业务流程被人为地分散割裂，必然导致组织绩效低下，对市场反应迟钝，竞争力下降，这就迫使企业要寻求新的出路，变革组织管理，使组织结构向扁平化、网络化方向转变，变换企业业务运作模式。

ERP的出现，正式实现了交易链的扁平化。与之适应的企业组织结构也应作相应的变革，改革的基本思路应当适应交易链的扁平化、网络化要求，遵循"精简、统一、效能"的原则，即减少管理层次，增加管理幅度，企业高层领导与基层执行者直接联系，及时、全面地把握信息，灵活应变，从而使组织更具灵活性、适应性和创新性，节约人力资本，降低管理费用，增强企业市场竞争力。比如伊利集团，在实施 ERP 系统之前，其管理方式是金字塔式的逐级汇报，信息从代理点传到总部至少要两三天；采用 ERP 系统后，其组织结构日趋扁平化和网络化，实现了实时数据的输入和查询，而且通过后台数据库支持，多数经营数据可以在数据库内直接查询，将事后控制变成了过程控制，有效降低管理风险，增强了集团适应多变环境的能力。

ERP 采用软件功能模块，不同的企业可以根据需求差异选择不同的功能模块，利用 ERP 的这种灵活性与适应性构建出企业组织结构的灵活性。但在 ERP 实施中企业组织结构的设计虽是趋向于扁平化横向组织结构，仍不能忽视企业纵向结构与横向结构的合理组合。只有企业组织结构协调运作，才能使组织的有效性得到最大发挥。

想借助 ERP 系统加快信息化进程，增强市场竞争力的企业，必须对组织自身有一个清醒的认识。熟知组织各个方面的资源，推行过程要按部就班，切实实现高层管理人员的投入和承诺，给项目实施团队充分的授权，同时进行良好的培训，高度重视知识的转移和应用，使各方面资源充分互补。在此基础上审时度势，恰当选取进入时机，使组织变革与 ERP 系统的实施彼此促进，最终完成预期目标。

第三节　管理措施

企业应该牢记一点，ERP 实施后的维护非常关键。一旦实施工作完成，ERP 经销商及顾问就会离去，企业应该有足够的受过培训的员工来保证出现问题时能够解决，也应该有专门的技术人员在必要的时候对系统功能进行加强。同时，企业应该采用与之适应的管理模式与方法。

一、管理模式

重视和加强对 ERP 系统在运行中的组织与管理工作，对于发挥 ERP 系统的作用和提高企业管理人员的信息意识有着重要意义。注重信息在企业管理活动中的作用，适当提高信息部门在企业中的地位，将 ERP 系统的运行纳入整个企业的管理工作中，企业的经营管理决策与信息支持密切结合起来是充分发挥信息系统的作用，提高企业经济效益的重要手段。根据企业对信息的需求情况和信息在经营管理活动中的作用不同，目前 ERP 系统在企业中的管理模式主要有以下三种。

（一）分散平行式

这是指将计算机分散在各职能部门，各职能部门对机器的使用权力相等。采用这种组织方式在开发时需要进行统一规划，以利于系统的标准化和规范化，减少各子系统在数据通信上的困难。这种方式一般和实际结合较好，但由于信息系统为部门所有，不能成为整个组织的共享资源，因此，数据的综合处理能力和支撑决策能力管理较差。

（二）集中式

这种方式是将所有的计算机系统集中在信息中心统一管理，各职能部门只是一个服务对象。采用这种集中管理的组织形式，充分强调了信息在企业中的重要作用，有利于信息共享和支持决策，但容易造成与职能部门脱节。因此，要慎重处理信息部门与各部门的关系，保证企业信息渠道的畅通，为企业的各级管理和决策提供及时、准确的信息。

（三）集中—分散式

另外一种组织方式是以上两种形式的结合，即集中—分散式的组织管理方式。这种方式是在计算机局域网络的基础上，在企业设置信息中心，而在各职能部门又建立相应的子系统并通过线路连接起来形成网络。这种组织方式吸收了集中与分散管理的优点，又弥补了各自的不足，所以是一种较为理想的方式。

不管系统管理与维护的组织采取什么样的形式，从系统管理与维护本身的规律和要求出发，都必须有一个完整得力的运行人员队伍。系统运行人员的结构和配置数量一般要依据系统规模和复杂程度来确定。

二、管理方法

经过几十年的实践，对于如何实施和应用 ERP 系统积累了管理经验。以下管理措施便是这方面经验的高度概括和总结，对于实施和应用 ERP 系统的企业有着很好的借鉴意义。仅有实施和应用 ERP 的决心和共识是不够的，还必须有科学的管理态度和方法才能把事情做好，实施应用 ERP 的企业应当能够从这些宝贵的经验中有所获益。

1. 全面支持，始终如一

ERP 用来运行一个制造企业，它统筹安排企业的物料、资金和人力等各种资源，与生产和经营息息相关。它不仅涉及库存控制、物料清单或工艺路线的维护，还涉及企业的每一个人。因此，企业领导必须理解 ERP，全面支持，并期待使用 ERP 系统获得效益。

2. 数据准确，制度明晰

无论是手工还是计算机系统，都不能在谎言的环境下生存。不准确的数据对于无辜的计算机来说，其实就是谎言，它们只能被计算机用来高速地产生错误的答案。因此，必须建立明确的责任制度，数据操作的各个环节上的准确性都要有专人负责，否则数据的准确性没有保障。

3. 确立目标，不断改进

没有目标就不知道走向何方，不对照目标衡量现状就不知道居于何处。即使是世界级的制造企业，也必有可改进之处，建立 ERP 系统必须确定明确的目标，并据以衡量系统的性能，不断改进。

4. 关键岗位，关键人员

在大多数企业里，能干的、经验丰富的人总是忙得不可开交，如果没有特意的安排，他们不会有"空闲"来参加 ERP 项目的工作，但是，正是这些员工才是成功地规划和实施 ERP 系统的基本保证。因此，一定要千方百计地发挥这些骨干力量的聪明才智。

5. 重视培训，资金支持

要让各级人员学会使用新工具来完成自己的工作，因此，不要压缩培训费用。事实上，培训费用要比忽视培训付出的代价要小得多。

6. 重视咨询，专家支持

事实上，一切都由自己来解决将比聘请有经验的专家花费更大。凡是可能出错的地方必定会出错，这是一条统计规律，因此，做出错误决定的机会实在是太多了，其代价将数倍或数十倍于聘用专家的费用。

7. 新的系统，新的模式

如果对现行的工作方式及其结果颇为满意，而又不愿意寻求改变，那么实施 ERP 就是浪费资金。一个制造企业肯定可以从 ERP 系统中获益，但是，应当按 ERP 的标准改变现有的工作方式，切不可让 ERP 系统来适应现有的手工工作方式。

8. 既要从容，又要紧迫

实现 ERP 系统可以分解为一系列具体的工作任务，有些任务枯燥烦琐，但却是必不可少的，要从容计划，不要急于求成，否则欲速则不达。而另一方面，为避免实施过程无限期地拖延，紧迫感也是十分必要的。

9. 重视个体，全员参与

ERP 系统的运行需要计算机，但这并不意味着 ERP 只是 IT 部门的事情。ERP 属于每一位员工，只有全员参与并发挥主人翁精神，才能充分发挥 ERP 的效用。

10. ERP 不能医治百病

ERP 可为企业带来多方面的效益，但它不能医治百病。当然，训练有素的 ERP 用户可以迅速查出问题的症结所在，并予以解决。

本章小结

ERP 系统在企业应用中的复杂性，使得 ERP 的实施日益受到关注。在实践中，承载了先进管理思想的 ERP 软件的实施形成了不同的方法论。

在 ERP 实施中，软件供应商、咨询顾问和企业员工将共同组成一个项目组，通过对企业需求的分析，使企业的个性特征通过 ERP 软件的配置等工作得以实现，并进一步通过培训、工作标准制定等工作，最终实现企业新管理系统的建立。通过项目管理可以保质、保量完成项目的预期目标。

ERP 运行管理是一个长期工程，是企业获取 ERP 价值的根本保证，企业必须从思想、组织、资金等各方面给予重视。ERP 运行管理需要在企业的长期发展战略上进行规划，不仅从 ERP 系统的维护、升级，还要在企业自身发展和变革上给予更多的关注，建立长期稳定的运行管理组织。

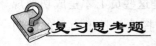复习思考题

一、选择题

1. 下面哪些是实施应用 ERP 十大忠告的内容？

A. 领导全面支持，始终如一

B. 高度重视数据的准确性，建立必要的责任制度

C. 确立系统的目标并对照衡量系统的性能

D. 关注产品质量

2. 下面哪些关于 ERP 运行管理原则的陈述是不正确的？

A. 清醒的认识、有效的组织、重视产品质量、继续教育和培训、做好软件维护工作、持续改进

B. 清醒的认识、有效的组织、认真的评估、消除浪费、做好软件维护工作、持续改进

C. 制订切实可行的实施计划、有效的组织、认真的评估、继续教育和培训、做好软件维护工作、持续改进

D. 清醒的认识、有效的组织、认真的评估、继续教育和培训、做好软件维护工作、持续改进

3. 下面哪一项关于 ERP 运行管理原则的陈述是正确的？

A. 清醒的认识、有效的组织、重视产品质量、继续教育和培训、做好软件维护工作、持续改进

B. 清醒的认识、有效的组织、认真的评估、消除浪费、做好软件维护工作、持续改进

C. 制订切实可行的实施计划、有效的组织、认真的评估、继续教育和培训、做好软件维护工作、持续改进

D. 清醒的认识、有效的组织、认真的评估、继续教育和培训、做好软件维护工作、持续改进

4. 下面哪一项关于 ERP 实施阶段划分的陈述是正确的？

A. ERP 的实施过程可以划分为以下 6 个阶段：原型测试、项目组织和培训、流程规范化、模拟试点、系统切换、运行管理

B. ERP 的实施过程可以划分为以下 6 个阶段：项目组织和培训、原型测试、流程规范化、系统切换、运行管理、模拟试点

C. ERP 的实施过程可以划分为以下 6 个阶段：项目组织和培训、原型测试、流程规范化、模拟试点、系统切换、运行管理

D. ERP 的实施过程可以划分为以下 6 个阶段：运行管理、项目组织和培训、原型

测试、流程规范化、模拟试点、系统切换

二、简答题

1. 为什么说企业高层领导在 ERP 实施和应用过程中的作用十分重要？

2. 谁应当对 ERP 项目的实施成功负最终的责任？

3. ERP 实施过程中关键的因素是什么？

4. ERP 的实施分为哪些阶段？需要多长时间？如何制订实施计划？

5. 什么是实施 ERP 系统的可靠的路线？它包括哪些基本的步骤？

6. 如何进行 ERP 的成本效益论证？

7. 为什么要制定 ERP 的项目公约？

8. ERP 项目小组的职责是什么？

9. ERP 项目小组负责人的职责是什么？ERP 项目小组的负责人应当具备什么条件？

10. 确定 ERP 项目小组的负责人应当注意避免哪些错误倾向？

11. ERP 项目指导委员会的职责是什么？如何组成 ERP 项目指导委员会？

12. 在 ERP 实施和应用过程中，为什么应当得到专家的帮助？

13. 在 ERP 的实施过程中，为什么要特别重视教育和培训工作？如何做好 ERP 的教育和培训工作？

14. ERP 的实施，为什么要使用模拟的方法？有几种模拟方法？

15. 什么是 ERP 应用和管理的工作准则和工作规程？它们有什么不同？

16. 为什么要建 ERP 应用和管理的工作准则和工作规程？如何建立 ERP 应用和管理的工作准则和规程？

第七章　实施评估

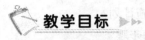

教学目标 ▶▶▶

　　掌握 ERP 系统管理的效益、ERP 系统管理的经济效益分析方法和 ERP 系统评估方法。理解定量与定性效益分析的侧重点和区别。

第一节　管理效益

一、采购管理效益

　　采购人员有一个最难处理的问题——"提前期综合征"，指的是当供应商的未完成订单增多时，他们将对客户报较长的提前期。这样一来，客户为满足他们在较长提前期中的物料需求，必将订购更多的物料，这就导致供应商积压订单的进一步增加以及提前期的再次延长。

　　处理供应商报长提前期问题的方法是提前给他们一份采购计划。如果供应商报两个月的提前期，可以在半年前就把采购计划提供给他们，从而避免由于提前期的延长而出现的问题。

　　使用 ERP 系统，企业能够很容易地建立一份 6 个月至 1 年的采购计划。

　　在建立采购计划之前，首先应对供应商进行培训。因为供应商已习惯认为，客户订单给出的日期并非真正有效的需求日期，而客户还会打电话告诉他们真正的需求日期。所以，必须告诉供应商，订单所给出的日期就是有效的日期，不需要再等进一步的信息，也不会有进一步的信息。

　　经验表明，使用了 ERP 系统，供应商按时供货率可以达到 98％以上，当供应商得到了有效的需求日期时，大多数都会努力工作来完成计划。事实上，客户对供应商的抱怨多，往往说明他们自己的计划差，如果客户对供应商的按时供货率感到满意，往往也说明他们自己的计划做得好。

　　随着计算机信息处理能力的增强，把供应商看作"外部工厂"的思想越来越重要，这就必须为供应商提供制订其能力需求计划的信息。使用 ERP 系统，能够以相当长的展望期来做到这一点。

　　有的企业在几个月前就把预期计划转化为供应商工作中心上的标准工时，这意味着供应商的工艺线路已经存储在客户的计算机文件中，这对于自己没有计算机系统的小供应商来说是特别适合的。

有一些企业甚至为其供应商发放日常派工单。过去只发给自己车间的派工单，现在也发给供应商，以保证供应商计划的及时更新，这意味着供应商的工作中心数据均按工艺存储在了客户的计算机文件中。

对客户来说，向供应商提供有效的计划日期是一件非常重要的事情。然而，在ERP出现之前，这却是一件很困难的事情。一篇有关美国 Tennant 公司的文章谈到，在使用 ERP 系统之前的 1973 年，检查 4000 份采购订单，其中有 3200 份的需求日期是无效的。

在采购活动中，使用 ERP 系统并获得成功的企业，他们向供应商提供的是最终的需求日期，有效的需求日期是 ERP 系统的基石，它使 ERP 系统成为采购活动的一种全新的工具。

有效的需求日期也为做好某些以前特别难做的事情奠定了基础，例如，检测供应商的按时交货率。在非正规系统之下，预定日期可能从一开始就是错误的，而且随着时间的推移会变得毫无意义，因此，不能按这样的日期检测供应商的工作。使用 MRP Ⅱ 系统，供应商的按时供货率可以明确地按计划日期进行检测，这已在许多企业中成为现实。

有许多途径可以降低采购成本，但最重要的是和供应商的成功合作。如果客户和供应商能够很好地合作，他们就能找到使双方都能获益的合作方案。这是任何订货批量公式都不可能做到的。过去，在客户和供应商之间进行通信，只是两两之间的信息交互，其他环节或第三方获取信息较为滞后或无法获知关键信息。通过使用 ERP 系统，情况得到了改变。前面提到的采购计划或称供应商计划成了客户和供应商双方的生产控制人员直接通信的工具，而采购人员则可以从烦琐的事务中解脱出来，使他们有更多的时间去选择供应商、进行合同谈判、价值分析、同工程部门讨论标准化问题，从而帮助他们把采购工作提高到一个前所未有的专业水平上。这是把 ERP 系统用到采购管理的重要结果之一。

二、生产管理效益

（一）实现生产管理专业化

过去，生产部门没有专业化管理的工具，市场销售部门经常批评生产部门不能完成任务；财务部门批评生产部门库存太多，成本变化太大，而且拿不出企业运营所需要的可靠数字；工程部门认为他们组织混乱，业务活动不专业化；计算机系统人员也对生产部门有不好的看法，因为如果问财务人员希望计算机做什么，他们一般会回答："应收账款、应付账款、总账、预算报告等。"但如果问生产部门的管理者希望计算机做什么，他们就很难说清楚。

反过来，生产部门也对其他部门不满。他们抱怨市场销售部门预测不准，接受订单不负责任，使他们来不及生产；抱怨工程部门所做的工程改变和新产品引进使他们手忙脚乱；他们对财务部门感到无可奈何，因为面对企业领导讨论问题时，财务人员可以理直气壮地用数字说话，他们却不能，而且，他们不知道财务人员的数字是从哪里来的。

在生产组织的更高层次上，每天都会提出一些问题：我们能在更短的提前期内发运这批货物吗？我们可以完成本月的发运预算吗？为什么对客户服务不能搞得更好呢？为什么有如此多的加班呢？下几个月我们可以增加或减少人力吗？为什么库存如此之高？为什么出现这样多的废品？我们可以按时引入这项新产品吗？如果对其他客户已做出的承诺不变，我们还能再满足这个客户附加的需求吗？为什么不能把我们的效率再提高一些呢？为什么我们的未完成的订单增加而同时库存也增加呢？

如果没有一个有效的计划，生产部门对以上这些问题以及其他一些类似的问题是很难回答的。另外，生产部门的人员也不相信计划，因为计划经常变，计划中的数字不可靠，因此，他们就抛开这些数字根据自己的判断进行管理。

有些生产部门的管理人员在没有好的工具的情况下也做了不错的工作。然而，在非正规系统环境下，缺乏合理的度量标准，事情往往是不公正的。好的管理人员可能被认为是差的，而能力低的人，却有可能得到好的评价。由于缺乏专业的工具、正确的知识和有效的系统，所以很难准确地衡量管理人员的工作业绩。

从 ERP 得到的最大好处在于生产管理的专业化。ERP 的出现，使生产管理有了完整的知识体系。越来越多的生产管理知识进入了学院的课堂，传授给未来的生产经理们，使他们的知识将不再只是来自于实际工作经验的摸索，而是上升到了理论的高度。

一位资深的公司总经理说得好："ERP 系统最大的价值在于使一个公司从总经理、副总经理到公司员工的整个企业结构的生活质量得到了显著的提高。10 年前，当我作为生产部门的经理参加公司的会议时，经常是被别人指着鼻子谴责的人，因为我经常做出承诺又无法实现。现在有了 ERP，当我们的生产管理人员参加会议时，经常听到的却是：'太好了，你们又一次出色地完成了任务。'使用 ERP 提供的工具，我们的生产管理更加专业化了，我们的生产管理人员也因此受到了尊重。"

（二）ERP 是有效管理工具

在闭环 MRP 环境下，在制订销售与运作规划时，首先要通过资源计划来估算为生产一定数量的某类产品所需的资源，以保证销售与运作规划的合理性。

在制订主生产计划时，要通过粗能力计划来指出，在关键的工作中心上所需的标准工时数，以保证主生产计划是切实可行的。主生产计划作为 ERP 的关键输入，指出将要生产什么产品或最终项目，它的切实可行性在任何时候都是非常重要的。在有效的管理之下，ERP 可以预见物料短缺。但是，如果主生产计划不切合实际，那么，缺料单就会重新出现。

在切实可行的主生产计划之下，生产控制部门或计划部门的计划员可以通过物料需求计划，对非独立需求物料生成生产订单或采购订单，并根据这些订单来更新车间派工单和供应商计划中的优先级，并对能力需求计划提供输入。

当技术工人难以找到时，能力需求计划作为一项管理工具就显得非常重要。有的企业根据客户订单接受量来安排生产能力，但是，当积压的订单越来越多时，重新安排生产能力也已经来不及了。有了 ERP 系统，情况就不同了。一家公司从 ERP 系统中得到信息：在 8 月之前应在几个关键的工作中心上增加能力，虽然此时订单接受量并未提高，但市场销售部门预测 8 月将有产品需求高峰，这已通过主生产计划反映在能力需求计划上了。

能力需求计划的另一个应用是设备计划。过去的典型做法是由人提出关于新设备的资金预算要求，但分析论证往往难以全面。有了 ERP 系统，就可以使用其能力计划程序，通过大量的模拟来测试各种不同的计划所产生的影响，从而确定最好的设备投资方式。

投入/产出报告是普遍采用的能力控制手段。这些报告能把每个工作中心产出的实际标准工时和能力计划进行比较，并可以比较标准工时投入量和产出量。这样，如果某个工作中心落后于它的计划产出，则很容易看出其产生的原因，并采取相应的措施去解决。

派工单是车间作业的计划调度工具。当物料需求计划系统推荐了一个新的需求日期，而且物料计划员也接受了这个需求日期时，那么每道操作工序的计划日期也要做相应的改变，据此发出的派工单将告诉工长们下一步应开始哪项作业。

在制造企业中，最难控制的对象是在制品。在制品是指从原材料投入到成品入库，处于生产过程中尚未完工的所有毛坯、零件、部件，以及全部加工完毕等待检测和验收的产品的总称。

在制品是企业生产过程连续进行的必然结果，也是生产过程连续进行的必要条件。保持一定数量的在制品是正常生产的客观需要，它可以防止当某个工作中心上的投入出现波动时，该工作中心上没有工作可做。但是，在制品是要占用资金的，在制品过多，就会影响资金的周转和生产经营的效果。因此，必须合理地确定各种在制品的数量。

使用 ERP 系统，可以通过每个工作中心来确定在制品水平。通过测量在某个时区内每个工作中心上的在制品数量，将高水平和低水平进行比较，从而可以确定实际需要的变化量和排队数量，然后可以形成用于闭环 MRP 系统的反馈信息。

ERP 提供了生产计划和控制管理的工具，但决定因素还是使用这些工具的人。使用 ERP 的能力计划和控制系统，可以降低在制品水平。

在制造业中有一种说法是："每个人的错误都结束于生产第一线。"换句话说，"工长们是每个糟糕的计划的最终替罪羊。"

工长们应该做的工作是对工人的教育培训和监督管理，确保机器、工具正常工作，确保每项操作都能有效地进行，以及提供所需要的生产能力，执行有效的计划。

由于工长们大部分时间忙于"救火"，补救糟糕的计划，所以，以上这些工作往往难以做好，使用 ERP 系统，工长们就可以有时间来做好这些工作了。

在 ERP 系统中，工长们用的最多的工具是派工单、能力计划和投入/产出报告。

一旦 ERP 系统真正运行起来，工长们将成为最热心的支持者。ERP 让他们从随时准备应付可能出现的物料短缺和能力短缺的被动局面中摆脱出来，使他们能够有时间思考、执行计划、进行监督和管理。对于生产车间来说，最重要的是让工长们知道，每天的派工单是计算机根据物料需求计划产生的，已经预测到了未来的物料短缺，而且随着情况的变化还会进行调整。因此，派工单可以防止物料短缺。生产调度的任何改变都是自上而下地进行的，而且已反映在派工单中。因此，再也不会出现拿着缺料单去找工长紧急地完成某项作业的情况，这样，工长们才能信服地按照派工单进行工作，从而只遵循一个计划。事实证明，工长们是欢迎 ERP 的，他们愿意按照有效的计划来工作，而问题在于以前从未有过有效的计划。

（三）利用 ERP 的模拟功能

生产部门面临的一个棘手的问题，就是向其他人员，特别是市场销售人员提供准确的信息。ERP 的模拟功能既为企业高层领导提供了决策的工具，也为生产部门提供了回答"如果……将会怎样"一类问题的工具。在永恒变化的环境中，这是非常有意义的。

（四）用 ERP 完成质量管理

质量管理人员可以明显地从 ERP 系统中获益。由于车间的工作方式发生了变化，工长们可以有更多的时间去解决质量问题。执行能力需求计划的结果使得劳力稳定，生产水平稳定，这也给了质量管理以实质性的帮助。

ERP 系统可以为质量管理人员提供多方面的帮助：

ERP 能对即将进行的检验工作产生一份派工单，使得质量管理人员可以知道应当先做什么，后做什么；

ERP 有比较长的展望期，使质量管理人员可以了解未来计划中的作业情况，特别是特殊加工问题，从而可以帮助质量管理人员判断可能出现的问题；

按计划组织生产，可以减少由于物料代换或紧急加班造成的质量问题；

由于生产管理人员可以有更多的时间关注质量问题，所以对质量问题他们可以提出更有效的解决办法；

因为在 ERP 系统中，强调文档的准确性，这使在开始制造产品之时，即可以得到正确的数据，这为质量管理人员的工作带来了极大的好处；

ERP 系统的运行，使企业的整体协作性加强，使他们对每项工作从一开始就关注如何做好；

有一些 ERP 商品软件中具有质量管理模块，为进行统计质量控制等质量管理活动提供了方便。

质量控制人员可以从 ERP 系统中获得很多帮助。同时，他们也可以为 ERP 系统的成功实施做出贡献。好的质量检测工作产生准确的数据，而准确的数据则有助于 ERP 系统产生高质量的信息。

三、销售管理效益

（一）ERP为市场销售管理提供了工具

许多企业只把ERP作为生产和库存控制技术，而不是作为企业整体计划系统来使用。市场部门往往认为ERP是"他们的系统"而不是"我们的系统"。

事实上，ERP为市场部门和生产部门提供了从未有过的联合机会，在成功地运用ERP的企业中，市场部不但负有向ERP系统提供输入的责任，而且可把ERP系统作为他们极好的工具。只有当市场部门了解生产部门能够生产什么和正在生产什么，而生产部门也了解市场部门需要什么的时候，企业才能够生产出适销对路的产品投放到市场上。

要提高市场竞争力，既要有好的产品质量，又要有高水平的客户服务。这就要求有好的计划，尽量缩短产品的生产提前期，迅速响应客户需求，并按时交货。这就需要市场销售和生产制造两个环节很好地协调配合。但是，在手工管理的情况下，销售人员很难对客户做出准确的供货承诺。究其原因，一方面由于企业缺少一份准确的主生产计划，对于正在生产什么以及随时发生的变化很难得到准确及时的反映。另外，部门之间的通信也不通畅，由于供货承诺只能凭经验做出，所以按时供货得不到保证，这在激烈的市场竞争中是非常不利的。

有了ERP，供货承诺问题可以得到很好的解决。根据许多ERP用户的报告，客户服务水平可以得到极大地提高——平均提高到95%以上，其原因在于，使用ERP后，市场销售和生产制造部门既可以在决策级又可以在日常活动中有效地进行通信协调。通过ERP的模拟功能，市场销售部门可以清楚地了解生产制造过程，从而可以对客户的需求迅速地给出准确的回答，客户所得到的日期，即是可靠的交货日期。

利用在主生产计划过程中产生的ATP信息，可以有效地支持对客户订单的承诺，一般的ERP商品软件都会有一个用于客户订单录入的屏幕，只要在此屏幕上录入客户对某种产品的订货量和需求日期，就可以通过某种功能键和借助ATP信息得到以下信息：

客户需求可否按时满足；

如不能按时满足，那么在客户需求日期可提供的数量是多少以及不足的数量何时可以提供。

这样，在做出供货承诺时，就可以做到心中有数。

有了主生产计划以及ATP的概念及数据，我们还应当深思一个传统管理下很少触及的问题，即接受客户订单的原则应该是什么？以往的销售人员常常以交货提前期作为接受客户订单的原则，如"接到订单后45天交货"，其实这是错误的做法。如果当前的订单很多，未来3个月内都排得满满的，则新接的订单在90天内都无法交货，更不要说45天交货了；反之，如果当前营业状况不佳，订单根本不足，甚至有库存积压，则接到订单可立即出货，根本不必也不应该等45天。因此，接受客户订单的正确的依据不应当是交货提前期，而应当是可承诺量。这个道理是明显的，但为什么不这么做呢？原因有很多，例如：

营销部门往往不愿意提供销售预测数字，使生产计划的编制产生困难，计划人员往往被迫凭自己的经验来猜测；

未能事先编制好生产计划，或仅概括生产内容而事后经常修改；

接受客户订单就会立即影响 ATP 数字，手工作业下数据处理太慢，使 ATP 数字来不及计算，或数据不准确而无法引导营销人员来接单；

营销人员对生产计划不相信，对 ATP 不理解，认为 ATP 数据仅供参考，没有权威性，久而久之就不用了。

正确的产销协调的原则应该如下：

营销部门事先编制销售计划；

生产部门根据销售计划编制主生产计划，并确定是否能满足销售计划的需求，若是，则向营销部门确认其销售计划，否则，要求营销部门适当修正原销售计划；

营销与生产部门不能达成一致意见时，由其上级主管共同出面裁决，确定产销计划方案，从而可据此计算 ATP 数据；

营销部门依据 ATP 接单，生产部门要负责完成主生产计划约定的产量；

公司要制订主生产计划及其修改的规程，由营销和生产部门共同遵守。

通过以上做法，客户供货承诺的问题可以得到比较好的解决。

（二）预测

预测作为向经营规划、销售与运作规划和主生产计划提供输入信息的环节是十分重要的。主生产计划决定生产什么以及将要采购和制造的物料量、人工量。如果没有可靠的预测工作，那么，生产计划工作将是很困难的。

在某些面向订单生产的企业中，产品的可选项很多，由这些可选项的组合所构成的产品数成千上万，在这种情况下，预测工作看起来很难进行，实际上并非所有的组合都需要进行预测。举例来说，某企业生产各种类型的加速器，可以由许多不同的发动机、控制器、支架等进行组合，组合数目很大，但其中有些组合可能从来不曾售出过。实际上，在收到客户订单之前，根本不必把发动机、控制器、支架等装配在一起，重要的只是要有恰当种类和数量的发动机、控制器和支架，而不是预测这些选择项的组合。从主生产计划的观点来看，这些组合是没有意义的，它们只在最终装配计划中才有意义，所以，只应对"加速器"这一产品族和"计划物料清单"来进行预测。计划物料清单用于把对加速器的预测转换到发动机、控制器和支架等可选项上。

有很多方法可以用于对产品族的预测。例如，在需求管理一节中讨论过的移动平均法和指数平滑法以及调焦预测技术等。对新产品和改进产品的预测可以使用特尔菲法，邀请一些知识渊博、经验丰富、有独立见解的人对一种新产品或改进产品进行评价，往往可以得到合理的预测意见。但是，无论使用什么样的预测方法，预测的最终责任要由人来承担，任何一种预测技术只能起到帮助的作用。预测应力求客观合理，即应避免先入为主的倾向，更应防止有意使预测数据失真。

ERP 是一种较好的计划编制和调整方法，如果预测完美无缺，也就不需要 ERP 了。ERP 的意义就在于可以及时调整计划以反映真实发生的情况，来弥补预测的不足之处。

一个生产五金产品的企业，虽然他们的市场预测不够准确，但仍能很好地把产品投向了市场。原因在于在产品推销过程中，他们非常重视来自各个分销点的反馈信息，建立了正常的信息反馈渠道，并通过 ERP 系统使生产部门能够很好地对市场销售方案提供支持。就这个企业来说，他们的市场工作获得成功不是由于预测做得好，而是由于对实际发生情况的信息反馈工作做得好，继而，根据反馈信息调整计划的工作做得好，这一点如果没有 ERP 系统是很难做到的。

任何事情，通过不断检测和评价，都会不断得到改善。对预测的准确性也是如此，也应定期地进行检测，找出不准确的原因，并设法改进。由于生产和采购的提前期不同，各企业预测的着眼点也不同。所以，对于预测的准确性，没有通用的检测标准。在面向库存生产的企业中，要检测对于产品族和各项产品预测的准确性。在面向订单生产的企业中，要检测对于产品族和选项预测的准确性。一个典型的做法是，取每两个月的实际销售量的平均值，与计划期开始时所做的销售预测量进行比较。这样即可得出预测不准确的项目数，然后转换成占预测总项目的百分比。

通过对预测进行检测，可以使预测准确性得到改善，建立一套定期检测的制度，远比具体的检测更有意义。

（三）ERP 模拟和市场策略

从长远来看，生产部门必须设法得到物料、人力和设备，去生产市场销售部可以销售的产品。从短期来说，市场销售部必须致力于推销生产部门可以生产的产品。这不但意味着可以得到更多的利润，而且意味着必须有更好的合作。ERP 系统为此提供了工具，生产部门和市场销售部门的人员能够在一起制定长期和短期的市场策略，这方面的强有力的工具就是 ERP 的模拟功能。

在制造企业中，管理人员往往想知道，如果在主生产计划中做某些改变将会如何。这时，就可以利用 ERP 来模拟这些改变将要产生的影响：如人力需求、设备需求、零部件需求、产品库存、产品交付时间以及未完成的订单等。还可以预测这类变化对企业总体财务目标、销售与运作规划以及公司高层领导所关心的获益能力的影响。

在制造企业中，还经常需要模拟在产品族发生变化的情况下产品生产的时间。

例如，"要改变产品的某种配置，最短需要多长时间？"这是可以通过 ERP 的模拟功能来回答的一个典型问题。在一个生产大型清扫机的公司中，市场销售部门根据他们的预测，希望尽快改变他们的产品中汽油发动机和柴油发动机的比率，这种比率目前是 2：1，他们希望在 1 个月内在他们所发运的产品中将此比率变为 1.1：1。这听起来似乎只是一个更换发动机的问题，但事实并非如此。一个发动机的改变要涉及大量其他零件的改变，其中既包括自制件，也包括采购件。通过 ERP 的模拟功能，很快得到了答案：立即可以把现有比率改为 1.5：1，而 6 周之后，可以改为 1.1：1。

由于有了可靠的生产信息，市场销售部就可以制定正确的市场策略了。但在过去，市场销售部门并不真正了解生产部门能否生产出他们打算销售的产品。

事实上，如果生产部门不能生产市场销售部门所需的产品，那么，市场销售部也是有责任的。以 ERP 作为通信的工具，使市场销售部门、生产部门、工程部门和财务部门能够彼此协调，作为一个整体而更好地工作，以满足客户的需求。这对于企业有重要的意义，因为满足客户需求毕竟是企业中每个部门乃至每个员工的共同目标。

四、财务管理效益

（一）发挥财务管理的计划和控制作用

过去的会计仅仅面向历史，起着记录的作用。通过这些记录可以告诉厂长或经理们企业所走过的道路。虽然也试图通过成本核算对生产管理的某些方面加以控制，然而多数企业没有所需要的详细的计划与控制手段。主要的问题在于，生产管理方面使用的各种数据是不准确的，而财务人员又必须使用这些数据，因而导致许多数据不准确。

ERP 系统可以将生产系统与财务系统集成为一体，管理人员将能从中获得许多过去不可能得到的有效的数据。于是，管理人员终于有了可靠的数据可以用来进行企业的经营管理了。

（二）ERP 的货币表现形式

生产人员经常与财务人员发生争执，因为他们不知道财务人员的数字是从哪里来的，更不明白为什么与他们掌握的数据不一致。而财务人员同样感到沮丧，因为他们呈报给上级领导的关于计划完成情况的数据经常与生产实际数据不符。然而，从根本上讲，生产人员与财务人员有着相同的基本处理逻辑。任何一位做过现金流计划的财务人员一定很容易熟悉 MRP 的基本形式以及物料的现有量、毛需求、预计入库量、预计可用量之类的术语。无论以物料计量单位表示也好，还是用货币单位表示也好，制造企业经营运作的基本逻辑是一样的。

在前面的章节中，我们曾经讨论过闭环 MRP 的七个基本报告，它们是：销售与运作规划、主生产计划、物料需求计划、能力需求计划、投入/产出控制、派工单、采购计划。事实上，财务管理所需的各种报告均可作为副产品从闭环 MRP 系统的这些标准报告中得到。例如，企业的经营规划和销售与运作规划的区别，不过在于前者是以货币数量表示，而后者是以产品数量表示。

目前，在多数企业中的情况是一部分人负责制订经营规划，另一部分人负责制订并维护销售与运作规划，随着时间的推移，两者可能相去甚远。

如果销售与运作规划能够保持切实可行，而且成本核算准确，那么，销售与运作规划数据以及产品成本数据应当成为经营规划的依据。可以将实际的销售量、生产量及库存量记录下来，作为控制报告，从而可以使经营规划切实可行。

将主生产计划按成本核算，在面向库存生产的企业中，可以作为库存投资计划的基础，在面向订单生产的企业中可以作为发货预算的基础。

将物料需求计划按成本核算，并按产品族汇总可以产生如下以货币单位表示的信息：

（1）按产品族划分的现有库存量；

（2）为支持销售与运作规划，将要消耗多少物料；

（3）为支持销售与运作规划，应采购多少物料；

（4）在未来的几个月中，预计库存量是多少；

（5）需要制造什么——这反映在车间作业计划中，作为能力需求计划的输入信息并很容易转换成人工费。

从生产的角度看，物料需求计划的输出是已下达的和计划下达的生产订单，即车间作业计划。通过能力需求计划过程，就可以得到在各个时区对各工作中心的标准工时需求。通过工时费率换算则可进一步得出在各个时区各产品族的人工费用。

根据以上信息，管理人员可以看到在不同的时区为满足给定的销售与运作规划所需要的材料费及人工费开销。为了做出更为准确的现金流计划，还可以考虑应付款的付款期限，并据以适当调整现金流计划。

从投入/产出控制报告可以得到按工作中心分别列出的以时间和货币单位表示的标准工时输出报告。

对产生派工单的未完成订单核算成本即可得出当前在制品的价值。工时报告和派工单结合在一起，可以作为工时效率考核报告的基础。

对采购计划进行成本转换之后，可以清楚地了解每个供应商在不同时区分别需要发来多少价值的物料才能满足预订的计划。

企业经营中一个非常重要的问题是库存价值的计算。如果库存记录的准确性足以支持 ERP 系统，那么，通过成本转换，库存价值的计算是非常容易实现的。

当生产经营系统能够正常运行时，很容易驱动财务管理系统正常运行。由于生产经营系统比以往任何时候都更为有效可信，所以，财务管理系统将会得到一套比以往任何时候都更为有效的数据作为工作的基础。

货币是企业经营的语言。当生产系统和财务系统可以用相同的语言来谈论同一件事情时，它们之间的不协调状况则消失了。

（三）确定合理的库存投资水平

讨论如何确定合理的库存投资水平问题的文献很多，但多数是基于某些在现实中站不住脚的假设。如订货点库存模型即是如此，按照这些理论，可以通过调整订货批量和安全库存量来管理库存。事实上，库存管理是计划管理的结果。如果物料仅在需要时才存在，那么库存就得到了有效的管理。

使用 ERP 系统可以很容易地回答如何确定合理的库存投资水平的问题。事实上，计算一个产品族所有子项的现有库存余额的成本，即可得到为支持生产计划所需的现有库存的金额。计算所有子项的需求量的成本可以表明在各个时区中将要消耗的物料金额。计算预计入库量的成本可以表明进货价值，而计算预计可用量的成本则按时区表明了所需要的物料金额，而这正是"合理"库存的金额。

有三个因素可以对上述金额产生影响，它们是订货批量、安全库存量和主生产计划的改变。由于 ERP 系统可以模拟不同的订货批量和安全库存量所产生的影响，所以，重要的事情不在于订货批量和安全库存量的调整，而在于主生产计划的切实可行以及生产、采购、市场销售和发货部门完成计划的能力。

库房存货价值的计算，同样可以对 MRP 中的预计入库量的物料价值进行计算，对于自制件汇总，即可获得在制品的库存价值。

究竟多少在制品库存才够用？处于排队状态的安全库存量对此影响极大。通过在关键工作中心实际队列的取样分析，可以确定出实际需要量，最大值和最小值之差即为避免该工作中心停工所需的排队安全库存量。另外，在制品量和生产提前期密切相关，在制品队列的长短自然影响到提前期的长短。而当提前期缩短时，MRP 系统将会推迟下达订单，这样就减少了在制品的数量。因此，通过提前期分析，ERP 可以用于计划和监控在制品的水平。

由于有了新工具，库存投资水平已成为一个过时的概念。我们应当学会使用库存流量的概念来考虑问题。由于可以用具有合理数据的计划来监控实际库存价值，管理人员就可以真正驾驭库存投资了。

第二节 经济效益

因为 MRP 最初是作为减少库存和改善客户服务水平的方法而提出的，所以，这方面的效益在大多数企业中首先引起了关注。随着 ERP 的发展，它为企业带来的多方面的效益已显现出来。

ERP 起源于美国，虽然中国的国情与美国的国情有明显的差别，但是，就物质生产经营活动本身来说，中国企业和美国企业有着许多的相似之处。

它们有相似的过程。它们都要从企业外部采购原材料或零部件，在企业内部组织生产，制造出适销对路的产品，销售到国内外市场。

它们有同样的追求，如最低的库存、最短的生产周期、最合理的资源利用、最高的生产率、最低的生产成本、准确的交货日期、最强的市场适应能力等。

正因为有这些共性，才使得我们有可能去学习和采纳 ERP 这一科学管理的先进方法。因此，本节所提供的数据和资料有着重要的参考价值。

我们将从两方面讨论 ERP 为企业带来的效益，即定量的效益和定性的效益，后者实际上是更深层次的效益，然后给出一些来自用户的信息。

一、定量效益分析

（一）降低库存投资

1. 降低库存量

使用 ERP 系统之后，由于有了较科学的需求计划，使得可以在恰当的时间得到恰当的物料，从而可以不必保持很多的库存。根据统计数字，在使用 ERP 系统之后，库存量一般可以降低 20%～35%。

2. 降低库存管理费用

库存量降低还会导致库存管理费用的降低，包括仓库维护费用、管理人员费用、保险费用、物料损坏和失盗等。一般来说，库存管理费用通常占库存总投资的 25%。

3. 减少库存损耗

一方面，由于库存量减少，库存损耗也随之减少；另一方面，MRP 对库存记录的准确度有相当高的要求，为了保证库存记录的准确性，需要实行循环盘点法，这样能够及时发现造成库存损耗的原因，并及时予以消除，从而可以使库存损耗减少。

4. 算例

假定企业年产值为 10000000 元，库存成本占年产值的 75%，库存维护费用占库存投资的 25%，使用 ERP 之后，每年库存周转次数提高一次（其中，未计库存损耗减少所产生的效益）。如表 7-1 所示。

表 7-1　　　　　　　　　　　　　企业库存费用说明

项目	费用（元）
总产值	10000000
库存成本——75%	7500000
库存投资——每年周转 2 次	3750000
库存投资——每年周转 3 次	2500000
库存投资降低	1250000
库存维护费用——25%	×0.25
由库存投资降低产生的利润	312500

（二）降低采购成本

ERP 把供应商视为自己的外部工厂，通过供应商计划法与供应商建立长期稳定、双方受益的合作关系。这样，既保证了物料供应，又为采购人员节省了大量的时间和精力，使他们可对采购工作进行有价值的分析。

采购计划法既提高了采购效率，又降低了采购成本。有资料表明，使用 ERP 以后，可以使采购成本降低 5%。假定企业年产值为 10000000 元，采购原材料及运输费用为年产值的一半，如表 7-2 所示。

表 7-2 采购费用降低说明

项目	费用（元）
总产值	10000000
采购原材料及运输费用	5000000
采购成本降低 5%	250000

这就是说，利润将会提高 250000 元。

（三）提高生产率

1. 提高直接劳力生产率

使用 ERP 之后，由于减少了生产过程中的物料短缺，从而减少了生产和装配过程的中断，使直接劳力的生产率得到提高。有资料表明，生产线的生产率平均提高 5%～10%，装配线生产率平均提高 25%～40%。

2. 提高间接劳力生产率

以 ERP 作为通信工具，减少了文档及其传递工作，从而提高了间接劳力的生产率。有资料表明，间接劳力生产率可以提高 25%。

3. 减少加班

过多的加班不仅会严重降低生产率，还会造成过多的库存，使用 ERP 以后，可以提前做出能力需求计划，从而减少加班。有资料表明，加班时间可以减少 50%～90%。

4. 算例

假定生产率提高 10%，直接劳力成本节约 10%，间接劳力成本节约 5%，则可算得结果如表 7-3 所示。

表 7-3 成本核算说明

项目	费用（元）
总产值	10000000
增加产值	1000000
节约直接劳力成本	$1000000 \times 0.10 = 100000$
节约间接劳力成本	$1000000 \times 0.05 = 50000$

利润将会提高 150000 元。

（四）提高客户服务水平

要提高市场竞争力，既要有好的产品质量，又要有高水平的客户服务。要提高客户服务水平，就必须有好的产销配合。ERP 系统作为计划、控制和通信的工具，使市场销售和生产制造部门可以在决策级以及日常活动中能有效地相互配合，从而可以缩短生产提前期，迅速响应客户需求，并按时交货。

客户服务水平的提高将带来销售量的提高。假定因此提高销售量 10%，那么，提高的销售收入为 10000000×0.10 ＝1000000 元；假定利润率为 10%，则增加的利润为 1000000×10% ＝100000 元。

（五）增加利润

1. 总利润

根据以上的分析，我们可以计算出增加的全部利润，如表 7-4 所示。

表 7-4　　　　　　　　　　　总利润核算说明

项目	费用（元）
库存投资降低产生的利润	312500
采购成本降低	250000
生产率提高（节约直接劳力成本）	100000
生产率提高（节约间接劳力成本）	50000
提高客户服务水平增加的利润	100000
增加的利润总和	812500

2. 总收益

根据以上分析，我们可以计算出全部的现金收益，即增加的流动资金，如表 7-5 所示。

表 7-5　　　　　　　　　　　总收益核算说明

项目	费用（元）
库存投资降低	1250000
因库存投资降低产生的利润	312500
降低采购成本	250000
提高生产率	150000
提高销售量	100000
现金总收益	2062500

由于客户服务水平的提高，可以减少应收账款。由于信息准确、情况明确，使得对应付账款的管理更加精确。如果假定这两项产生的现金收益分别为 500000 元和 150000 元，那么现金总收益将增加到 2712500 元。

二、定性效益分析

以上我们对使用 ERP 为企业带来的某些定量的效益进行了讨论，下面，我们将讨论定性的效益。其实，后者是更深刻的。前者更多地反映企业的业绩表现，而后者更多地反映企业的行为实践。两者有密切的关系，但又并非总是完全一致的。有时，企业虽然没有好的行为实践作为支持，但是也可能有好的业绩表现。不过，这种好的业绩表现肯定是脆弱的和暂时的。如果一个企业有好的行为实践，其业绩表现则必定会越来越好。我们将从提高工程开发效率促进新产品开发、提高产品质量、提高管理水平、为科学决策提供依据、充分发挥人的作用、提高企业生活质量、潜在的影响和提供更多的就业机会 8 个方面进行讨论。

1. 提高工程开发效率，促进新产品开发

由于使用统一的数据库，所以很容易获取工程开发所需的数据，而且，数据恢复和维护所花费的时间也大大减少。又由于诸如"模块化物料清单"技术的使用，可以从根本上减少生成和维护物料清单的时间，对于客户定制的产品更是如此。由于提高了工程开发的效率，也有助于新产品的开发。这在引入新产品较多的企业可以大有作为。

有企业反映，过去 85％的产品具有 10 年以上的生产历史，而使用 ERP 之后，85％以上的产品是投产不到 3 年的新产品，明显加快了产品更新换代的步伐。

2. 提高产品质量

在 ERP 环境下，企业的员工在自己的岗位上可以按统一的计划按部就班地执行自己的工作，使企业的生产井井有条地进行。企业的工作质量提高了，产品质量肯定可以得到提高。事实上，ISO9000 系列所认证的正是企业的工作质量。对于标准 MRP Ⅱ 系统来说，并不要求有质量管理模块，但是，MRP Ⅱ 可以和 ISO9000 相辅相成却是不争的事实。而对于 ERP 来说，质量管理则是必要的功能，因此，质量管理更有了技术上的保证。

3. 提高管理水平

通过 ERP 系统，使信息的传递和获取更准确、更及时，使管理人员可以提前看到企业运营的发展趋势，从而赢得了时间，使管理更加有效。

把 ERP 作为整个企业的通信系统，使企业整体合作的意识和作用加强。通过准确和及时的信息传递，把大家的精力集中在同一个方向上，以工作流程的观点和方式来运营和管理企业，而不是把企业看作是一个个部门的组合。在这种情况下，特别是在市场销售和生产制造部门之间可以形成从未有过的、深刻的合作，共同努力满足客户需求，赢得市场。

有资料表明，很多企业的工长们平均要花 60％的时间去忙于"救火"，即处理那些突然出现的紧急事件。使用 ERP 以后，工长们可以把精力集中于他们应当做的监督管理工作，从而使劳动力的监督管理工作更有成效。

4. 为科学决策提供依据

通过 ERP，可以把经营规划和销售与运作规划这样的高层管理计划分解转换为低层次上的各种详细的计划。这些计划要由企业的每个员工去遵照执行。因此，企业的所有员工执行的是一个统一的计划，以统一的计划指导企业的运作，上层的变化可以灵敏地传递到下层，而下层的情况也可以及时地反馈到上层。通过 ERP，使有计划、有控制的管理成为可能。

某些企业应用 ERP 系统以后，已经取得了多方面的效益，如降低了库存投资、提高了客户服务水平、提高了生产率等。但是，在企业的高层管理人员看来，更重要、更深刻的效益却是获得了经营和控制企业的有效工具。企业的高层管理人员认为，以 ERP 系统为工具运行一个企业，和过去的情况相比发生了很大的变化，在控制的程度、花费的时间以及方式上都和过去大为不同。一位公司总裁曾说过："我们已经创造了理论家多年来梦寐以求的结果，通过 ERP，我们得到了一个企业的计算机模型。现在，我们几乎可以模拟企业的任何一部分，并可以测试新的计划或因任何改变所产生的影响。"因此，ERP 为企业的科学决策提供了工具。

5. 充分发挥人的作用

生产率的提高来自于充分利用人的资源，充分发挥人的作用，这是从当今世界级的企业得出的最重要的启示。

ERP 系统为全面提高企业管理水平提供了工具，同时也为全面提高员工素质提供了机会。两者相辅相成、相互促进，这已被国内外许多企业的经验所证明。生产率的提高，从根本上说，不是来自于工具，而是来自于使用这些工具更有效地工作的人。ERP 系统只有和对其有充分理解并努力工作的人相结合，才能提高生产率。从根本上说，ERP 的成功来自于企业全体员工的理解和努力，因此，生产率的提高应归功于使 ERP 系统很好地运转起来的人。

6. 提高企业生活质量

每一个成功的 ERP 用户都反映他们企业的生活质量得到了明显的改善。其实原因很简单：好的运营计划使公司的整体工作协调起来，执行一个协调的运营计划当然要比被一个混乱的计划所驱使要愉快得多。拿生产部门来说，通过 ERP 系统，生产部门可以轻松自如地对市场需求做出响应。在生产过程中，人们的工作更加有秩序，时间花在按部就班的执行计划上，而不是忙于应付突然出现的紧急事件，员工体验到了企业生活质量的改善。

7. 潜在影响

美国的汽车制造企业常常花费大量的航空运费，其中，大部分是由于计划调度问题而造成的。一个汽车制造企业不能因零件短缺而承受关闭生产线的损失，因此往往发出紧急订货并空运提货。于是，作为一个糟糕的计划和不准确的库存记录的代价就从进货运费单上表现出来。当一个企业的生产已经落后于计划，而相应的合同中又有误期罚款的条款时，为了保证按时交货，可能只好不惜重金空运交货。

上述运费问题，通过 ERP 的应用能得到解决。这样的潜在影响还存在于其他许多方面，例如一家制药公司使用 ERP 系统之后，可以减少报废达 80%，减少分销成本（包括运输成本）15%，原因在于有了好的计划和控制工具。

8. 提供更多的就业机会

在过去的 10～15 年中，美国的高技术产业生产率的提高比其他产业快 2 倍，而雇员的增加比其他产业快 9 倍。美国的制造业为美国社会提供了 18% 的就业机会，雇员人数达 2000 万，而且每 1000 个制造业的就业机会就能增加 700 个非制造业的就业机会。因此，ERP 在提高制造业生产率、促进制造业发展的同时，也为社会带来了更多的就业机会。

第三节　效益评估

一、ERP 运营明细评估

运营明细评估用来不断地检查 ERP 系统的运行情况，它可以起到早期报警的作用，从而帮助人们不断地改进系统的性能。

下面列出的指标可为企业提供一个建立健全自己的指标体系的基础。

（一）销售与运作规划

对于销售与运作规划，关键评估指标包括：

（1）实际销售与预测之比；

（2）实际生产与计划生产之比；

（3）实际库存与计划库存之比；

（4）实际库存或实际未完成订单与计划库存或计划未完成订单之比。

一般来说，这些指标都是月指标，它们构成销售与运作规划编制的基础。

（二）主生产计划

对于主生产计划，包括以下关键指标：

（1）准时交货情况。对于面向订单生产的企业，就是按照承诺的日期发运货物，对于面向库存生产的企业，则是指供货率，即准时从库房发运的订货量除以总订货量。对于 A 级用户，这些指标应接近百分之百；

（2）主生产计划的完成情况应达到 95%；

（3）在紧急情况下主生产计划的变化量应该非常小；

（4）当重排主生产计划时，提前的订货量和推迟的订货量应大致相等；

（5）对面向库存生产的企业，应考察产成品的库存周转率。

一般情况下，库存周转率应每月统计 1 次，其他指标应每周统计 1 次。

（三）物料需求计划

对于物料需求计划，应做如下检查：

（1）是否有物料短缺，对制造项目和采购项目都要检查；

（2）对库存周转率进行检查，包括制造项目和采购项目；

（3）异常信息量，这是指每周由 MRP 系统产生的行为建议的数量，对于以加工和装配为主的制造商，异常信息量会少一些，对于流程式和重复式生产的企业，异常信息量可能会多一些；

（4）订单下达的延误情况，当订单下达时，距离需求日期的天数已不足计划提前期的天数，这时预期的目标是这类订单不应超过所下达订单总数的 5％；

（5）当重排生产订单时，提前订货量和推迟订货量应大致相等。

一般情况下，库存周转率每月统计 1 次，其他指标每周统计 1 次，由计划员和采购员负责。

（四）能力需求计划

对于能力需求计划，要追踪误期工作量，目标是不超过半周的计划工作量。

（五）车间作业管理

对于车间作业管理，有如下一些重要指标：

（1）按订单需求日期准时完成车间订单，应达到 95％；

（2）按下道工序的需求日期完成车间订单；

（3）完成计划的能力。在一定时间内，将实际产出的标准工时与计划产出的标准工时进行比较，目标是保持误差在 ±5％ 之间。

以上指标的统计频率为每周 1 次，由工长负责。应当强调的是，这些仅仅是和 ERP 相关的指标，不能代替效率、生产率和其他一些指标。

（六）采购

关于采购，应当就所采购的物料来度量缺货量和库存周转率，从中考核供应商、采购员和采购计划员的工作。这里，同样不应忽略其他重要指标，如质量、价格等，应达到 95％ 以上。

建议每周给出准确的关于库存记录、物料清单和工艺路线等数据报告，目标都应接近 100％。

（七）财务指标

除了运营指标的评估之外，ERP 运行管理小组每年至少应有 1 次就财务方面的运行情况进行的评估，评估的结果以货币单位表示，并和成本论证中预计的效益进行比较。

实际且简单易行的评估方法是考察，包括：

（1）企业是否得到了所期望得到的最低效益？

（2）如果不是，找出问题所在及时进行纠正，并将结果报告给指导委员会。

二、综合评估法

当前，在激烈的竞争形势下，提高企业管理水平的问题越来越受到广大企业的高度重视。每个企业的管理者都会经常思考以下的问题：

（1）我们现在所做的事情正确吗？

（2）我们现在做得如何？

（3）我们是在朝着世界级企业的目标前进吗？

（4）我们是在把人、业务流程和工具集成在一起吗？

这些都是非常重要而严肃的问题。然而，正确地回答这些问题需要系统的指标体系，这也正是国内许多企业所普遍关心的。国外在这方面已有了很好的工具，即 AB-CD 评估表。一份好的评估表不但能正确地反映企业的现状，而且可以帮助企业的管理者看清楚，为了提高企业的竞争力和实现世界级的企业业绩目标应当关注什么和做什么。定期地使用 ABCD 评估表评估自己企业的运营状况，可以提前发现问题，及时地解决问题，还可以使企业员工目标明确，从而以更有效的方式进行工作，使企业变得更有竞争力，使企业朝着世界级的企业目标不断前进。

（一）ABCD 评估表的发展

最早的 ABCD 评估表是由 ERP 的先驱者 Oliver Wight 于 1977 年提出的，共 20 个问题。这 20 个问题按技术、数据准确性和系统使用情况分成 3 组，每个问题均以"是"或"否"的形式来回答。第 2 版的评估表扩充为 25 个问题，且增加了一个分组内容——教育和培训。第 2 版的 ABCD 评估表流传甚广。

在 20 世纪 80 年代，ABCD 评估表得到了进一步的改进和扩充，推出了第 3 版，其覆盖范围已不限于 ERP，还包括了企业的战略规划和不断改进过程，但第 3 版的 AB-CD 评估表流传不广。

第 4 版的 ABCD 评估表于 1993 年由 Oliver Wight 公司推出，它集中了十几年来数百家公司的研究和实施应用人员的经验。这个评估表也已不再是几十个问题的表格，而是包括了战略规划、人和团队、全面质量管理和持续不断的改进、新产品开发、计划和控制 5 个部分。

Oliver Wight 公司于 2000 年推出了第 5 版。第 5 版和第 4 版的结构相同，但是充分地反映了近年来企业管理思想、方法和工具的发展，目的在于扩展第 4 版评估表的应用，成为一个评估企业运作业绩的工业标准。

下面，我们将分别介绍第 2 版和第 5 版 ABCD 评估表的主要内容以及它们的使用方法。

（二）第 2 版 ABCD 评估表及其使用方法

第 2 版 ABCD 评估表的内容由如下 4 组共 25 个问题构成：

第 1 组：技术

（1）主生产计划及物料需求计划的计划时区是周或更短；

（2）主生产计划及物料需求计划至少每周运行 1 次；

（3）系统具有确认和跟踪计划订单的能力；

（4）主生产计划以可见的方式管理，而不是自动生成的；

（5）系统包括能力需求计划；

（6）系统包括日常派工单；

（7）系统包括投入/产出控制。

第 2 组：数据完整性

（1）库存记录准确度达到 95％或更高；

（2）物料清单准确度达到 98％或更高；

（3）工艺路线准确度达到 95％或更高。

第 3 组：教育和培训

（1）至少有 80％的员工参加了初始教育；

（2）有继续教育和培训的计划。

第 4 组：系统的使用

（1）不再使用缺料表；

（2）供应商按时交货率达到 95％以上；

（3）使用供应商计划法；

（4）车间按时交货率达到 95％或更高；

（5）主生产计划完成率达到 95％或更高；

（6）定期（至少每月 1 次）召开生产规划会议，由总经理和生产、库存控制、工程、市场销售及财务部门的经理参加；

（7）有以书面形式表述的主生产计划规程，并坚持执行；

（8）系统不仅用于订单编制，也用于排产；

（9）生产、市场、工程、财务各部门及决策层的关键人员充分理解 MRP；

（10）高层领导确实使用 MRP 进行管理；

（11）能有效地控制和实施工程改变；

（12）在库存减少、生产率提高及客户服务水平 3 项中至少有 2 项获得明显改善；

（13）运营系统用于财务计划过程。

这份评估表简明、易操作，特别是某些应用 ERP 的企业，希望迅速地对自己的状况做一个自检，那么，这份评估表仍然具有实用价值。

应用 ERP 的企业每年都应当至少进行两次自检。自检可由 ERP 运行管理小组根据这份 ABCD 评估表来进行。对于 25 个问题中的每一个问题，ERP 运行管理小组应当取得一致的意见。对任何一个得到否定答案的问题，应当考虑以下问题：

（1）是什么原因导致了否定的答案？

（2）解决问题的最好的方法是什么？

何时能够解决问题？要确定时间，不能拖延。

自检评分按 100 分计，每题 4 分。如果有的问题对有的企业不适用，可将其所占的分数分配到其他问题。根据评分结果，90 分以上为 A 级，71～90 分为 B 级，50～70 分为 C 级，低于 50 分为 D 级。

用 ABCD 评估表自检之后，应当向指导委员会报告评估结果，以便得到企业高层领导的支持。

（三）第 5 版 ABCD 评估表及其使用方法

第 5 版 ABCD 评估表的每一章均以简明的定性描述开始，说明该章所考虑的问题，以及 ABCD 四个等级的不同的定性特征。然后列出一系列综合问题，每个综合问题又被分解成若干明细问题。下面介绍第一章至第五章的定性特征描述和综合问题。这份评估表覆盖了多个领域，而有些问题在不同的领域中都会受到关注。所以，有时同样的问题会出现在不同的章节中。

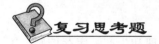 本章小结

ERP 应用无疑会给企业带来巨大效益，但如何认识和获取这些价值，不同角色有不同的观点。ERP 系统实施与运行的效果需要科学方法去评估，总体上包括管理效益和经济效益，而大多数效益是无法用定量方法进行描述的。ERP 效益评估的研究对企业认识 ERP 的价值有着重要的帮助。

复习思考题

一、选择题

1. 下面哪些不是应用 ERP 为企业带来的定性的效益？

A. 为科学决策提供依据

B. 提供更多的就业机会

C. 对物料的库存状态数据引入时间分段的概念

D. 减少异常信息量

2. 下面哪些是应用 ERP 为企业带来的定性的效益？

A. 充分发挥人的作用

B. 提高产品质量

C. 提高管理水平

D. 确立系统的目标并对照衡量系统的性能

二、简答题

1. 如何评估销售与运作计划的运行情况？

2. 如何评估主生产计划的运行情况？

3. 如何评估物料需求计划的运行情况？

4. 如何评估能力需求计划的运行情况？

5. 如何评估车间作业管理的运行情况？

6. 如何评估采购作业管理的运行情况？

7. 如何对 ERP 系统的运行情况进行综合的评估？

8. 什么是 ABCD 评估表？

9. ABCD 评估表的作用是什么？

10. 如何使用 ABCD 评估表？

11. ERP 会给企业带来哪些可以定量计算的效益？

12. ERP 会给企业带来哪些可以定性的效益？

13. 为什么 ERP 可以为企业带来效益？

第三篇　ERP 沙盘模拟经营

第八章　沙盘模拟经营规则

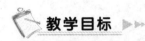

本章通过学习 ERP 模拟运营规则、筹资规则、投资规则、运营规则、市场与选单规则等内容的系统学习。在开始企业模拟竞争之前，让读者了解并熟悉这些规则，是以后能合法经营模拟企业的关键。

第一节　模拟运营规则简介

现实生活中，企业经营、企业之间的竞争必须遵循一定规则的约束，这里的"规则"就是分门别类、名目繁多的各项法律、法规。例如，仅财务中的税收一项，其内容之多就可以编写一本《税务会计》。在 ERP 沙盘模拟中，不可能面面俱到，只能采用相对简化的方式，抓大放小，以简驭繁。规则是比较枯燥的，但却必须学习，只有充分理解规则才能胸有成竹、游刃有余。

一、筹资

资金是企业的血液，是企业生产经营活动的支撑，处于发展中的企业更需要大量资金，能否提供充足的资金，从根本上决定了企业的发展空间和发展速度。筹资就是通过定渠道、采取适当方式筹措资金的财务活动。ERP 沙盘模拟中，筹资类型有长期贷款、短期贷款、高利贷和贴现，其规则如表 8-1 所示。

表 8-1　　　　　　　　　　　　　　筹资规则

筹资类型	筹资时间	筹资额度	财务费用	还款方式
长期贷款	每年年初	所有长贷和短贷之和不能超过上年年末所有者权益的 3 倍（以 20M 为基本贷款单位）	10%	年初付息，到期还本
短期贷款	每季度初		5%	到期一次还本付息
高利贷	任何时间	与银行协商	20%	到期一次还本付息
贴现	任何时间	视应收款额	1/7	变现时扣贴息

二、厂房

ERP 沙盘模拟中，企业目前拥有自主厂房——大厂房，价值 40M，另有小厂房可供选择使用。每个企业最多可以使用大小两个厂房，其规则如表 8-2 所示。

表 8-2　　　　　　　　　　　　　　厂房规则

厂房	买价	租金	售价	容量	说明
大厂房	40M	5 M/年	40M	6 条	厂房不计提折旧；厂房可以按买价出售，得到 4 个账期的应收款；厂房也可以随时贴现，在扣除贴现息后直接得到现金
小厂房	30M	3 M/年	30M	4 条	

三、生产线

模拟企业可以选择的生产线有四种：手工生产线、半自动生产线、全自动生产线和柔性生产线，企业目前有三条手工生产线和一条半自动生产线，另外可供选择的生产线还有全自动生产线和柔性生产线。不同类型生产线的主要区别在于生产效率和灵活性不同。生产效率是指单位时间生产产品的数量；灵活性是指转产生产新产品时设备调整的难易性。有关生产线购买、转产与维修、出售的相关规则如表 8-3 所示。

表 8 - 3   生产线规则

生产线	买价	安装周期	生产周期	总转产费	转产周期	维修费	出售价格	说明
手工线	5M	无	3Q	0M	无	1M/年	1M	投资完成后的下一个季度才算建成；生产线按其残值出售，净值与残值之差计入损失；只有空生产线方可转产；当年建成的生产线就需要支付维修费；生产线不允许在不同厂房间移动
半自动	8M	2Q	2Q	1M	1Q	1M/年	2M	
自动线	16M	4Q	1Q	4M	2Q	1M/年	4M	
柔性线	24M	4Q	1Q	0M	无	1M/年	6M	

要点提示：

(1) 所有生产线可以生产所有产品。

(2) 已建成但当年未投入生产的设备也需要交纳维护费。

1. 投资新生产线

投资新生产线时按照安装周期平均支付投资，全部投资到位后的下一周期可以领取品标识，开始生产。资金短缺时，任何时候都可以中断投资。

2. 生产线转产

生产线转产是指生产线转而生产其他产品，如半自动生产线原来生产 Pl 产品，如果转产 P2 产品，需要改装生产线，因此需要停工一个周期，并支付 1M 改装费用。

3. 生产线维修

当年在建（未生产）的设备不用支付维护费，如果设备已建成并已投入使用则需要交纳维护费：当年已售出的生产线不用支付维修费。

四、折旧

固定资产在长期使用过程中，实物形态保持不变，但因使用、磨损及陈旧等原因会发生各种有形和无形的损耗：固定资产的服务能力随着时间的推移逐步消逝，其价值也随之发生损耗。企业应采取合理的方法，将其损耗分摊到各经营期，记作每期的费用，并与当期营业收入相配比。

ERP 沙盘模拟中，厂房不计提折旧；生产线采用年限平均法计提折旧，年折旧额＝（原值－残值）÷折旧年限，其规则如表 8 - 4 所示。

表8-4   折旧规则

生产线	原值	残值	折旧年限	折旧费	说明
手工线	5M	1M	4年	1M/年	当年建成的生产线不计提折旧，从下一年计提折旧；当净值等于残值时生产线不再计提折旧，但可以继续使用
半自动	8M	2M	4年	2M/年	
自动线	16M	4M	4年	3M/年	
柔性线	24M	6M	4年	4M/年	

要点提示：

（1）所有设备的可使用年限均为4年。

（2）4年折旧计提完成后，若继续使用，不再计提折旧，待设备出售时按残值出售。

（3）当年建成的生产线不计提折旧。

（4）当年来使用、不需要的固定资产，照样计提折旧。

（5）生产线出售。

出售生产线时，如果生产线净值＜残值，将生产线净值直接转到现金库中；如果生产线净值＞残值，从生产线净值中取出等同于残值的部分置于现金库，将差额部分计入综合费用的其他项。

五、产品研发

模拟企业已经取得了P1产品的生产资格，可供选择开发的还有P2产品、P3产品和P4产品，其规则如表8-5所示。

表8-5   产品规则

产品	P2	P3	P4	备注说明
研发时间	5Q	5Q	5Q	（1）各产品可同步研发；按研发周期平均支付研发投资；资金不足时可随时中断或终止；全部投资完成的下一周期方可开始生产。
研发投资	5M	10M	15M	（2）某产品研发投入完成后，可领取产品生产资格证

六、原料

ERP沙盘模拟中，原料分为R1、R2、R3和R4四种。R1和R2的采购分为两个环节，即下原料订单和验收入库；R3和R4的采购分为三个环节，即下原料订单、运输在途和验收入库。其规则如表8-6所示。

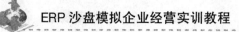

表 8－6			原料规则
名称	买价	提前期	说明
R1	1M/个	1季	用空桶表示下原料订单，一旦下订单后就不能取消；下原料订单时不用支付现金，但要注意采购提前期；没有下订单的原料不能采购入库；原料入库时必须支付现金，不能拖延
R2	1M/个	1季	
R3	1M/个	2季	
R4	1M/个	2季	

七、市场开拓

企业的利润来自销售收入，销售实现是企业生存和发展的关键。企业既要稳定现有市场，还要积极开拓新市场，争取更大的市场空间，才能力求在销售量上实现增长。模拟企业已经拥有了本地市场准入证，可供选择开拓的还有区域市场、国内市场、亚洲市场和国际市场。其规则如表 8－7 所示。

表 8－7			市场开拓规则
市场	开发费	时间	说明
区域	1M/年	1年	各个市场的开发可以同时进行，不允许加速投资，但资金短缺时可以中断或停止；市场开发完成后，领取相应的市场准入证
国内	1M/年	2年	
亚洲	1M/年	3年	
国际	1M/年	4年	

八、ISO 认证

ERP 沙盘模拟中，ISO 认证包括 ISO 9000 认证和 ISO 14000 认证，其规则如表 8－8所示。

表 8－8			ISO 认证规则
认证	ISO 9000	ISO 14000	说明
时间	2年	2年	两项认证可同时进行；认证完成后领取相应的 ISO 资格证；资金短缺情况下，可中断投资
费用	1M/年	2M/年	

九、其他规则

行政管理费及特殊任务的说明如表 8－9 所示。

表 8-9　　　　　　　　　　　　　　　　**其他规则**

项目	说明
行政管理费	每季支付 1M 行政管理费
紧急采购	付款即到货，原料价格为标准价格的 2 倍，成品价格为直接成本的 3 倍。多付出的部分（实际买价－原料或产品价值）计入"损失"
选单顺序	①市场领导者；②本市场本产品广告额；③本市场广告总额；④本市场上年销售排名；⑤先投广告者先选
订单违约	按订单交货可以提前，但不可以推后，违约收回订单并按该订单金额的 20% 扣违约金，计入"损失"
破产标准	现金断流或权益为负
其他费用	生产线变卖、紧急采购、订单违约计入"损失"
取整规则	违约金扣除——向下取整；库存拍卖所得现金——向下取整；贴现息——向上取整；扣税——向下取整

第二节　筹资活动规则

一、长期贷款

当企业需要资金时，可以向银行申请长期贷款，长期贷款的使用期限最长为 5 年。长期贷款的额度取决于本企业上年年末所有者权益的多少。ERP 沙盘模拟中约定：所有长贷和短贷之和不能超过上年年末所有者权益的 2 倍，并以 20M 为基本贷款单位。例如，某企业第一年年末所有者权益为 49M，49×2＝98M，按 20 的倍数向下取整，则该企业第二年的贷款额度为 80M，即新申请的贷款加上已有的贷款不能超过 80M；若目前该企业的贷款余额为 20M，则最多还可以再申请贷款 60M。企业每年只有在年初有一次申请长期贷款的机会。长期贷款年利率为 10%，每年年初支付利息，到期还本并支付最后一年的利息。

在沙盘盘面上，长期贷款区域按年度分为五个方格，每个方格代表一年，离现金库最近的为 1 年，最长的为 5 年。模拟企业向银行申请长期贷款时，财务总监取整桶的灰币（1 桶为 20M）放入现金库，并将盛放灰币的空桶倒置于长贷区相应的位置上。从取得贷款的下一年，每年初将空桶朝现金库方向移动一格，表示企业还本金的期限缩短了一年，同时从现金库中取出与利息等值的灰币，放在费用区的"利息"位置上。当空桶移进现金库时，表示该批贷款到期，必须装满现金归还银行（交易台）。

二、短期贷款

企业也可以向银行申请短期贷款。短期贷款的使用期限为 4 个季度。所有长贷和短贷之和不能超过上年年末所有者权益的 2 倍，并以 20M 为基本贷款单位。企业每年有四次申请短期贷款的机会。短期贷款年利率为 5%，到期一次还本付息。

在沙盘盘面上，短期贷款区域按季度分为四个方格，每个方格代表一个季度，离现金库最近的为 1 季，最远的为 4 季。模拟企业向银行申请短期贷款时，财务总监取整桶的灰币（1 桶为 20M）放入现金库，并将盛放灰币的空桶倒置于短贷区相应的位置上。从取得贷款的下一季，每个季度将空桶朝现金库方向移动一格，表示还款期限在缩短，当空桶移进现金库时，表示该批贷款到期，必须装满现金归还银行，同时从现金库中取出与利息等值的灰币，放在费用区的"利息"位置上。例如，企业有 20M 短期贷款到期，本金与利息共计 21M，财务总监从现金库中取出 21M 灰币，其中 20M 还给银行（交易台），1M 放在费用区的"利息"位置上。

三、紧急融资

（一）应收款贴现

应收款贴现就是将尚未到期的应收款提前兑换为现金，贴现需要支付贴现息。约定贴现率为 1/6，即每 7M 应收款贴现，从中取出 1M 作为贴现息，放在费用区的"贴息"位置上，其余 6M 放入现金库。贴现息向上取整，贴现额不足 7M 也要承担 1M 贴现息。例如，11M 应收款贴现，计算贴现息 $11 \times 1/7 = 1.7M$，向上取整为 2M，所以贴现息就是 2M，扣除贴现息后实际得到现金 9M。根据这一规则，应以 7M 为基数进行贴现比较有利。

（二）厂房贴现

在紧急情况下，厂房可以贴现，在扣除贴现息和厂房租金后直接得到现金。例如将大厂房贴现，贴现息为 6M，大厂房每年租金为 5M，实得现金为 29M，财务总监将大厂房的价值分别转入"现金库"、"贴息"及"租金"处，沙盘操作如图 8-1 所示。

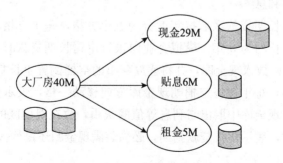

图 8-1 大厂房贴现操作示意

（三）出售库存

（1）库存原料按其成本的八折出售，取得现金（向下取整），折价部分计入有关报表的"损失"项。例如，出售 6M 原料，6M×0.8＝4.8M 向下取整后只能换取 4M 现金，另外 2M 放在费用区的"其他"位置上。显然，出售库存原料会产生损失，通常情况下不宜采用。

（2）库存产成品可以按其直接成本出售，取得现金。例如，出售 1 个 P2 产品，可以取得 3M 现金。以出售库存产品方式取得现金虽然无利可图，但亦无损失，当产品大量库存并且现金紧张时，也可以作为一种紧急的融资手段。

（四）高利贷

在 ERP 沙盘模拟教学中，若出现模拟企业破产的情况，为保证教学秩序和顺利完成教学任务，授课教师可以灵活掌握，如提供给破产企业适当额度的高利贷。特别贷款使用期限为 4 个季度，年利率为 20％，在沙盘盘面上的"其他贷款"区列示。同时，还要对破产企业每年投放的广告总额等经营事项做出限制，并在课程考核中给予一定的扣分处理。

第三节　投资活动规则

企业筹资的目的是为了投资，投资是企业对所持有资金的一种运用，是企业创造财富的必要前提。企业经营的目的是营利。利润主要来自于销售收入，而扩大销售收入就必须考虑三个因素——开拓新市场、研发新产品和提高产能，这三个方面都是要花钱的，即投资。

一、厂房投资

（一）厂房的类型——大小两种

每个企业最多可以使用大小两种厂房，大厂房可以容纳 6 条生产线，小厂房可以容纳 4 条生产线。

（二）厂房的取得——可买可租

厂房可以通过购买和租赁两种方式取得。若选择购买，大厂房买价 40M，小厂房买价 30M；购买厂房时，财务总监从现金库中取出与厂房价值相等的灰币放在该厂房的价值区上。若选择租赁，大厂房租金 5M/年，小厂房租金 3M/年；租入厂房时，财务总监从现金库中取出与厂房租金相等的灰币放在费用区的"租金"位置上，在支付租金后取得厂房一年的使用权，一年后可以续租、租转买或退租。

（三）厂房出售

企业已购买的厂房可以按照其买价出售，得到 4 个账期的应收款。如果厂房中有生产线，还需要支付厂房租金，即"买转租"。例如，将模拟企业现有的大厂房出售，厂房价值 40M 放在"应收款四期"位置上，同时从现金库中取出 5M 灰币放在费用区的"租金"位置上。

厂房贴现与厂房出售的区别如下。

（1）厂房贴现可以随时进行，而厂房出售只能在经营流程的"出售厂房"节点操作。

（2）厂房贴现只能一次全额贴现，不允许部分贴现；而厂房出售得到的应收款可以视情况分次贴现，也可以不贴现。

二、生产线投资

（一）生产线类型

在 ERP 沙盘模拟中，生产线的类型包括：手工生产线、半自动生产线、全自动生产线和柔性生产线。每种生产线都可以生产已取得生产资格的各种产品。不同类型生产线的主要区别在于生产效率和灵活性，生产效率是指单位时间生产产品的数量（产能）；灵活性是指转产新产品时设备调整的难易程度。如图 8-2 所示。

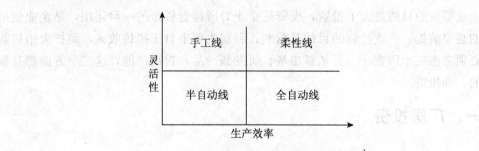

图 8-2　各类生产线的生产效率和灵活性比较

（二）生产线新建与在建

生产线建设的总投资额在安装周期内平均支付，全部投资到位后的下一个季度季初（除了手工生产线）方可开工生产。

以全自动生产线建设为例说明：

总投资额：16M；安装周期：4Q；每季支付：4M。

（1）开始建设的第一个季度：到交易台领取全自动生产线标识和拟生产的产品标识，背面向上放到厂房的某个空机位（以后不得移动）。生产线标识上面放 1 个空桶，从现金库取 5M 灰币放入空桶中（一期投资）。

（2）第二个季度继续在建：从现金库取 4M 灰币放入空桶中（二期投资）。

（3）第三个季度继续在建：从现金库取 4M 灰币放入空桶中（三期投资）。

（4）第四个季度继续在建：从现金库取 4M 灰币放入空桶中（三期投资）。

（5）下年度第一个季度季初建设完工：把装有 16M 灰币的桶，放在该生产线对应的"生产线净值"圆圈内。同时翻开标识牌，表示可以投产。

全自动生产线安装进程如表 8－10 所示。

表 8－10　　　　　　　　　　　　全自动生产线安装进程

时间（Q）	进程	沙盘操作
第一个季度	新建	领取标识牌，投资 4M，累计投资 4M
第二个季度	在建	投资 4M，累计投资 8M
第三个季度	在建	投资 4M，累计投资 12M
第四个季度	在建	投资 4M，累计投资 16M
下年第一个季度	建成	翻开标识牌，可以开工生产

说明：在新生产线建设过程中，如遇资金不足等原因，可以中断投资，待原因消除后，可以继续安装，原投资仍然有效，但整个安装期相应顺延。一条生产线最后一期投资到位后，下一季度的季初才算建成。

（三）生产线转产与变卖

1. 转产

转产是指生产线从生产某种产品转变为生产另一种产品。只有已经建成并且空闲的生产线才允许转产。半自动生产线转产时需要停工一个季度，全自动生产线转产时需要停工两个季度，并支付转产费，下个季度方可开工生产另一种产品。

下面以半自动生产线由 P1 转产 P2 为例：

（1）开始转产的季度：将 P1 产品标识送到交易台，并将半自动生产线标识翻过来，背面向上放在原位置，停工一个季度，同时从现金库中取出 1M 灰币，放在费用区的"转产费"位置上。

（2）下一季度的季初转产完工：到交易台领取 P2 产品标识，同时翻开生产线标识准备开工生产。

半自动生产线转产进程如表 8－11 所示。

表 8-11　　　　　　　　　　　半自动生产线转产进程

时间	进程	沙盘操作
1	转产	交回 P1 产品标识，停止生产，并支付转产费 1M
2	完成	领取 P2 产品标识，可以开工生产

注意：手工生产线和柔性生产线可以直接转产，不需要进行上述操作。

2. 变卖

淘汰旧生产线可以腾出厂房的空间，以便安装更适用的生产线，还可以收回残值现金，也节省了维修费用。

不论何时出售生产线，都是按其残值出售，净值大于残值的差额计入有关报表的"损失"项。当出售某条旧生产线时，首先把该生产线标识及其产品标识送还交易台，然后从该生产线净值桶中取出相当于残值的部分放入现金库，剩余部分放在费用区的"其他"位置上。

（四）生产线维修与折旧

1. 维修

已经建成的生产线，不论是否开工生产，都必须交纳维修费；正在进行转产的生产线也必须交纳维修费。

当年在建的生产线和当年出售的生产线则不用交纳维修费。例如，某企业在第 1 年第 1 季度开始投资建设一条全自动生产线，尽管于第 4 季度完成投资，但还不算建成，所以第 1 年年末就不需要交纳维修费。

每条生产线维修费为 1M/年，年末从现金库中取 1M 灰币放在费用区的"维修费"位置上。

2. 折旧

当年建成生产线当年不计提折旧，从下一年起计提折旧，也就是计提折旧开始年恰好比支付维修费迟一年。

每条生产线单独计提折旧，折旧方法采用年限平均法，年折旧额＝（原值－残值）÷4。例如，每条手工生产线的年折旧额（5－1）÷4＝1M。

年末计提折旧时，从每条生产线的净值桶内取出与年折旧额等值的灰币。放在费用区的"折旧"位置上。

当净值等于残值时，生产线不再计提折旧，但可以继续使用。

三、三项开发投资

1. 产品研发投资

进行某种新产品研发投资时，从现金库中取出规定金额的灰币放到"营销与规划中心"的对应"产品生产资格"位置。

全部投资完成后，用投入的灰币到交易台换取相应的产品生产资格证。

2. 市场开拓投资

在 ERP 沙盘模拟中，各个市场是相互独立的，不存在包含关系。进行某个新市场开拓投资时，从现金库中取出规定金额的灰币放到"营销与规划中心"的对应"市场准入"位置。

全部投资完成，用投入的灰币到交易台换取相应的市场准入证。此后就可以在该市场上进行广告宣传，争取客户订单了。

3. ISO 认证投资

进行某类 ISO 认证投资时，从现金库中取出规定金额的灰币放到"营销与规划中心"的对应"ISO 资格"位置。

全部投资完成后，用投入的灰币到交易台换取相应的 ISO 资格证。

对于三项开发投资，需要注意：

（1）任何一种资格证的取得，都需要投入一定的时间和资金，两个条件缺一不可。

（2）开发投资额在规定开发周期内平均支付，不允许加速投资，但资金短缺时可以中断或停止。

（3）全部投资完成后，换取相应的资质标识牌。

（4）各项开发投资可以同时进行。

第四节　营运活动规则

一、存货管理

（一）原料入库

订货运抵企业时，企业必须无条件接受货物并支付料款。

采购总监将原料订单区中的空桶向原料库方向推进一格，到达原料库时，向财务总监申请现金，支付给供应商（交易台），换取相应的原料。

（二）产品生产

为了准确计算生产线的产能，必须了解不同类型生产线生产周期不同，年初在制品状态不同，本年度完成的产品数量也不同，如表 8 - 12 所示。

表 8-12   生产线类型及产能

生产线类型	年初在制品状态	产品完工下线				年生产能力
		1Q	2Q	3Q	4Q	
手工线 4 种状态	□□□	—	—	—	●	1
	■□□	—	—	●	—	1
	□■□	—	●	—	—	1
	□■■	●	—	—	—	2
半自动线 3 种状态	□□	—	—	●	—	1
	■□	—	●	—	●	2
	□■	●	—	●	—	2
柔性/全自动线 两种状态	□	—	●	●	●	3
	■	●	●	●	●	4

说明：□表示生产线上无在制品；■表示生产线上有在制品；●表示产品完工下线，同季开始下一批生产。

（1）生产条件。产品生产必须具备四个要素：生产资格、生产线、原料、加工费。生产线可以生产已取得生产资格的各种产品，但同时只能有个产品在线，产品上线生产时必须有原料，并且支付加工费（工人工资）。

（2）上线生产。按照拟生产产品的物料清单从原料库中取出相应原料，从现金库中取出产品加工费，做成相应的产品并摆放在空闲生产线的第一期格内。例如，上线生产 P2 产品时，生产总监向采购总监申请 1 个 R2 原料和 1 个 R3 原料，同时向财务总监申请 1 个灰币，做成 1 个 P2 在制品，放在空闲的生产线的第一期格内。要特别注意，执行上线生产任务，需要生产、采购和财务三个角色协同作业，否则很容易出错。生产不同的产品需要的原料不同。但需要支付的加工费是相同的，均为 1M 现金。

（3）更新生产与完工入库。生产总监将各生产线上的在制品推进一格。产品下线表示产品完工，将产品放入对应的产品仓库。

（4）产品成本。在 ERP 沙盘模拟中，规定产品上线生产时一次性投入原料并支付加工费，所以在制品与产成品的成本是相同的。

（三）交货与收现

（1）交货。在 ERP 沙盘模拟中，必须按照订单中规定的数量一次性整单交货，一张订单不允许分批交货。

营销总监检查各产品库中产成品的数量是否满足客户订单要求，若满足要求则按照订单约定数量交付给客户（交易台），同时确认收入实现，从交易台取回与该批货款等值的灰币。

（2）收现。若为现金（0 账期）销售，直接将货款（灰币）置于现金库中；若为赊销，则将货款（灰币）放在应收款区的相应账期位置上。从下一季度开始，每个季度将应收款期现金库方向推进一格，当应收款推进现金库时，自然就表示收回现金了。

（四）紧急采购

（1）紧急采购原料。在模拟运营中，如果采购总监没有下原料订单，就不能向供应商购买原料，可能会出现停工待料情况。为了不影响产品上线生产，可以紧急采购原料，也就是在没有预订的情况下付款即到货，买价为其价值的 2 倍，多付出的部分计入有关报表的"损失"项。例如，紧急采购 1 个 R1 原料，R1 原料的价值是 1M，紧急采购价格就是 2M。财务总监从现金库中取出 2M 灰币，其中：1M 灰币换取 1 个 R1 原料，1M 灰币放在费用区的"其他"位置上。

（2）紧急采购产品。在模拟运营中，如果由于产能不足、原料不足或现金不足等原因造成不能按订单要求交货，不仅无法实现销售收入，还要支付违约罚款。为避免违约，可以紧急采购产品，付款即到货，买价为其直接成本的 3 倍，多付出的部分计入有关报表的"损失"项。例如，紧急采购 1 个 P2 产品，P2 产品的直接成本是 3M，紧急采购价格就是 9M。财务总监从现金库中取出 9M 灰币，其中，3M 灰币换取 1 个 P2 产品，6M 灰币放在费用区的"其他"位置上。

二、综合管理费用与税金

（一）综合管理费用

综合管理费用包括维修费、转产费、厂房租金、行政管理费、广告费、损失、新市场开拓投资、产品研发投资、ISO 资格认证投资等，如图 8-3 所示。当模拟企业支付相关费用或投资款时，将规定金额的筹码摆放在盘面的对应位置上。期末，通过盘点这些位置上的筹码数量就可以编制"综合管理费用明细表"。其中，"其他"位置上的筹码计入"损失"项。

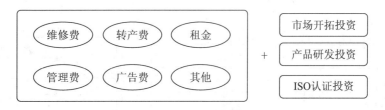

图 8-3 综合管理费用构成要素

（二）所得税

企业实现的税前利润可以先弥补以前的年度亏损，再按照 25% 的税率计算应交所得税（向下取整）。

（1）当上年年末所有者权益小于 66（第 0 年年末所有者权益）时，所得税计算公式为：

税金＝（上年年末所有者权益＋本年税前利润－ 66）×25％

例如，某企业上年年末所有者权益为 57，本年税前利润为 16，则

税金＝（57＋16－66）×25％＝1（向下取整）

（2）当上年年末所有者权益大于 66（第 0 年年末所有者权益）时，所得税计算公式为：

税金＝本年税前利润×25％

例如，某企业上年年末所有者权益为 67，本年税前利润为 21，则

税金＝21×25％＝5（向下取整）

注意：每年计算出的所得税计入当年资产负债表的"应交所得税"项目，在下一年的年初缴纳。

第五节　市场与选单规则

一、市场预测

市场是企业进行产品营销活动的场所，标志着企业的销售潜力，也直接影响企业的经营成果。企业的生存和发展离不开市场这个大环境，谁赢得市场，谁就赢得了竞争。市场是瞬息万变的，这就增加了竞争的对抗性和复杂性。目前，模拟企业已经拥有了本地市场准入证，还有区域市场、国内市场、亚洲市场和国际市场有待开发。

常言道："凡事预则立，不预则废。"市场预测是企业经营的前提，一个成功的企业战略来源于对市场的正确分析。

在 ERP 沙盘模拟课程中，市场预测是各企业能够得到的关于产品市场需求的唯一可以参考的、有价值的信息，对市场预测的分析与企业的营销方案策划息息相关。在市场预测中发布了近几年关于行业产品市场的预测资料，包括各市场、各产品的总需求量、价格情况、客户关于技术及产品的质量要求等，如图 8-4 所示。

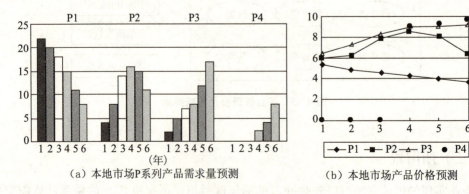

（a）本地市场 P 系列产品需求量预测　　（b）本地市场产品价格预测

图 8-4　本地市场 P 系列产品需求预测

图8-4是1～6年本地市场P系列产品预测资料，由左边的柱形图和右边的折线图构成。在柱形图中用横坐标代表年，纵坐标上的数字代表产品数量，各产品对应柱形的高度代表该产品某年的市场预测需求总量。折线图上则标识1～6年某产品的价格趋向，横坐标表示年，纵坐标表示价格。

在市场预测中，除了直观的图形描述外，还用文字形式加以说明，其中尤其需要注意客户关于技术及产品的质量要求等细节。市场预测分析提供了6组、8组、10组和12组模式下的预测市场。模拟企业是"以销定产、以产定购"的经营模式，客户订单是企业生产的依据，因此，客户订单的获得对企业至关重要，那么企业如何才能拿到理想的订单呢？首先，营销总监要读懂市场预测；其次，对企业各种产品的可供销售量了如指掌（知己）；最后，还要了解其他竞争对手的情况（知彼），例如，其他企业研发了哪些产品？开拓了哪些市场？生产能力如何？财务状况如何？等等。只有这样，才能制订合理的广告投放策略，进而在选单博弈竞争中脱颖而出。从这个角度来说，营销总监无疑是模拟企业中最具挑战性的角色。

二、广告投放

投放广告是模拟企业得到客户订单的必要条件，如果不投放广告就没有选单的机会，广告投放的规则包括：

第一，只有已获得某市场准入证时，才可以在该市场上投放广告，争取订单。

第二，广告是分市场、分产品投放的，"广告费登记表"中的一个方格即代表一个细分市场。

第三，投1M广告费有一次选单机会，此后每多投2M，增加一次选单机会。例如，投5M最多可以有3次选单机会，但机会能否实现则取决于市场需求和竞争态势等。投2M也仅有一次选单机会，只不过比投1M的优先选单而已。

第四，各个市场的产品需求数量是有限的，并非打广告一定能得到订单。

需要注意的是：市场尚未开发完成，不允许在该市场投放广告；产品生产资格尚未开发完成，可以投放广告。执行投放广告任务时，营销总监填写"广告费登记表"并提交到教师端；财务总监从现金库中取出等额的灰币放在费用区的"广告费"位置上，同时记录现金支出。

三、选单

选单是各个企业正面交锋、博弈拼杀的主战场，也是企业经营成功与否的关键点。营销总监只有在场外下大气力，并且善于观察、勤于思考，才能在订货会上做出快速反应、准确选单。

（一）订货会

营销总监参加订货会之前，生产总监应结合生产线产能及库存情况，计算出可承诺量（Available to Promise，ATP），也称可供销售量，这是选单的基础。某种产品可承诺量的计算方法如下：

$$可承诺量＝年初库存量＋本年度完工量$$

值得注意的是，可承诺量并不是一个定数，而是一个区间，因为企业可以转产、紧急采购、加建生产线等。

在 ERP 沙盘模拟中，每年只有一次订货会，也就是企业每年只有一次拿订单的机会。选单应以企业的库存、产能、设备投资计划和原料供应等为依据，既要避免接单不足造成的设备闲置、产品积压，更要避免盲目接单导致无法按时交货，使本该拿到的应收账款变成了违约罚款，给企业带来损失。

（二）市场地位

市场地位是针对每个市场而言的。企业的市场地位根据上一年度各企业的销售额排列，在某个市场销售总额（包括 P1、P2、P3 和 P4 产品）最高的企业称为该市场的市场领导者，俗称"市场老大"。"市场老大"是按市场分，而不是按产品分。显然，第一年没有"市场老大"，刚出现的新市场也没有"市场老大"。

（三）选单顺序

在 ERP 沙盘模拟中，选单顺序规则如下：

（1）"市场老大"优先选单；

（2）本市场本产品广告额；

（3）本市场广告总额；

（4）本市场上年销售排名；

（5）先投广告者先选。

所有按规定投放广告的企业按照上述规则排定顺序，依次选单。如图 8-5 所示，根据上述规则，C 公司→B 公司→A 公司→D 公司→F 公司将依次选单。教师端按照"重新选单→放单→双击订单盖板→选单→取单"的顺序执行操作。

需要注意的是：

第一，每轮选单中，各企业按照规则排定的顺序依次选单，当所有企业都选完一次后，若还有订单，则开始进行第二轮选单，直到所有订单被选完为止。

第二，无论投入多少广告费，每次只能选择一张订单，然后等待下一次选单机会。

第三，可以放弃选单机会。

| P1放单 | | | | ↓ | 第五年本地市场 | | | | | P1重新选单 |

公司	P1	9k	14k	广告上年总和排名	1 LP1-1/4		2 LP1-2/4		3 LP1-3/4		4 LP1-4/4			
A	3		11	5	数量	2	数量	2	数量	3	数量	4		
B	3		12	4	单价	4	单价	4.5	单价	4	单价	3.7		
C	1		10	1	总额	8	总额	9	总额	12	总额	15	P1订单	P1订单
C	2		9	2	账期	1	账期	3	账期	2	账期	2		
E			9	6	条件		条件		条件	加急	条件			
F	2		8	3										
7		取单												

图 8-5 选单界面

四、订单类型

市场需求用客户订单的形式表示，订单上标注了年份、所属市场、编号、产品数量、产品单价、总金额、应收账期以及特殊要求等要素。

（一）普通订单

普通订单可以在当年内任何一季交货，并且对 ISO 资格无要求。

（二）特殊订单

特殊订单包括加急订单和 ISO 订单两种。

（1）加急订单：订单下方标注了"加急"字样，如图 8-6 所示，要求第一季度必须交货，否则就属于违约。

（2）ISO 订单：订单下方标注了"ISO 9000"或"ISO 14000"字样，如图 8-7 所示，要求接单企业必须已获得相应的 ISO 资格证，否则不允许接单。

图 8-6 加急订单　　　　　图 8-7 ISO 订单

（三）订单违约

违约就是未按订单要求交货。按订单交货可以提前，但不可以推后，如某订单规定第 3 季度交货，则在第 1、第 2、第 3 季度交货均可以，收现时间（账期）从实际交货的季度开始算起。

发生违约的模拟企业，将受到如下处罚：

第一，收回违约订单，并按该订单总金额的 20％交纳违约罚款，计入有关报表的"损失"项。

第二，下年市场地位下降一级，若是市场领导者，则取消领导者地位，且其他企业不能递补。

五、市场预测分析

这是由一家权威的市场调研机构对未来六年里各个市场的需求的预测，应该说这一预测有着很高的可信度。但根据这一预测进行企业的经营运作，其后果将由各企业自行承担。

P1 产品是目前市场上的主流技术，P2 作为对 P1 的技术改良产品，也比较容易获得大众的认同。P3 和 P4 产品作为 P 系列产品里的高端技术，各个市场上对他们的认同度不尽相同，需求量与价格也会有较大的差异。

本地市场将会持续发展，客户对低端产品的需求可能要下滑。伴随着需求的减少，低端产品的价格很有可能会逐步走低。后几年，随着高端产品的成熟，市场对 P3、P4 产品的需求将会逐渐增大。同时随着时间的推移，客户的质量意识将不断提高，后几年可能会对厂商是否通过了 ISO 9000 认证和 ISO 14000 认证有更多的要求。如图 8‑8 所示。

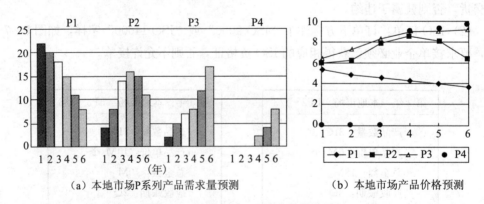

（a）本地市场P系列产品需求量预测　　（b）本地市场产品价格预测

图 8‑8　本地市场 P 系列产品需求预测

区域市场的客户对 P 系列产品的喜好相对稳定，因此，市场需求量的波动也很有可能会比较平稳。因其紧邻本地市场，所以产品需求量的走势可能与本地市场相似，价格趋势也应大致一样。该市场的客户比较乐于接受新的事物，因此，对于高端产品也会比较有兴趣，但由于受到地域的限制，该市场的需求总量非常有限。并且这个市场上的客户相对比较挑剔，因此在后几年客户会对厂商是否通过了 ISO 9000 认证和ISO 14000 认证有较高的要求。如图 8-9 所示。

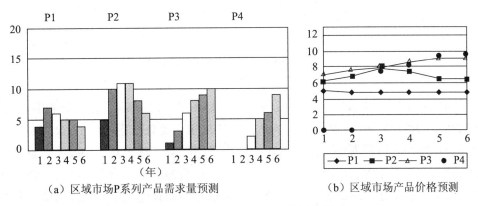

（a）区域市场P系列产品需求量预测　　　　（b）区域市场产品价格预测

图 8-9　区域市场 P 系列产品需求预测

如图 8-10 所示，因 P1 产品带有较浓的地域色彩，估计国内市场对 P1 产品不会有持久的需求。但 P2 产品因为更适合于国内市场，所以估计需求会一直比较平稳。随着对 P 系列产品新技术的逐渐认同，估计对 P3 产品的需求会发展较快，但这个市场上的客户对 P4 产品却并不是那么认同。当然，对于高端产品来说，客户一定会更注重产品的质量保证。

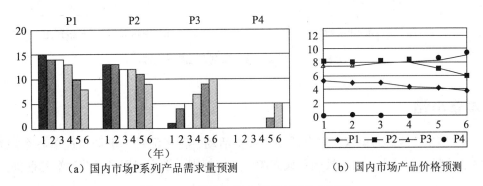

（a）国内市场P系列产品需求量预测　　　　（b）国内市场产品价格预测

图 8-10　国内市场 P 系列产品需求预测

亚洲市场的客户喜好一向波动较大，不易把握，所以对 P1 产品的需求可能起伏较大，估计 P2 产品的需求走势也会与 P1 相似。但该市场对新产品很敏感，因此估计对P3、P4 产品的需求会发展较快，价格也可能不菲。另外，这个市场的消费者很看中产品的质量，所以在后几年里，如果厂商没有通过 ISO 9000 和 ISO 14000 的认证，其产品可能很难销售。如图 8-11 所示。

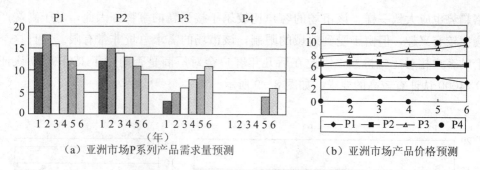

（a）亚洲市场P系列产品需求量预测　　　　（b）亚洲市场产品价格预测

图 8 - 11　亚洲市场 P 系列产品需求预测

进入国际市场可能需要一个较长的时期。如图 8 - 12 所示。有迹象表明，目前，这一市场上的客户对 P1 产品已经有所认同，需求也会比较旺盛。对于 P2 产品，客户将会谨慎地接受，但仍需要一段时间才能被市场所接受。对于新兴的技术，这一市场上的客户将会以观望为主，因此，对于 P3 和 P4 产品的需求将会发展极慢。因为产品需求主要集中在低端，所以客户对于 ISO 的要求并不如其他几个市场那么高，但也不排除在后期会有这方面的需求。

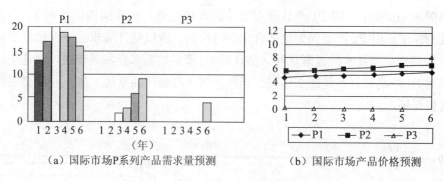

（a）国际市场P系列产品需求量预测　　　　（b）国际市场产品价格预测

图 8 - 12　国际市场 P 系列产品需求预测

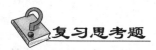 **本章小结**

介绍 ERP 沙盘的运营、筹资活动、投资活动、营运活动、市场与选单各个规则。任何活动都要有规则，没有规则不成方圆，了解规则、学会规则是经营沙盘的前提。

复习思考题

1. 作为市场主管，您准备如何进行竞争对手分析？

2. 作为销售主管，参加订货会时，选单次序是如何规定的？

3. 如果本年第 2 季度需要上线 2 个 P3，1 个 P4；第 3 季度需要上线 1 个 P2，1 个 P4，在不考虑库存的情况下，制订出您的采购计划并填写在表 8 - 13 中。

表 8 - 13　　　　　　　　　　　　　模拟采购计划

时间	上年第 3 季度	上年第 4 季度	本年第 1 季度	本年第 2 季度	本年第 3 季度
R1					
R2					
R3					
R4					

第九章　模拟企业经营运作

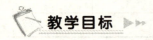 **教学目标** ▶▶▶

　　本章首先介绍沙盘模拟企业初始状态设定，沙盘企业在运营过程中，年初做什么以及怎么做，然后在四个季度如何进行规范的运营操作，年末应当做什么，最后介绍编制报表、产品销售汇总表、综合管理费用明细表、利润表、资产负债表，完成初始年的操作。使读者对一年的经营有一个完整认识和详细的了解，为后面六年的经营积累一定的实践经验。

第一节　设定初始状态

　　ERP 沙盘模拟不是从创建企业开始，而是接手一家已经运营了三年、总资产规模为 1.05 亿元的制造型企业，该企业长期以来一直专注于某行业 P 系列产品的生产与经营。目前企业拥有一座大厂房，其中安装了三条手工生产线和一条半自动生产线，运行状态良好。所有生产线全部生产 P1 产品。几年以来一直只在本地市场进行销售，有一定知名度，客户也很满意。

一、模拟企业财务状况

　　所谓财务状况，是指企业资产、负债、所有者权益的构成情况及其相互关系。企业的财务状况由企业对外提供的主要财务报告——资产负债表来表述。资产负债表是根据资产、负债和所有者权益之间的相互关系，即"资产＝负债＋所有者权益"的恒等关系，按照一定的分类标准和一定的次序，把企业某一特定日期的资产、负债、所有者权益三大会计要素所属项目予以适当排列，并对日常会计工作中形成的会计数据进行加工、整理后编制而成的，其主要目的是为了反映企业在某一特定日期的财务状况。通过资产负债表，可以了解企业所掌握的经济资源及其分布情况；了解企业的资本结构；分析、评价、预测企业的短期偿债能力和长期偿债能力；正确评估企业的经营业绩。

　　在 ERP 沙盘模拟中，我们根据模拟企业所涉及的业务对资产负债表中的项目进行了适当的简化，形成了如表 9-1 所示的简易资产负债表。

表 9-1		资产负债表	单位：百万元
资产	年初数	负债和所有者权益	年初数
流动资产：	—	负债：	—
现金	20	长期负债	40
应收账款	15	短期负债	—
在制品	8	应付账款	—
成品	6	应交税金	1
原料	3		
流动资产合计	52	负债合计	41
固定资产：	—	所有者权益：	—
土地与建筑	40	股东资本	50
机器与设备	13	利润留存	11
在建工程	—	年度净利	3
固定资产合计	53	所有者权益合计	64
资产总合计	105	负债和所有者权益合计	105

各小组根据表 9-1 所反映的企业资源状况，到交易台领取对应的沙盘教具并摆放在沙盘盘面上，构建模拟企业。

二、模拟企业初始状态

1. 营销与规划中心

模拟企业已拥有本地市场准入证，已取得 P1 生产资格。营销总监到交易台取回本地市场准入证和 P1 生产资格证并放置在盘面上的对应位置。营销与规划中心初始状态如图 9-1 所示。

2. 生产中心

（1）大厂房：40M

模拟企业拥有一座自主产权的大厂房，价值 40M。

生产总监将 40 个灰币用桶装好放置在大厂房价值区上。

（2）生产线：13M

模拟企业已购置了 3 条手工生产线和 1 条半自动生产线。扣除折旧后，每条手工生产线的净值为 3M，半自动生产线的净值为 4M。

生产总监取 4 个空桶，分别放入 3M、3M、3M、4M 的灰币，并置于生产线对应的"生产线净值"处。

（3）在制品：8M

在制品是指处于加工过程中，尚未完工入库的产品。

目前，每条生产线上各有 1 个 P1 在制品，其中，3 条手工生产线上的 3 个 P1 在制品分别位于第一、二、三生产周期，半自动生产线上的 P1 在制品位于第一生产周期。

由生产总监制作 4 个 P1 在制品并摆放到生产线上的相应位置。约定每个 P1 由 1 个 R1 原料（红币）和 1M 现金（灰币）构成，价值 2M。生产中心初始状态如图 9-2 所示。

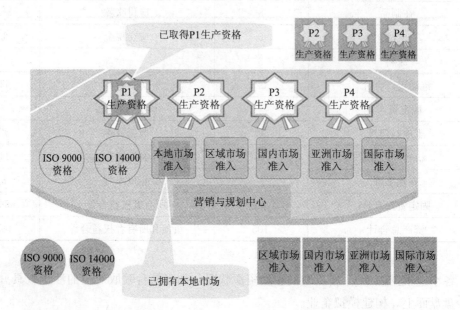

图 9-1 营销与规划中心初始状态

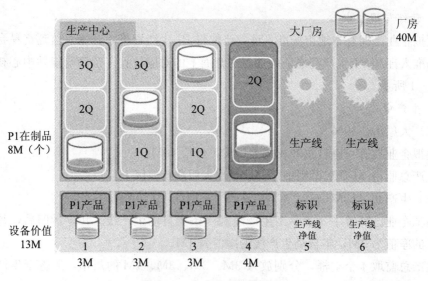

图 9-2 生产中心初始状态

3. 物流中心

（1）产成品：6M

P1产品库中有 3 个产成品，有生产总监制作 3 个 P1 产成品并摆放在"P1 产品库"中。

（2）原料：3M

R1原料库中有 3 个 R1 原料，由采购总监取 3 个空桶，每个空桶中分别放置 1 个 R1 原料（红币），并摆放到"R1 原材料库"中。

（3）订单：2 个

模拟企业上季度已下了 2 个 R1 原料订单（签订的采购合同），用放在相应位置的空桶表示。采购总监将两个空桶放在"R1 订单"处。

物流中心初始状态如图 9－3 所示。

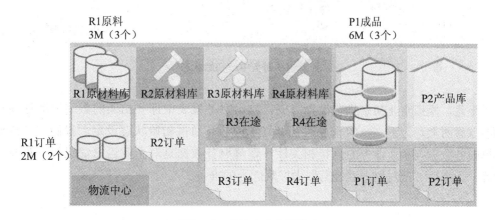

图 9－3　物流中心初始状态

4. 财务中心

（1）现金：20M

财务总监取 20 个灰币用桶装好，放在现金库位置。

（2）应收款：15M

企业有 3 账期的应收款 15M。财务总监取 15 个灰币，放在"应收款三期"位置上。

（3）长期贷款：40M

模拟企业共有长期贷款 40M，其中，4 年期的 20M，5 年期的 20M。

财务总监将 2 个空桶（约定每个空桶代表 20M 贷款）分别倒置于长期贷款区的第 4 年和第 5 年的位置上。

（4）应交所得税：1M

企业上一年税前利润 4M，按税法规定需缴纳 1M 的所得税。应交所得税期初余额只在会计报表中反映，沙盘盘面上不做对应操作。

（5）所有者权益：64M

其中，股东资本 50M，利润留存 11M，年度净利 3M。所有者权益有关项目只在会计报表中反映，沙盘盘面上不做对应操作。

财务中心初始状态如图 9-4 所示。

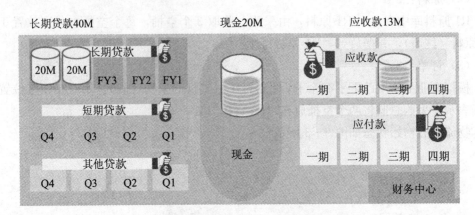

图 9-4 财务中心初始状态

至此，模拟企业初始状态设置完成，初始财务报表中那些枯燥的数字鲜活地展现到沙盘盘面上，为下一步的企业运营做好了铺垫。通过初始状态设定，我们可以深刻感悟财务数据与企业业务的直接相关性，理解财务数据是对企业运营情况的一种总结提炼，为今后"透过财务看经营"做好观念上的准备。

第二节 起始年简介

一、起始年的作用

新管理层接手企业，需要有一个适应阶段，原管理层总要将他们"扶上马，送一程"。因此，ERP 沙盘模拟课程设计了起始年运营。

起始年也称第 0 年，由授课老师（相当于原管理层）带领学生们（新管理层）共同完成交接年的沙盘操作过程。起始年运营的目的是：顺利度过团队磨合期，进一步熟悉 ERP 沙盘模拟的规则，明晰企业经营流程以及沙盘教具的操作方法。

二、企业经营流程记录

企业经营流程记录代表了企业简化的工作流程，也是企业模拟运营巾各项工作需要遵守的执行顺序。企业经营流程记录分为年初 7 项工作、按季执行的 16 项工作、年末 4 项工作及期末结算工作。

团队成员的角色意识和责任意识是模拟企业有条不紊运行的前提。执行企业经营流程时，由 CEO 主持全局，控制进度，财务总监要特别关注现金库，采购总监要特别关注原料库，生产总监要特别关注产品库。团队成员明确分工，各司其职，严格按照经营流程表中的任务顺序协同操作，体现管理的流程化。在填写经营记录时，若某项操作引起了资金运动，则在相应方格内记录其金额（或数量）；若某项操作发生了但没有资金运动，则在相应方格内打"√"；若某项操作没有发生，则在相应方格内打"×"。整个团队每执行完一项工作，CEO 在相应方格内打"√"作为完成标志。

第三节　年初工作

一、新年度规划会议

假定起始年年初支付 1M 广告费，该年度不申请任何贷款，不进行任何投资，只是维持原有的生产规模，每季度下 1 个 R1 原料订单。会议结束，CEO 在经营流程表的相应方格内打"√"。新年度规划会议在经营流程表中仅仅是一个方格，初学者常常忽视这个环节，而一支真正成熟的高水平团队，一般会用掉规定时间的 3/4 以上进行年度规划。

二、投放广告

营销总监在"广告费登记表"的本地市场 Pl 产品方格中填写"1"，表示准备投放 1M 的广告费，如表 9 - 2 所示。

表 9 - 2　　　　　　　　　　　　　　广告费登记表

		第 0 年
本地市场	P1	1
	P2	
	P3	
	P4	

财务总监根据"广告费登记表"中填写的数据，从现金库中取出 1 个灰币放在费用区的"广告费"位置上，同时记录现金"−1"。

三、参加订货会选单/登记订单

由营销总监参加订货会，到交易台领取产品订单，如图 9 - 5 所示，将订单放在产品订单区的"P1 订单"位置上，并根据订单信息填写"订单登记表"，如表 9 - 3 所示。在经营流程表的相应方格内打"√"。

```
┌─────────────────────────────┐
│  第 0 年   本地市场  LP1－1/6  │
├─────────────────────────────┤
│  产品数量：6P1                │
│  产品单价：5.3M/个            │
│  总金额：32M                  │
│  应收账期：2Q                 │
│                             │
└─────────────────────────────┘
```

图 9-5 产品订单

说明：应收账期 2Q 表示应收款两个季度后才能实现；若应收账期为 0Q，则表示现金销售，交货即收现。

表 9-3   订单登记表

年度	订单号	市场	产品	数量	交货期	账期	销售额	成本	毛利	备注
第 0 年	×××	本地	P1	6	4Q	2Q	—	—	—	—

说明：表中"销售额"、"成本"、"毛利"三项内容在交货时填写。

四、支付上年所得税

根据会计报表的记录，上年度应交所得税为"1M"，财务总监从现金库中取出 1 个灰币，放在费用区的"税金"位置上，同时记录现金"－1"。（特别提示：当年交的是上一年度产生的所得税）

五、支付长期贷款利息

长期贷款的还款方式是每年付息，到期还本。根据会计报表的记录，长期贷款余额为 40M，年利率为 10%，则年利息额为 4M。财务总监从现金库中取出 4 个灰币，放在费用区的"利息"位置上同叫记录现金"4"。

六、更新长期贷款/长期贷款还本

财务总监将表示长期贷款的空桶朝现金库方向移动一格，代表一年，若到达现金库则需要归还本金。财务总监将四年期的长期贷款移入三年期格内，将五年期的长期贷款移入四年期格内，在经营流程表的相应方格内打"√"。

七、申请长期贷款

不申请长期贷款，在经营流程表的相应方格内打"×"（特别提示：长期贷款只有在这一时点上可以申请）。

第四节 日常工作

一、第1季度经营

1. 季初盘点

年初库存现金20M，支付广告费、所得税共计2M，余额18M，所以财务总监记录季初现金"18"，采购总监记录季初R1"3"，生产总监记录季初P1"3"。

2. 更新短期贷款/短期贷款还本付息

没有短期贷款，在经营流程表的相应方格内打"×"。

3. 申请短期贷款

不申请短期贷款，在经营流程表的相应方格内打"×"。

4. 原料入库/更新原料订单

采购总监将原料订单区的空桶朝原料库方向推进一格，到达原料库时，向财务总监申请2个灰币，到交易台换取2个R1原料放入原材料库。财务总监记录现金"2"，采购总监记录R1"＋2"（特别提示：订货运抵企业时，必须无条件接受货物并支付现金，不能拖延）。

5. 下原料订单

采购总监取1个空桶，放在原料订单区的"R1订单"位置，表示下了1个R1原料订单，并记录R1"（1）"。下原料订单也就是与供应商签订采购合同，由于原料还没有实际入库，故此数字用括号标出。

6. 更新生产/完工入库

生产总监将生产线上的在制品推进一格。产品下线表示产品完工，将产品放入对应的产品仓库。有1个P1完工下线，放入"P1产品库"，并记录P1"＋1"。

7. 新建/在建/转产/变卖生产线

在经营流程表的相应方格内打"×"。

8. 向其他企业购买成品出售原材料

在经营流程表的相应方格内打"×"。

9. 开始下一批生产

产总监向采购总监申请1个R1原料，同时向财务总监申请1个灰币（加工费），做成1个P1在制品放在空出的生产线的第一期格内。财务总监记录现金"－1"，采购总监记录R1"－1"。这项工作需要生产、采购和财务三个角色协同完成（特别提示：上线生产四要素——生产资格、生产线、原料、加工费）。

10. 更新应收款/应收款收现

财务总监将应收款朝现金库方向推进一格，15M应收款从三期移入二期位置，在经营流程表的相应方格内打"√"。

11. 出售厂房

在经营流程表的相应方格内打"×"。

12. 按订单交货

盘点"P1产品库"中产成品的数量，不够交货数量（必须整单交货），在经营流程表的相应方格内打"×"。

13. 产品研发投资

在经营流程表的相应方格内打"×"。

14. 支付行政管理费

财务总监从现金库中取出1个灰币，放在费用区的"管理费"位置上，并记录现金"－1"。

15. 支付厂房租金

在经营流程表的相应方格内打"×"。

16. 其他现金支出情况

在经营流程表的相应方格内打"×"。

17. 季结

（季末现金）＝（季初现金盘点）＋（现金收入）－（现金支出）

现金＝18＋0－4＝14（M）

R1原料＝3＋2－1＝4（个）

P1产成品＝3＋1－0＝4（个）

二、第 2 季度经营

1. 季初盘点

财务总监记录季初现金"14"，采购总监记录季初R1"4"，生产总监记录季初P1"4"。

2. 更新短期贷款/短期贷款还本付息

没有短期贷款，在经营流程表的相应方格内打"×"。

3. 申请短期贷款

不申请短期贷款，在经营流程表的相应方格内打"×"。

4. 原料入库/更新原料订单

采购总监将原料订单区的空桶朝原料库方向推进一格，到达原料库时，向财务总监申请1个灰币，到交易台换取1个R1原料放入原材料库。财务总监记录现金"1"，采购总监记录R1"＋1"。

5. 下原料订单

采购总监取1个空桶，放在原料订单区的"R1订单"位置，表示下了1个R1原料订单，并记录R1"（1）"。

6. 更新生产/完工入库

生产总监将生产线上的在制品推进一格。有2个P1完工下线，放入"P1产品库"，并记录 P1 "＋2"。

7. **新建/在建/转产/变卖生产线**

在经营流程表的相应方格内打 "×"。

8. **开始下一批生产**

生产总监向采购总监申请 2 个 R1 原料，同时向财务总监申请 2 个灰币（加工费），做成 2 个 P1 在制品分别放在空出的生产线的第一期格内。财务总监记录现金 "－2"，采购总监记录 R1 "－2"。

9. **更新应收款/应收款收现**

财务总监将应收款朝现金库方向推进一格，13M 应收款从二期移入一期位置，在经营流程表的相应方格内打 "√"。

10. **出售厂房**

在经营流程表的相应方格内打 "×"。

11. **向其他企业购买成品出售原材料**

在经营流程表的相应方格内打 "×"。

12. **按订单交货**

盘点 "P1 产品库" 中产成品的数量，目前共有 6 个 P1，营销总监将 6 个 P1 产成品连同订单送交易台。

财务总监从交易台取回 32 个灰币（应收款），放在 "应收款二期" 位置上生产总监记录 P1 "－6"。

这项工作需要营销、财务和生产三个角色协同完成。

营销总监将销售实现信息填入 "订单登记表" 和 "应收款明细表"，如表 9-4 和表 9-5 所示。

表 9-4　　　　　　　　　　　　　　订单登记表

年度	订单号	市场	产品	数量	交货期	账期	销售额	成本	毛利	备注
第 0 年	×××	本地	P1	6	4Q	2Q	32	12	20	—

表 9-5　　　　　　　　　　　　　　应收款明细表

订单信息							交货		收现		贴现				√
年度	订单号	产品	数量	交货期	账期	金额	年	季	年	季	年	季	金额	贴息	
第 0 年	×××	P1	6	4Q	2Q	32	第 0 年	2	—	—	—	—	—	—	—

13. **产品研发投资**

在经营流程表的相应方格内打 "×"。

14. 支付行政管理费

财务总监从现金库中取出 1 个灰币，放在费用区的"管理费"位置上，并记录现金"−1"。

15. 支付厂房租金

在经营流程表的相应方格内打"×"。

16. 紧急融资/紧急采购

在经营流程表的相应方格内打"×"。

17. 季结

现金 = 14 + 0 − 4 = 10（M）

R1 原料 = 4 + 1 − 2 = 3（个）

P1 产成品 = 4 + 2 − 6 = 0

三、第 3 季度经营

1. 季初盘点

财务总监记录现金"10"，采购总监记录 R1"3"，生产总监记录 P1"0"。

2. 更新短期贷款/短期贷款还本付息

没有短期贷款，在经营流程表的相应方格内打"×"。

3. 申请短期贷款

不申请短期贷款，在经营流程表的相应方格内打"×"。

4. 原料入库/更新原料订单

采购总监将原料订单区的空桶朝原料库方向推进一格，到达原料库时，向财务总监申请 1 个灰币，到交易台换取 1 个 R1 原料放入原材料库。财务总监记录现金"1"，采购总监记录 R1"+1"。

5. 下原料订单

采购总监取 1 个空桶，放在原料订单区的"R1 订单"位置，表示下 1 个 R1 原料订单，并记录 R1"（1）"。

6. 购买/租用厂房

在经营流程表的相应方格内打"×"。

7. 更新生产/完工入库

生产总监将生产线上的在制品推进一格。

8. 更新短期贷款/短期贷款还本付息

没有短期贷款，在经营流程表的相应方格内打"×"。

9. 开始下一批生产

生产总监向采购总监申请 1 个 R1 原料，同时向财务总监申请 1 个灰币（加工费），做成 1 个 P1 在制品放在空出的生产线的第一期格内。财务总监记录现金"−1"，采购总监记录 R1"−1"。

10. 更新应收款/应收款收现

财务总监将应收款朝现金库方向推进一格，15M 应收款从一期位置移入现金库中，32M 应收款从二期移入一期位置。财务总监记录现金"＋15"。

11. 售厂房

在经营流程表的相应方格内打"×"。

12. 其他企业购买成品出售原材料

在经营流程表的相应方格内打"×"8、出售厂房。

在经营流程表的相应方格内打"×"。

13. 按订单交货

在经营流程表的相应方格内打"×"。

14. 产品研发投资

在经营流程表的相应方格内打"×"。

15. 支付行政管理费

财务总监从现金库中取出 1 个灰币，放在"管理费"位置上，并记录现金"－1"。

16. 支付厂房租金

在经营流程表的相应方格内打"×"。

17. 紧急融资/紧急采购

在经营流程表的相应方格内打"×"。

18. 季结

现金＝10＋15－3＝22（M）

R1 原料＝3＋1－1＝3（个）

P1 产成品＝0＋1－0＝1（个）

四、第 4 季度经营

1. 季初盘点

财务总监记录现金"22"，采购总监记录 R10"3"，生产总监记录 P1"1"。

2. 更新短期贷款/短期贷款还本付息

没有短期贷款，在经营流程表的相应方格内打"×"。

3. 申请短期贷款

不申请短期贷款，在经营流程表的相应方格内打"×"。

4. 原料入库/更新原料订单

采购总监将原料订单区的空桶朝原料库方向推进一格，到达原料库时，向财务总监申请 1 个灰币，到交易台换取 1 个 R1 原料放入原材料库。财务总监记录现金"－1"，采购总监记录 R1"＋1"。

5. 下原料订单

采购总监取 1 个空桶，放在原料订单区的"R1 订单"位置，表示下了 1 个 R1 原料订单，并记录 R1"（1）"。

6. 更新生产/完工入库

生产总监将生产线上的在制品推进一格。

有 2 个 P1 完工下线，放入"P1 产品库"，并记录 P1 "+2"。

7. 新建/在建/转产/变卖生产线

在经营流程表的相应方格内打"×"。

8. 开始下一批生产

生产总监向采购总监申请 2 个 R1 原料，同时向财务总监申请 2 个灰币（加工费），做成 2 个 P1 在制品分别放在空出的生产线的第一期格内。财务总监记录现金"−2"，采购总监记录 R1 "−2"。

9. 更新应收款/应收款收现

财务总监将应收款朝现金库方向推进一格，此时有 32M 应收款从一期位置移入现金库中。财务总监记录现金"+32"。营销总监登记"应收款明细表"，如表 9-6 所示。

表 9-6   应收款明细表

订单信息							交货		收现		贴现				√
年度	订单号	产品	数量	交货期	账期	金额	年	季	年	季	年	季	金额	贴息	
第 0 年	×××	P1	6	4Q	2Q	32	第 0 年	2	第 0 年	4	—	—	—	—	—

10. 出售厂房

在经营流程表的相应方格内打"×"。

11. 向其他企业购买成品出售原材料

在经营流程表的相应方格内打"×"。

12. 按订单交货

在经营流程表的相应方格内打"×"。

13. 产品研发投资

在经营流程表的相应方格内打"×"。

14. 支付行政管理费

财务总监从现金库中取出 1 个灰币，放在"管理费"位置上，并记录现金"−1"。

15. 支付厂房租金

在经营流程表的相应方格内打"×"。

16. 紧急融资/紧急采购

在经营流程表的相应方格内打"×"。

第五节　年末工作

1. 支付设备维修费

现有 4 条生产线，每条生产线要支付 1M 的维修费。财务总监从现金库中取出 4 个灰币放在费用区的"维修费"位置上，并记录现金"－4"。

2. 计提折旧

根据规则，每条手工线年折旧费 1M，每条半自动线年折旧费 1M，因此，本年应计提折旧额为 1＋1＋1＋1＝4M。财务总监分别从 4 条生产线的净值桶内共取出 4 个灰币，放在费用区的"折旧"位置上，并在经营流程表的相应方格内填入"（4）"，由于折旧费不是实际支付现金，故此数字用括号标出。

3. 新市场开拓/ISO 认证投资

起始年不进行任何投资，在经营流程表的相应方格内打"×"。

4. 缴纳违约订单罚款

无违约，在经营流程表的相应方格内打"×"。

5. 年结

现金＝22＋32－12＝42（M）

R1 原料＝3＋1－2＝2（个）

P1 产成品＝1＋2－0＝3（个）

表 9－7 以财务总监角色为例，说明经营记录的填写过程。

表 9－7　　　　　　　　　　　　　　起　始　年

企业经营流程 请按顺序执行下列各项操作。	每执行完一项操作，CEO 请在相应的方格内打钩。 财务总监（助理）在方格中填写现金收支情况。			
新年度规划会议	√			
参加订货会/登记销售订单	－1			
制订新年度计划	√			
支付应交税金	－1			
季初现金盘点（请填余额）	18	14	10	22
更新短期贷款/还本付息/申请短期贷款	×	×	×	×
更新应付款/归还应付款	×	×	×	×
原料入库/更新原料订单	－2	－1	－1	－1
下原料订单	√	√	√	√
更新生产/完工入库	√	√	√	√

企业经营流程 请按顺序执行下列各项操作。	每执行完一项操作，CEO 请在相应的方格内打钩。 财务总监（助理）在方格中填写现金收支情况。			
投资新生产线/变卖生产线	×	×	×	×
向其他企业购买原材料/出售成品	×	×	×	×
开始下一批生产	−1	−2	−1	−2
更新应收款/应收款收现	√	√	15	32
出售厂房	×	×	×	×
向其他企业购买成品/出售原材料	×	×	×	×
按订单交货	×	√	×	×
产品研发投资	×	×	×	×
支付行政管理费	−1	−1	−1	−1
其他现金收支情况登记	×	×	×	×
支付利息/更新长期贷款/申请长期贷款				−4
支付设备维护费				−4
支付租金/购买厂房				×
计提折旧				(4)
新市场开拓/ISO 资格认证投资				×
结账				
现金收入合计	0	0	15	32
现金支出合计	−4	−4	−3	−12
期末现金对账（请填余额）	14	10	22	42

第六节 编制报表

一、报表编制流程

会计报表的编制是财务总监的主要职责，更是团队协作的结晶，报表编制流程如图 9-6 所示。

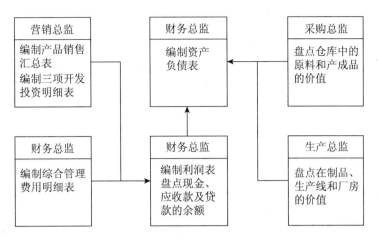

图9-6 报表编制流程

二、报表编制方法

（一）产品销售汇总表

营销总监根据"订单登记表"汇总编制"产品销售汇总表"，如表9-8所示。

表9-8 产品销售汇总表

年度	产品	P1	P2	P3	P4	合计
第0年	数量	6	—	—	—	6
	销售额	32	—	—	—	32
	成本	12	—	—	—	12
	毛利	20	—	—	—	20

（二）综合管理费用明细表

财务总监根据费用区中"维修费""转产费""租金""管理费""广告费""其他"位置上的筹码数量以及营销总监提交的"三项开发投资明细表"中的相关数据（该表第0年无数据）填写"综合管理费用明细表"，如表9-9所示。

表9-9 第0年综合管理费用明细表 单位：百万元

项 目	金 额	备 注
管理费	4	—
广告费	1	—

项 目	金 额	备 注
维修费	4	—
损失	—	—
转产费	—	—
厂房租金	—	—
新市场开拓	—	□区域　□国内　□亚洲　□国际
ISO 资格认证	—	□ISO 9000　□ISO 14000
产品研发	—	□P2　□P3　□P4
合 计	9	—

说明：若"三项开发投资"项目有数据，则需要在备注栏相应的复选框中打"√"。

（三）利润表

利润表属于动态报表，是反映企业在一定会计期间经营成果的报表。利润表一般采用多步式结构，通过以下五个步骤计算出当期净利润（或亏损）：

（1）毛利＝销售收入－直接成本；

（2）折旧前利润＝毛利－综合费用；

（3）支付利息前利润＝折旧前利润－折旧；

（4）税前利润＝支付利息前利润－财务费用；

（5）净利润＝税前利润－所得税。

利润表各项目数据来源如表 9 - 10 所示。

表 9 - 10　　　　　　　　　利润表各项目数据来源

项 目	行 次	数据来源
一、销售收入	1	产品销售汇总表
减：直接成本	2	产品销售汇总表
二、毛利	3	产品销售汇总表
减：综合费用	4	综合管理费用明细表
项目	行次	数据来源
三、折旧前利润	5	3～4 行
减：折旧	6	沙盘费用区的"折旧"数
四、支付利息前利润	7	5～6 行
减：财务费用	8	沙盘费用区的"利息"和"贴息"数

项　目	行　次	数据来源
五、税前利润	9	7~8行
减：所得税	10	税前利润×25％（向下取整）
六、净利润	11	9~10行

根据上述方法编制第0年利润表，如表9-11所示。

表 9-11　　　　　　　　　　第0年利润表

项　目	上年数	本年数
一、销售收入	34	32
减：直接成本	12	12
二、毛利	22	20
减：综合费用	9	9
三、折旧前利润	13	11
减：折旧	4	4
四、支付利息前利润	8	7
减：财务费用	4	4
五、税前利润	4	2
减：所得税	1	1
六、净利润	3	2

（四）资产负债表

资产负债表属于静态报表，是反映企业在某一特定日期的财务状况的报表。资产负债表各项目数据来源如表9-12所示。

表 9-12　　　　　　　　　　资产负债表

资　产	数据来源	负债和所有者权益	数据来源
现金	盘点现金库灰币	长期贷款	盘点长期贷款区域空桶
应收款	盘点应收款区灰币	短期贷款	盘点短期贷款区域空桶
在制品	盘点在线产品价值	应交所得税	当年利润表中的"所得税"
产成品	盘点库存产品价值	负债合计	以上三项之和
原材料	盘点库存原料价值	—	

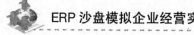

续　表

资　产	数据来源	负债和所有者权益	数据来源
流动资产合计	以上五项之和	—	—
厂房	盘点厂房价值	股东资本	初始投资额不变
机器设备	盘点建成生产线价值	利润留存	上一年度的利润留存+上一年度的净利润
在建工程	盘点在建生产线价值	年度净利	当年利润表中的"净利润"
固定资产合计	以上三项之和	所有者权益合计	以上三项之和
资产总计	流动资产+固定资产	负债和权益总计	负债+所有者权益

根据上述方法编制第0年资产负债表，如表9-13所示。

表9-13　　　　　　　　　　　第0年资产负债表　　　　　　　　　　单位：百万元

资　产	年初数	年末数	负债和所有者权益	年初数	年末数
现金	20	42	长期贷款	40	40
应收款	15	0	短期贷款	—	—
在制品	8	8	应交所得税	1	1
产成品	6	6	负债合计	41	41
原材料	3	2	—	—	—
流动资产合计	52	58	—	—	—
厂房	40	40	股东资本	50	50
机器设备	13	9	利润留存	11	14
在建工程	—	—	年度净利	3	2
固定资产合计	53	49	所有者权益合计	64	66
资产总计	105	107	负债和权益总计	105	107

每一年经营下来，需要反思我们的行为，分析实际与计划的偏差及其原因，聆听指导教师根据现场数据所做的分析与点评，记录收获，完善知识体系。

需要特别强调的是，编制并提交会计报表后，要将盘面上的"费用区"清空，为下一年的经营做准备。

本章小结

通过起始年的年初决策、年中四个季度经营、年末结果分析，并编制报表，熟悉企业的经营流程，为我们以后6年的经营做准备和铺垫。

复习思考题

1. 请各位主管思考，以上企业运营过程中，你们各负责哪些任务？如何完成？如何与他人协作？需要怎样在"企业经营过程记录表"中做好记录？

2. 假设目前资金缺口 10M，企业有 2 账期应收账款 15M；3 账期应收账款 11M；如果只考虑用应收账款贴现方式弥补资金缺口，你准备如何贴现？

3. 对设备进行投资时需要考虑的主要因素有哪些？

第十章　模拟企业经营管理

教学目标 ▶▶▶

本章主要介绍模拟企业经营的战略、财务分析、企业的生产策略和生产效率分析、营运活动攻略、市场营销攻略，通过对 ERP 沙盘模拟经营中各环节成功经验和技巧的深刻领会并灵活运用，为后面的经营提供非凡的指导意义。

在 ERP 沙盘模拟课程起始阶段，所有的模拟企业都具有相同的背景，拥有相同的资源，并追求相同的目标——股东财富最大化。然而，经过若干期经营之后，结果却是千差万别。究其原因，我们能够发现很多规律性的现象和内在联系。在这里，我们将多年 ERP 沙盘模拟教学、竞赛中积累的心得体会加以提炼和梳理，作为成功的经验与读者交流分享，同时也希望能起到抛砖引玉的作用。

第一节　模拟企业经营策略

理念是行为之魂，没有先进的理念就没有先进的实践。我们认为，ERP 沙盘模拟的成功之道，应遵循以下理念。

1. 从错误中学习，在失败中成长

在模拟经营过程中，不要怕犯错和失败，学习的目的就是发现问题，并努力寻求解决问题的方法。在学习过程中，往往是谁犯的错误越多，谁的收获就越大，认识也越深刻。"不会在失败中找出经验教训的人，他通向成功的路是遥远的"。所以，要保持积极乐观的心态，一个人如果心态积极，乐观地面对逆境和接受挑战，那么他就成功了一半。尤其是在竞赛中，冠军只有一个，除了冠军也许都会有些失意，这很正常，但失意只是暂时的，成长需要磨炼。

2. 一切用数据说话

力求精通规则、计算深远，看懂市场预测和会计报表，科学的决策依靠周密严谨的计算和翔实可靠的数据支持。否则，一切跟着感觉走，结果只能是沦为"四拍"式管理——拍脑袋决策、拍胸脯保证、拍大腿后悔、拍屁股走人。

3. 知己知彼，百战不殆

在战略的制定和执行过程中，千万不要忘记竞争对手，竞争对手的市场开拓、产品研发、ISO 认证、产能大小、现金多少、甚至广告投放习惯等都是必须关注的，只有对竞争对手有正确的评估才能准确推断出其战略意图，从而避实就虚，寻求战略优势。

4. 细节决定成败

关注细节，是一种习惯，要在平时点滴中培养。很多时候我们会说"运气不好"，由于某个失误导致经营失败太可惜了。但究其根本，都是因为在细节上没有掌控好，犯了致命"失误"，导致满盘皆输。一个好的财务（计算）可以保证公司不死，一个好的市场（博弈）可以让公司壮大，在这两个条件差不多的情况下，不犯错或者少犯错的团队就可以走得更远。高水平的巅峰对决，比的就是对细节的掌控。

5. 稳中求进，不可贪胜

模拟经营的前期注重战略，后期讲究战术，但是如果战略不好，再好的战术也派不上用场，所以前三年是竞争的关键，此时企业资源较少，必须量力而行、循序渐进。产能的扩张必须以市场需求为依据，以现金预算为基础，以发展壮大为目标，以稳健适度为原则。可以说，能够自然流畅地展开各项资源的企业，必然会在竞争中占据优势地位。墨守成规、不思进取不可能发展企业，但那种急功近利、试图一蹴而就的心态更是经营的大忌。

6. 企业成败取决于人

在模拟企业中，CEO 是灵魂，财务是核心，营销是关键，生产是基础，采购是保障，五位一体。企业经营得好坏，一方面取决于企业的决策；另一方面取决于团队成员的参与程度、默契程度和互补程度。团队成员之间不仅要敢于沟通，更要善于沟通。在制定决策时，团队成员应集思广益、畅所欲言；而一旦做出方案，就应该各司其职，认真履行好自己的职责，保证企业战略意图的贯彻执行。当企业运营出现问题时最能考验团队的凝聚力，此时，不能推脱责任，更不能互相埋怨和指责，要学会以欣赏、尊重、宽容的态度对待同伴。企业的兴衰成败归根结底取决于人。

第二节　财务分析

一、负债经营原则

负债经营是现代企业的基本特征之一，其基本原理就是在保证财务稳健的前提下充分发挥财务杠杆的作用，为股东谋求收益最大化。负债经营是一把"双刃剑"，一方面，如果企业经营状况良好，投资收益率大于负债利息率，则获得财务杠杆利益，实现"借鸡生蛋"的目的；另一方面，如果企业经营状况不佳，投资收益率小于负债利息率，则产生财务杠杆损失，甚至导致企业因不堪重"负"，而濒临破产的边缘。

现实生活中，很多管理者缺乏财务管理知识，对企业运用负债理解不够，利弊认识不清，视负债风险为洪水猛兽，认为"冷在风里，穷在债里"，而"无债一身轻"。事实上，适度的负债经营可以提高企业的竞争力和获利能力，是现代企业为获得快速发展而采取的一种积极进取的经营手段。所谓"富人钱生钱，穷人债养债"就是这个道理。

当然，负债经营的比例究竟应该多高，这是财务管理学中确定最佳资本结构的关键问题，也是个没有普遍适用模式的难题。企业必须结合自身资源、运作能力以及外部环境的各种因素，进行通盘考虑。

二、长短贷结构合理

在 ERP 沙盘模拟中，银行信贷资金是模拟企业的基本筹资渠道，长期贷款和短期贷款各有利弊，它们的资本成本和财务风险比较如表 10-1 所示。

表 10-1 两种贷款的资本成本和财务风险比较

筹资类型	资本类型	财务风险
短期贷款	低	大
长期贷款	高	小

从表 10-1 中可以看出，使用短期贷款资本成本低，但财务风险大，很容易造成还不了到期的贷款而导致企业破产；使用长期贷款则相反，财务风险小，但较高的资本成本侵蚀了企业的利润空间，导致企业"干得很辛苦，就是不赚钱"。所以，在制定筹资策略时，必须合理安排长短贷的比例，使资本成本和财务风险达到均衡，让借来的钱创造出更多的利润。

三、控制贷款额度

（一）卡权益

根据规则，所有长贷和短贷之和不能超过上年年末所有者权益的 3 倍。在模拟经营的前两年，由于权益较低，卡权益数以保证下一年的贷款额度非常重要。同时规则还规定，以 20M 为基本贷款单位（电子沙盘的长贷以 10M 为基本贷款单位），所以，权益的个位数卡在 0、4、7 时对计算贷款额度比较有利。例如，某年年末的权益是 40M，那么下年度贷款额度就是 120M；若权益为 39M，则下年度贷款额度只有 100M（电子沙盘为 110 M），贷款额度的减少对企业经营势必造成一系列不良影响。

（二）保权益

为保证下年度融资能力，年末权益数一般不要低于 40M，可以通过以下方式保权益。

1. 推迟或放弃 ISO 认证投资

市场对 ISO 认证需求一般出现较迟，同时要求 ISO 9000 和 ISO 14000 的订单更稀少，因此，为保障权益，首当其冲就是削减 ISO 投资额。

2. 减少一个或两个市场开拓投资

市场并非越多越好，关键看能否提升企业的效益。那种"不管什么情况都要把市场全开"的思路是不正确的，因为市场准入资格的获得需要付出资金及时间代价，如果开发出的市场不能发挥应有的作用，则开发就是失败的。一般来说，并不需要把五大市场都开拓出来，尤其是亚洲和国际两个市场可以选择其一。例如，国际市场开拓的周期长、投资多，但我们通过市场预测发现，国际市场对 P4 产品的需求量很小，所以，主打 P4 产品的企业就可以考虑放弃国际市场开拓。

四、出售厂房

关于常规的筹资方式，我们已经做了详尽的说明，这里介绍一下出售厂房的策略。我们在教学实践中发现，厂房处理往往是"新手不会用、高手不须用"的方法，但事实上，出售厂房也是一种应急的筹资方式。

在电子沙盘第一年运营中，为了保权益，往往采用购买厂房的策略，第 2 年后若预计资金周转会出现困难，可以主动提前出售厂房，根据模拟运营规则"厂房按买价出售，得到 4 个账期的应收款"。如果从收入的角度看，这就视同取得一笔销售收入；如果从筹资的角度看，也可以理解为申请了一笔长期贷款。例如，出售小厂房得到 30M 应收款，可以看作变相取得了 30M 长贷，小厂房的年租金 3M，而 30M 长贷的年利息也是 3M，显然，这两种方式对权益的影响是相同的；在现金充足的年份，还可以通过"租转买"购回厂房，从而节省租金、提高权益，而长贷是不能提前归还的，所以出售厂房比申请长贷要灵活。

第三节　生产策略和生产效率分析

一、资源展开符合"配称"原则

"竞争战略之父"迈克尔·波特教授指出，战略就是在企业的各项运营活动之间建立一种配称。笔者认为，"配称"就是协调和匹配，包含着"恰好"的概念，类似于管理学中的"木桶定律"。资源"配称"可以有效避免资源浪费，使企业的整体绩效最大化。具体到 ERP 沙盘模拟中，就是要求市场开拓、产品研发、生产线建设以及材料采购等环节要"配称"，如产品研发与生产线建设应该同期完成，原料入库与上线生产能够协调一致，产能扩张与市场开拓保持同步，投资需求与资金供给有效匹配等。

在 ERP 沙盘模拟中，产、供、销的脱节现象比比皆是，这是很多模拟企业经营惨淡的根本原因。例如，有的小组开拓了广阔的市场，本应顺理成章地接到很多订单，却发现产能不足，即使生产线全力以赴也无法满足订单的要求；有的小组花费大量资金购置了自动线或柔性线，产能很高，但产品单一、市场狭小，导致产品积压和生产线闲置；有的小组营销、生产安排妥当，只等正常生产和交货即可有光明的前景，然而库存原料又不够了，只能停工待料或者紧急采购，打乱了事先的部署。凡此种种，不一而足。

二、各种生产线的性价比

（一）手工线与自动线比较

就买价、产能和年折旧费而言，三条手工线等于一条自动线。但是，三条手工线的维修费是 3M，一条自动线只需要 1M 维修费；另外，三条手工线比一条自动线还要多占两个机位，这会大大限制企业产能的扩张。所以，自动线的性价比优于手工线。

（二）半自动线与自动线比较

两条半自动线等于一条自动线的产能，但两条半自动线买价是 20M，一条自动线的买价是 15M，同时，两条半自动线比一条自动线还要多 1M 折旧费和 1M 维修费，并多占一个机位。所以，自动线的性价比明显优于半自动线。

（三）柔性线与自动线比较

柔性线与自动线各有千秋，主要区别如表 10 - 2 所示。

表 10 - 2 柔性线与自动线的主要区别

生产线	买价	转产费	残值	折旧费
柔性线	20M	0	4M	4M/年
自动线	15M	2M	3M	3M/年

从表 10 - 2 中可以看出，柔性线的买价比自动线多 5M，柔性线的残值比自动线多 1M，所以总体来看，柔性线比自动线多支付 4M 现金，柔性线总的折旧费比自动线多 4M，权益减少 4M。柔性线的优势在于转产，自动线转产要停工 1 季并支付 2M 转产费，权益减少 2M，由于柔性线的安装周期比自动线多 1 季，所以产能持平，此时自动线还比柔性线多 2M 权益。若自动线第 2 次转产，自动线又要停工 1 季并支付 2M 转产费，权益又减少 2M，此时对权益的影响相同，但柔性线比自动线多出一个产能。显然，这种情况下柔性线更合算。

在企业采用多种产品组合模式时，一般应购置 1～2 条柔性线，从而灵活调整交单时间和顺序，尽量避免了贴现。同时，如果打算购置柔性生产线的话，宜早不宜晚，因为越往后产品转产的几率越低，柔性线的优势得不到发挥，浪费了优质资源的同时还增加了现金压力。基于以上分析，我们可以得出结论：自动线性价比最高，是首选生产线；若预计出现两次转产则应考虑使用柔性线；手工线可用来应急。

三、生产线建设策略

（一）生产线开始建设的时点

生产线开始建设的最佳时点应该是保证产品研发与生产线建设投资同期完成。例如，P3产品研发周期是6个季度，自动线安装周期是3个季度，如果第1年第1季度开始研发P3产品，第1年第4季度开始建设生产P3产品的自动线，那么第2年第2季度P3产品研发与自动线生产线建设投资恰好同期完成，第2年第3季度上线生产P3产品。如表10-3所示。

表10-3　　　　　　　　　　产品研发与生产线建设投资

任务	第1年				第2年			
	1Q	2Q	3Q	4Q	1Q	2Q	3Q	4Q
P3产品研发	1M	1M	1M	1M	1M	1M	—	—
自动线1建设	—	—	—	5M	5M	5M	投产	—
自动线2建设	—	—	—	5M	5M	5M	投产	—
自动线3建设	—	—	—	5M	5M	5M	投产	—
自动线4建设	—	—	—	5M	5M	5M	投产	—

（二）建设产能灵活的生产线

在沙盘模拟经营第1年，由于竞争对手的情况不明朗，应尽量建设产能灵活的生产线，以便给第2年选单留有余地。按表10-3所示，如果企业第2年只接到3个P3产品的订单，那么，第4条自动线就可以延期投资，在第2年第4季度完成投资，这条生产线第2年就不需要支付维修费了。生产线建设进程如表10-4所示。

表10-4　　　　　　　　　　建设产能灵活的生产线

任务	第1年				第2年			
	1Q	2Q	3Q	4Q	1Q	2Q	3Q	4Q
P3产品研发	1M	1M	1M	1M	1M	1M		
自动线1建设	—	—	—	5M	5M	5M	投产	—
自动线2建设	—	—	—	5M	5M	5M	投产	—
自动线3建设	—	—	—	5M	5M	5M	投产	—
自动线4建设	—	—	—	5M	—	—	5M	5M

四、巧用手工生产线

根据生产线的性价比分析，是不是意味着手工线投有任何用途呢？其实不然，手工线有一个重要作用——救火队员。在选单中，有时会遇到订单数量比实际产能多 1 个。如果接下这张订单，有两种方法解决燃眉之急：一种方法是紧急采购一个产品，来弥补产能的不足；另一种方法就是利用手工线即买即用的特点，在厂房机位有空余的情况下，第 1 季度买 1 条手工线并投产，可以在第 4 季度产出 1 个产品，同时将手工线立即出售。手工线出售的损失是 4M，与紧急采购 1 个 P1 产品的损失相同，但比紧急采购 P2、P3、P4 产品要合算得多。当然，利用手工线救急还必须有满足上线生产的原料，若原料也需要紧急采购那就另当别论了。

五、出售生产线的时机

从权益的角度看，当生产线还剩一期折旧费未计提时，出售生产线是有利的。根据模拟运营规则"生产线按其残值出售，净值与残值之差计入损失"，当出售的生产线还剩一期折旧费未计提时，残值变为现金，最后一期折旧费转入了损失，但节省了 1M 维修费，提高了权益。例如，企业在某年年初有一条半自动线，其净值是 4M。如果不出售该半自动线，那么年末折旧费是 2M，维修费是 1M；如果当年出售该半自动线，那么年末就不需要计提折旧费和支付维修费了，只产生 2M 的损失，与前者相比可以提高 1M 权益，同时还得到 2M 现金。

在手工沙盘模拟经营的前两年，核心问题就是生产线的更新换代。事实上，对于产能较低的手工线和半自动线及时处理，空出的机位可以铺设产能较高的自动线或者柔性线，从权益上讲也是有利的。至于自动线和柔性线，正常情况下不宜出售，只有前两年已建成且在第 6 年出售才有利于权益的增加。

第四节　营运活动攻略

一、"三零"库存原则

（一）原料零库存

在 ERP 沙盘模拟中，产品的物料清单和原料的采购提前期都是确定的，因此可以通过明确的生产计划，准确地计算出所需原料的种类、数量以及采购时间。例如，P2 产品的物料清单是"R2＋R3"构成，假设在第 4 季度有 1 个 P2 产品要交货，如果是安排自动线生产，那么第 3 季度就必须上线生产了，此时需要 1 个 R2 原料和 1 个 R3 原料都已入库。由于 R2 采购提前期为一个季度，R3 采购提前期为两个季度，所以需要在第 1 季度下 1 个 R3 原料订单，在第 2 季度下 1 个 R2 原料订单。这样，在第 3 季度上线生产 P2 时刚好有足够的原料，从而保证第 4 季度 P2 产品完工，按时交货。这是最基本的采购排程，通过精确的排程计算，就可以做到准时制生产（Just In Time, JIT），实现"零库存"的目标。

生产及采购排程的推算方法如表 10-5 所示。

表 10-5　　　　　　　　　　　　　　生产及采购排程

状态		时间（Q）					
		1	2	3	4	5	6
手工线	开始生产	—	—	P2	—	—	P2
	下原料订单	R3	R2	—	R3	R2	—
半自动线	开始生产	—	—	P2	—	P2	
	下原料订单	R3	R2	R3	R2	—	
全自动线	开始生产	—	—	P2	P2	P2	P2
	下原料订单	R3	R2+R3	R2+R3	R2+R3	R2	
合计	开始生产	—	—	3P2	1P2	2P2	2P2
	下原料订单	3R3	3R2+1R3	1R2+2R3	2R2+2R3	2R2	

当然，零库存还应符合灵活调整生产安排的要求。在有柔性线或者可能转产的情况下，第 1 季度需要按照各种生产方案原料需求的最大值购进各种原料。例如，企业有一条柔性线，第 1 季度需要根据接单情况任意选择生产 P2 产品或者 P3 产品，这样就必须保证生产 P2 和 P3 所需的原料齐全，对于多采购的原料可以在以后各季逐渐消化掉，但年末必须实现零库存。

（二）产品零库存

企业将产品销售出去，便可取得收入，收回资金。在一定时期内，资金周转越快，就可以利用相同数量的资金生产出更多的产品，取得更多的收入，获得更多的利润。如果企业当年生产出的产品全部销售出去，年末实现产品零库存就说明企业资金周转状况好，资金利用效率高，体现了企业供、产、销的协同。但相对于原料零库存而言，产品零库存难度较大，因为它不仅需要采购与生产的密切衔接，还需要合理的广告投放与选单相配合。

在"竞拍版"电子沙盘模拟经营比赛中，曾有队伍在竞拍会的年初有意保留一定的库存产品，这是一种高级战术，它与"扫单"一样，都是在高水平对抗时随机应变的策略，没有固定的规律可循。

（三）现金零库存

现金是企业的血液，一旦现金断流，企业生产经营活动将无以为继。如果一定要说企业运营中哪个失误最严重、是致命的，那就是现金不足了。那么是不是库存现金越多越好呢？答案是否定的。根据会计学知识，资产流动性（变现能力）越强，其营利性（获利能力）就越差，资产的流动性与营利性呈反方向变化。现金是流动性最强的资产，但同时又是种非营利性资产，不能给企业带来任何收益。除非企业的现金已经无处可以投资，否则持有过多的现金而不进行投资是非常不理智的行为。所以，现金管理就是在现金的流动性与营利性之间进行权衡选择的过程。现金管理的核心环节和方法是现金预算管理，编制现金预算要从分析现金流入手，ERP 沙盘模拟涉及的现金流入与流出项目如表 10-6 所示。

表 10-6　　　　　　　　　　现金流入与流出项目一览表

现金流入项目	现金流出项目
(1) 长贷和短贷 (2) 到期应收款 (3) 应收款贴现 (4) 厂房贴现 (5) 变卖生产线 (6) 出售库存	(1) 支付广告费 (2) 支付上年所得税 (3) 支付贷款利息 (4) 偿还到期贷款本金 (5) 原料入库支付现金 (6) 厂房买价/租金 (7) 生产线建设投资 (8) 生产线转产费用 (9) 支付工人工资 (10) 产品研发投资 (11) 支付行政管理费 (12) 支付设备维修费 (13) 市场开拓投资 (14) ISO 认证投资 (15) 其他支出

从表 10-6 中不难发现，现金流入项目非常有限，而且其中只有"到期应收款"流入的现金对损益没有负面影响。长贷、短贷和贴现会增加财务费用，变卖生产线和出售库存也可能产生损失。所以，财务总监必须精打细算，保持现金预算与销售计划、生产计划、采购计划以及投资计划的协调一致。同时，如果市场形势、竞争格局发生改变，现金预算必须动态调整，以适应变化。

在 ERP 沙盘模拟中，只要现金够用，当然是越少越好。每期经营过程中，在现金流入前，使现金余额为零。这样，现金的作用发挥到了极致。但对于初学者不建议这样做。

二、紧急采购的奇效

很多人认为紧急采购会产生较大损失，是亏本买卖，不能用。事实上，如果敢于打破常规思维定式，紧急采购可以发挥出奇兵的作用。例如，通过市场预测我们发现，在第 5 年和第 6 年的国际市场上，P1 产品订单的平均单价接近 6M，几乎足 P1 产品成本的 3 倍，个别订单的单价肯定超过 6M，而 P1 产品的紧急采购价格也就是 6M，这意味着即便通过紧急采购来弥补产能不足的部分也是完全可行的。尤其是在"竞拍版"电子沙盘系统中，竞拍会环节允许以产品成本 3 倍的价格参与竞单，如果充分运用紧急采购的奇效，甚至能够后来居上，实现翻盘。

三、合理避税

（一）利用"向下取整"的计算规则

根据 ERP 沙盘模拟的规则，计算应交所得税时"向下取整"，我们可以利用这一规则合理"避税"。例如，某年的应税利润是 20M（必须是 4M 的倍数），应交所得税为 5M，可以在当年进行一次贴现操作，主动增加 1M 贴息，使当年应税利润降为 19M，利用"向下取整"规则就可以减少 1M 的所得税。这样的效果就相当于将 1M 的税金变成了 1M 的财务费用，对于当年权益并没有影响，但通过贴现把应收款提前变成现金，增强了资产的流动性。

（二）沙盘中所得税计算的特殊问题

在沙盘中，如果首次达到应该交税的情况，但应税所得小于 4M，计算出的税金小于 1M，按照"向下取整"规则，所得税是零。那么是否真的避税了呢？答案是否定的。如果出现这种情况，当年应税利润要与下一年应税利润合并计算所得税。例如，某公司 1～4 年的税前利润如表 10-7 所示。

表 10-7　　　　　　　　　某公司 1～4 年的税前利润

年份	第 1 年	第 2 年	第 3 年	第 4 年
税前利润	−11M	13M	19M	19M

第 2 年应税所得＝−11＋13＝2M，2×25％＝0.5M，向下取整，当年应交所得税为零，但产生了 2M 应税利润，将和第 3 年的税前利润一并计算所得税。所以，第 3 年应交所得税＝（19＋2）×25％＝5M（向下取整），此为特殊情况，从下一年开始正常处理。第 4 年应交所得税 19×25％＝4M（向下取整）。

第五节　市场营销攻略

一、广告投放原则

在 ERP 沙盘模拟中，投放广告是模拟企业年度经营的开始，广告投放策略对于企业本年度的经营成果起着决定性影响。投放广告的目的是为了拿到客户订单，理论上说，广告投放得越多，获得订单的机会也越多。但企业的资源是有限的，市场上产品需求数量也是有限的。制定广告投放策略，主要是解决企业准备在哪些市场、哪些产品上投放广告以及投放多少的问题。科学合理的广告投放有助于企业拿到满意的订单而不造成资金浪费，提高广告收益率和资金使用效率。企业在制定广告投放策略时，应遵循以下原则。

1. 稳健性原则

稳健性原则就是在认真分析市场的前提下，有目的地投放广告，避免盲目投放广告而造成资金的浪费。企业经营需要理性，不能意气用事，更不能有"赌"的心理。实践证明，很多小组由于大肆投放广告，造成现金流出过多，从而不得不推迟产品研发、市场开拓以及生产线建设，最终导致产能无法扩张而丧失先前取得的优势。

2. 准确性原则

准确性原则就是通过对企业自身资源、市场和竞争对手情况等因素的全面分析，制定科学的广告投放策略，力争做到每 1M 广告投入都能收到成效。准确性原则要求做到以下几点：第一，明确企业每个季度各种产品的生产情况；第二，通过对市场预测的分析，正确估计每个市场不同年份的需求量和订单情况；第三，掌握主要竞争对手的资金与产能情况以及可能采取的策略等，尽量避开竞争激烈的细分市场。

3. 集中性原则

集中性原则就是当企业采用多种产品组合模式时，应将广告费集中投放在某个市场上，争取"市场老大"地位。在模拟经营后期，五大市场都已逐步打开，广告费则应尽量集中在其中几个有优势的细分市场上。集中性原则也可以理解为广告投放要"狠"，需要强调的是，基于周密计算"狠"与靠"蛮力"狂砸广告费截然不同，那种狂砸广告费争抢"市场老大"的做法是得不偿失的。经验告诉我们，"市场老大"不是抢出来的，而是做出来的，凡是最终获胜的团队，不论开局如何，最后自然是"市场老大"。

4. 效益性原则

效益性原则就是使投放的广告费产生最大效益。反映广告投放效益的指标是广告投入产出比，广告投入产出比＝销售收入÷广告费，也就是单位广告费取得的销售收入，该比率越大，说明广告投放效益越高。在产品数量一定的情况下，销售收入的多少取决于产品单价的高低。在实践中，很多企业一旦得到某个市场老大地位，便试图把它保持到底，其实这是个误区。因为不同时期的主导产品是不同的，而在同一年份的不同市场上，产品单价却有较大差异。例如，通过市场预测可以发现，第 4 年 P2 产品在不同市场上的平均单价差距就很大。从效益性原则出发，就要敢于放弃鸡肋市场，而去争夺产品的最高价市场，从而增加企业的收益。

二、选单技巧

（一）抓住广告录入的时机

在选单前，教师端要将各组广告投放数据录入系统，一般会同步展示，以便确认广告录入是否正确。模拟企业可以利用这个机会，将其他企业的广告投放情况进行记录并加以分析，以便调整选单策略。

例如，企业分别在区域、国内和亚洲市场上投放了 P3 产品的广告，通过观察其他企业的广告投放情况，发现亚洲市场只有本企业和另一家企业对 P3 产品投放了广告，而且本企业是 4M，对方是 3M，又根据事先预测，亚洲市场上 P3 产品至少有三张订单，那么，说明本企业在亚洲市场上可以拿两张 P3 产品订单。在这种情况下，企业可以出于价格或其他因素的考虑放弃前面某个市场的选单，而将选单机会重点放在亚洲市场上。如果企业没有作这种分析，就可能与更好的选单机会失之交臂。

（二）数量、单价与账期的选择

在选单时，经常会遇到令人纠结的情况：数量大的订单往往单价比较低，接下这样的单子毛利率较低，心有不甘；单价高的订单，往往是些数量小的订单，接下这样的单子又担心产品卖不完，造成库存积压。同时，每一张订单的应收款账期各不相同，为了避免贴现，当然要选择账期短的，这与订单的数量、单价又会发生冲突。

在模拟运营前期，市场狭小、产品单一、竞争激烈，企业应以尽可能地多销售产品为目标，选择数量大的订单，单价和账期则放在次要位置考虑；而随着市场开拓和产品研发的逐步完成，选择余地会越来越大。理论上，细分市场可多达 20 个，而每家企业的年生产能力最多只有 40 个产品。在这种情况下，很多时候只要投 1M 广告就可以"捡到"订单，这时"卖完"已经不是最重要的任务，更多地应该考虑如何"卖好"，如果再一味地"抢大单"显然是不合理了，单价成为选单时考虑的首要因素。

就账期而言，如果企业资金比较紧张，就应选择账期较短的订单；如果企业没有资金困扰的问题，就不需要考虑账期，尽量选择单价和数量合适的订单。

（三）利用好 ISO 资格优势

如果订单有 ISO 条件限制，而竞争对手的 ISO 资格不全时，应针对竞争对手的劣势，合理利用选单规则挤压对手。例如，假设某市场 P2 产品有 3 张订单，如表 10 - 8 所示，毛利润分别是 10M、11M 和 3M。A 和 B 两个组投放了广告，A 组投放 3M，B 组投放 4M，B 组先选单。A 组拥有 ISO 9000 和 ISO 14000 认证，而 B 组只有 ISO 9000 认证。

表 10-8　　　　　　　　　　　　**某市场 P2 产品订单**

1 号订单		2 号订单		3 号订单	
数量	3	数量	3	数量	1
单价	6.4	单价	6.6	单价	6
总额	19	总额	20	总额	6
账期	2	账期	3	账期	2
条件	ISO 9000	条件	ISO 14000	条件	—

在第一轮选单时，B 组首先选择了 1 号订单，接下来，如果 A 组选择 2 号订单，那么，剩下的 3 号订单就会被 B 组拿到，这样选单的结果是：A 组获毛利润 11M，B 组获毛利润 13M。但是，A 组注意到 B 组没有 ISO 14000 认证资格，无权选择 2 号订单，所以在第一轮选单时挑选了 3 号订单，这样就挤掉了 B 组二次选单的机会。在第二轮选单时，B 组只好放弃选单，2 号订单仍归 A 组所有。如此一来，结果逆转——A 组获毛利润 14M，而 B 组仅获临场利 10M。在高水平的模拟对抗中，这种差别往往可以影响最终的胜负。

三、交单技巧

合理安排好交单顺序，可以在一定程度上缓解资金压力，尽量减少由于应收款贴现而发生的财务费用支出。在选择交单顺序时，应结合企业事先编制的现金预算，计算出在某季度某步骤需要的现金量，使应收款在此节点前到期收现，从而避免贴现，起到"节流"的作用，提高所有者权益。

（一）账期不同

相同数量的两张订单，由于账期不同，交单顺序会直接影响企业的现金回笼情况。在现金暂时无忧的情况下，可以先交账期长的订单，后交账期短的订单；在现金非常紧张、急需现金回笼时，就应先交账期短的订单，以便缓解短期的资金压力，尽可能减少贴现。但是，如果只有靠贴现才能解决现金断流问题时，应考虑先交账期长的订单。

（二）数量不同

通常情况下，企业在每季能交多少就交多少，尽可能多地交货。有些时候，也可以考虑将产品囤积一个季度，与下季度生产出的产品加起来，交数量大的订单，因为数量大的订单总金额也高。

（三）总金额不同

如果交单纯粹就是为了贴现以解决现金不足问题，那么根据贴现息向上取整的规则，应以 10M 的倍数进行贴现较为有利（手工沙盘规则）。例如，企业有两张订单，产品、数量均相同但总金额不同，一张订单总金额为 18M，账期为 20Q，另一张订单总金额为 20M，账期为 4Q。假如企业有 12M 的现金缺口，当季必须通过应收款贴现来弥补，这种情况下，从有利于贴现角度考虑，应先交总金额为 20M 的订单。

"兵无常势，水无常形。"企业管理也是一样，没有放之四海而皆准的管理模式。所谓的经验和技巧也都是基于特定背景条件下产生的，需要深刻领会并灵活运用，否则，生搬硬套，只会适得其反。企业经营没有灵丹妙药，市场竞争没有常胜将军，在 ERP 沙盘模拟的竞技场上没有最强，只有更强。多少年风雨历程，多少次巅峰对决，我们从新手成长为标兵，靠的是一颗不言放弃、血拼到底、永远争胜的心。

本章小结

模拟企业运营的关键环节：战略规划、财务管理、市场营销、产品研发企业的生产策略和生产效率分析等一系列活动。通过多年 ERP 沙盘模拟教学，总结运营各环节的规律性和内在联系。

复习思考题

1. 如何计算本年度生产线的折旧额？
2. 例如，某公司 1～4 年的税前利润如表 10 - 9 所示。

表 10 - 9 　　　　　　　　某公司 1～4 年的税前利润

年份	第 1 年	第 2 年	第 3 年	第 4 年
税前利润	−8M	13M	15M	19M

计算各年度的所得税。

第四篇　ERP 沙盘模拟实训

第十一章　实训过程

第一节　感性经营——第一年

【单元实验目的】

1. 通过实验认识企业经营的本质；了解企业赢利的手段开源和节流。

2. 了解企业战略及层次，学会制定企业的发展目标和经营策略。

【实验准备知识】

一、企业经营的本质

企业经营是利用一定的经济资源，通过向社会提供产品和服务，获取利润，其目的是股东权益最大化。作为经营者，要牢牢记住这句话，这是一切行动的指南。

企业的资本的构成有两个来源：①负债：一个是长期负债，一般是指企业从银行获得的长期贷款；另一个是短期负债，一般是指企业从银行获得的短期贷款；②权益：一部分是指企业创建之初时，所有股东的集资，即股东资本，这个数字是不会变的；还有一部分是未分配利润。在企业筹集了资本之后，进行采购厂房和设备、引进生产线、购买原材料、生产加工产品等活动，余下的资本（资金）就是企业的流动资金了。

可以这么说：企业的资产就是资本转化过来的，而且是等值地转化。所以资产负债表中，左边与右边一定是相等的。通俗地讲，资产就是企业的"钱"都花在哪儿，资本就是这"钱"是属于谁的，两者从价值上讲必然是相等的。即资产负债表一定是平的。

经营是指企业以市场为对象，以商品生产和商品交换为手段，为了实现企业的目标，使企业的投资、生产、销售等经济活动与企业的外部环境保持动态平衡的一系列有组织的活动。企业经营的好坏有以下两种。

1. 企业生存

《企业法》规定，企业因经营管理小善造成严重亏损，不能清偿到期债务的，可以依法宣告破产。这从另外一个角度告诉我们，在六年的模拟经营中，如果出现以下两种情况，企业将宣告破产。

（1）资不抵债。如果企业所取得的收入小足以弥补其支出，导致所有者权益为负时，企业破产。

（2）现金断流。如果企业的负债到期，无力偿还，企业破产。生存是发展的基础。

2. 企业赢利

企业是一个以赢利为目的的经济组织，企业经营的本质是股东权益最大化，即赢利。而从利润表中的利润构成中不难看出赢利的主要途径一是扩大销售（开源），一是控制成本（节流）。

（1）开源——努力扩大销售

利润主要来自于销售收入，而销售收入由销售数量和产品单价两个因素决定。

企业通过向社会提供产品和服务实现收入，一般情况下，企业实现的收入越高，所获取的利润也越高。因此，在合理的成本控制下，企业应努力扩大产品的销售数量，占领更多的市场份额，以实现尽可能多的销售收入。

扩大销售收入的手段主要包括：①市场策略方面，加大广告宣传投入、积极开拓新的市场渠道、投资建设新的门店等；②产品策略方面，积极研究市场竞争对手，找到目标市场的空白点，增加新产品的销售，增加商品种类，使门店类型、门店档次和产品的销售处于最佳对应状态；③企业内部管理方面，妥善规划仓储能力，确保商品的存储不出现问题，积极优化飞机、汽车、火车三种运输方式的线路和比重，提升物流效率。企业扩大销售收入如图11-1所示。

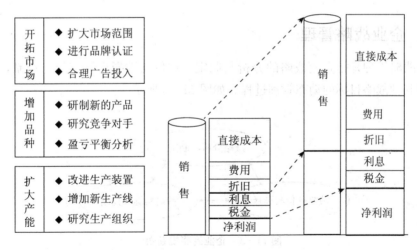

图 11-1　企业扩大销售收入

（2）节流——尽力控制成本

产品成本分为直接成本和间接成本。控制成本主要有以下两种方法。

①降低直接成本。直接成本主要包括构成产品的原利费和人工费。在"ERP沙盘

模拟"课程中，原料费由产品的 BOM 结构决定，在不考虑替代材料的情况下没有降低的空间；用不用生产线生产同一产品的加工费也是相同的，因此在"ERP 沙盘模拟"课程中，产品的直接成本是固定的。

②降低间接成本。从节约成本的角度，我们不妨把间接成本区分为投资性支出和费用性支出两类。投资性支出包括购买厂房、投资新的生产线等，这些投资是为了扩大企业的生产能力而必须发生的；费用性支出包括营销广告、贷款利息等，通过有效筹划是可以节约一部分的。企业经营成本的分类及降低成本的手段如图 11-2 所示。

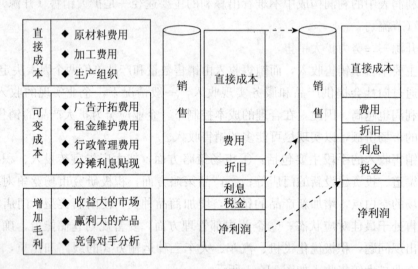

图 11-2　企业经营成本的分类及降低成本示意图

二、企业战略管理

企业战略管理是指企业战略的分析与制定、评价与选择以及实施与控制，使企业能够达到其他战略目标的动态管理过程。如图 11-3 所示。

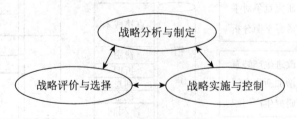

图 11-3　企业战略规划图

1. 如何进行企业环境分析

企业环境包括企业宏观环境分析、企业行业及竞争环境分析、企业内部条件分析。

企业宏观环境分析主要包括 6 个方面：政治环境、法律环境、经济环境、科技环境、社会环境和文化环境。

行业及竞争环境分析包括行业的主要经济特性分析、行业吸引力分析行业变革驱动因素分析、行业竞争的结构分析、行业竞争对手选择与分析、行业市场集中度与行业市场细分及战略组分析。

企业内部条件分析应关注以下问题：企业目前的战略运行效果如何？企业面临哪些资源强势和弱势？企业价值链分析、企业核心能力分析、企业产品竞争力及市场营销状况分析、企业经济效益状况分析、企业面临的战略问题分析。

在对企业内外环境进行详细的分析之后，我们选用常用的 SWOT 分析法为其选择合适的竞争战略，将企业的主要内部优势因素、劣势因素、机会因素和威胁因素，通过调查和筛选罗列出来，从中得到一系列相应的结论。如表 11 - 1 所示。

表 11 - 1　　　　　　　　　　　　　　　SWOT 分析

内部优势和劣势 外部机会和威胁	内部优势（S）	内部劣势（W）
外部机会（O）	SO 战略 依靠内部优势，利用外部机会	WO 战略 利用外部机会，克服内部劣势
外部威胁（T）	ST 战略 利用内部优势，回避外部威胁	WT 战略 减少内部劣势，回避外部威胁

2. 公司的发展战略

公司的发展战略有三大类，每类又有三种形式，如表 11 - 2 所示。

表 11 - 2　　　　　　　　　　　　　　　企业发展战略

密集型发展	一体化发展	多元化发展
市场渗透	后向一体化	同心多元化
市场开发	前向一体化	横向多元化
产品开发	水平一体化	混合多元化

沙盘企业经营的成败，很大程度上与企业的战略规划密切相关。规划，从某一程度上来说，就是使自己的团队知道自己要做什么，什么时候做，怎样做，做或不做对企业有什么影响。在实际经济生活中，战略规划涉及的面很宽，但对于沙盘企业而言，主要包括市场开发和 ISO 认证开发规划、生产线购买或出售规划、产品开发规划、产品生产规划等几个方面。为了提高规划直观性，我们可以借助企业战略规划表。

通过企业战略规划表，可以明确企业在某年某个季度开展的工作。战略规划从时间上划分，包括中长期规划和短期规划。中长期规划一般在五年以上，短期规划一般为一年。沙盘企业的规划应当重视短期规划，因为短期规划更具体，更接近实际。短期战略规划应当在每年年初进行。第一章实验相关内容如表 11-3 至表 11-10 所示。

【实验内容】

表 11-3　　　　　　　　　　　　　第一年运行记录

企业经营流程 请按顺序执行下列各项操作。	每执行完一项操作，CEO 在相应的方格内打钩。 财务总监（助理）在方格中填写现金收支情况。			
新年度规划会议				
参加订货会/登记销售订单				
制订新年度计划				
支付应交税金				
季初现金盘点（请填余额）				
更新短期贷款/还本付息/申请短期贷款（高利贷）				
更新应付款/归还应付款				
原材料入库/更新原料订单				
下原料订单				
更新生产/完工入库				
投资新生产线/变卖生产线/生产线转产				
向其他企业购买原材料/出售成品				
开始下一批生产				
更新应收款/应收款收现				
出售厂房				
向其他企业购买成品/出售原材料				
按订单交货				
产品研发投资				
支付行政管理费				
其他现金收支情况登记				
支付利息/更新长期贷款/申请长期贷款				
支付设备维护费				
支付租金/购买厂房				
计提折旧				（　　）
新市场开拓/ISO 资格认证投资				
结账				
现金收入合计				
现金支出合计				
期末现金对账（请填余额）				

表 11-4　　　　　　　　　　　　现金预算表

	1	2	3	4
期初库存现金				
支付上年应交税				
市场广告投入				
贴现费用				
利息（短期贷款）				
支付到期短期贷款				
原料采购支付现金				
转产费用				
生产线投资				
工人工资				
产品研发投资				
收到现金前的所有支出				
应收款到期				
支付管理费用				
利息（长期贷款）				
支付到期长期贷款				
设备维护费用				
租金				
购买新建筑				
市场开拓投资				
ISO 认证投资				
其他				
库存现金余额				

要点记录

第一季度：_____

第二季度：_____

第三季度：_____

第四季度：_____

年底小结：_____

表 11 - 5 订单登记表

订单号										合计
市场										
产品										
数量										
账期										
销售额										
成本										
毛利										
未售										

表 11 - 6 组间交易表

买入			卖出		
产品	数量	金额	产品	数量	金额

表 11 - 7 产品核算统计表

	P1	P2	P3	P4	合计
数量					
销售额					
成本					
毛利					

表 11 - 8 综合管理费用明细表 单位：百万元

项目	金额	备注
管理费		
广告费		
保养费		
租金		
转产费		
市场准入开拓		□区域 □国内 □亚洲 □国际
ISO 资格认证		□ISO 9000 □1SO 14000

续 表

项目	金额	备注
产品研发		P2（　　） P3（　　） P4（　　）
其他		
合计		

表 11 - 9　　　　　　　　　　　　　　　利润表

项目	上年数	本年数
销售收入		
直接成本		
毛利		
综合费用		
折旧前利润		
折旧		
支付利息前利润		
财务收入/支出		
其他收入/支出		
税前利润		
所得税		
净利润		

表 11 - 10　　　　　　　　　　　　　　资产负债表

资产	期初数	期末数	负债和所有者权益	期初数	期末数
流动资产：			负债：		
现金			长期负债		
应收款			短期负债		
在制品			应付账款		
成品			应交税金		
原料			一年内到期的长期负债		
流动资产合计			负债合计		
固定资产：			所有者权益：		
土地和建筑			股东资本		
机器与设备			利润留存		

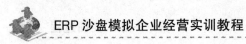

续　表

资产	期初数	期末数	负债和所有者权益	期初数	期末数
在建工程			年度净利		
固定资产合计			所有者权益合计		
资产总计			负债和所有者权益总计		

【总结与反思】

第一年总结

这是你们自主当家的第一年，感觉如何？是不是一个有益的年度？你们的战略执行地如何？将你的感受记录下来和你的团队分享。

学会什么，记录知识点：

企业经营遇到什么问题？

下年准备如何改进？

第二节 理性经营——第二年

【单元实验目的】

1. 了解市场营销的概念。

2. 掌握市场营销与实际企业结合起来解决实际问题的方法。

【实验准备知识】

一、市场营销

市场营销是从卖方的立场出发，以买主为对象，在不断变化的市场环境中，以顾客需求为中心，通过交易程序，提供和引导商品或服务到达顾客手中，满足顾客需求与利益，从而获取利润的企业综合活动。

1. 市场营销的基本职能

(1) 与市场紧密联系，收集有关市场营销的各种信息、资料，开展市场营销研究，分析营销环境、竞争对手和顾客需求、购买行为等，为市场营销决策提供依据。

(2) 根据企业的经营目标和企业内外环境分析，结合企业的有利和不利因素，确定企业的市场营销目标和营销方针。

(3) 制定市场营销决策。

①细分市场，选择目标市场。

②制定产品决策。

③制定价格决策。

④制定销售渠道政策。

⑤制定沟通决策。

⑥组织售前、售中、售后服务，方便顾客。

⑦制订并综合运用市场营销组合策略，以及市场竞争策略。

⑧制订市场发展战略。

(4) 市场营销计划的编制、执行和控制。

(5) 销售事务与管理。建立与调整营销组织，制定销售及一般交易的程序和手续、销售合同管理，营销人员的培训、激励与分配等管理。

2. 营销战略规划的基本程序

(1) 企业内外部环境分析。

(2) 市场细分、目标市场选择与市场定位。

(3) 确定营销目标。

(4) 确定市场营销策略组合。

(5) 实施和控制市场营销活动。

3. 波士顿法

波士顿法使用"销售增长率—市场占有率"区域图，对企业的各个业务单位进行分类和评估，如图 11-4 所示。

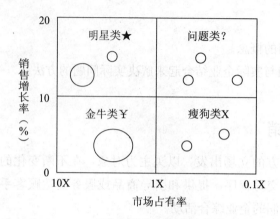

图 11-4 波士顿矩阵

图 11-4 中纵向表示销售增长率，即产品销售额的年增长速度，以 10％（也可以设为其他临界值）为临界线分为高低两部分；横向表示业务单位的市场占有率与最大竞争对手市场占有率之比，称为相对市场占有率，以 1X 为分界线分为高低两个部分。销售增长率反映产品的成长机会和发展前途；相对市场占有率则表明企业的竞争实力大小。区域中的圆圈代表企业的各业务单位，圆圈的位置表示该业务单位销售增长率和相对市场占有率的现状，圆圈的面积表示该业务单位的销售额大小。

图 11-4 中的四个象限分别代表以下四类不同的业务单位。

(1)"问题"类。销售增长高而相对市场占有率低的业务单位。大多数业务单位最初都处于这一象限，这类业务单位需要较多的投入，以赶上最大竞争对手和适应迅速增长的市场需求，但是它们大都前途未卜，难以确定前景。企业必须慎重考虑是对它们继续增加投入，还是维持现状，或者淘汰。

(2)"明星"类。问题类业务如果经营成功，就会成为明星类。该类业务单位的销售增长率和相对市场占有率都较高，因其销售增长迅速，企业必须大量投入资源以支持其快速发展，需要大量的现金投入，是企业业务中的"现金使用者"。待其销售增长率下降时，这类业务就从"现金使用者"变为"现金提供者"，即变为"金牛"类业务单位。

(3)"金牛"类。销售增长率低，相对市场占有率高的单位。由于销售增长率放缓，不再需要大量资源投入；又由于相对市场占有率较高，这些业务单位可以产生较高的收益，支援其他业务的生存和发展。"金牛"业务是企业的财源，这类业务单位越多，企业的实力越强。

(4)"瘦狗"类。销售增长率和相对市场占有率都较低的业务单位。它们或许能提供一些收益，但往往是赢利甚少甚至亏损，因而不应再追加资源投入。在对各业务单位经行分析后，企业应参考如图11-5和图11-6所示的动态波士顿矩阵着手制订业务计划，确定对各个业务单位的投资政策。可供选择的有以下四种。

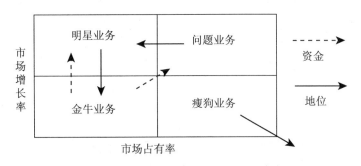

图11-5 动态波士顿矩阵—理想环

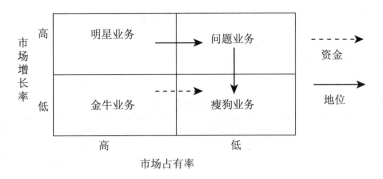

图11-6 动态波士顿矩阵—失败环

①发展战略。提高业务的市场占有率，必要时可放弃短期目标。适用于"问题"类业务，通过发展有潜力的"问题"类业务，可使之尽快转化为"明星"类业务。

②保持战略。目标是保持业务的市场占有率，适用于"金牛"类业务，该类业务单位大多处于成熟期，采取有效的营销策略延长其赢利是完全可能的。

③缩减战略。目标是尽可能地在有关业务上获取短期收益，而不过多地考虑长期效果。该战略适用于"金牛"类业务，也适用于"问题"和"瘦狗"类业务。

④放弃战略。通过变卖或处理某些业务单位，把有限的资源用于其他效益较高的业务。该战略主要适用于"瘦拘"类业务或无发展前途、消耗赢利的"问题"类业务。

4. **市场需求调查和预测**

某种产品的市场需求是指在特定的地理区域、特定的时间、特定的营销环境中，特定的顾客愿意购买的产品总量。

市场需求调查的内容：市场需求总量、销售量预测。

市场需求总量受以下六个因素的影响：产品、顾客、地理区域、时间环境、营销环境、销售费用投入。

5. 产品生命周期

产品生命周期是产品从试制成功投入市场开始直到最后被淘汰退出市场为止所经历的全部时间。产品生命周期划分为开发期、导入期、成长期、成熟期和衰退期五个阶段，如图 11-7 所示。

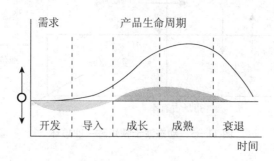

图 11-7　产品生命周期线

产品市场周期特征如表 11-11 所示。

表 11-11　　　　　　　　　　产品生命周期特征

比较项目	导入期	成长期	成熟期	衰退期
销售量	低	剧增	最大	衰退
顾客成本	高	一般	低	低
利润	亏损	利润增长	利润高	利润下降
顾客	创新者	早期接受者	中间主要一族	落后者
竞争者	很少	增多	数量稳定、开始下降	数量下降
销售目标	创建产品知名度	市场份额达到最大	保护市场份额的同时争取最大利润	减少开支，挤出品牌剩余价值

研究产品生命周期各阶段的特点以及产品生命周期的销售情况和获利能力随产品生命周期变化的趋势，有助于企业分析判断企业的各类产品现在处于什么阶段、未来发展趋势如何，以便企业采取正确的营销策略。

6. 品牌及品牌策略

（1）什么是品牌

品牌是商品的商业名称及其标识的统称，通常由文字、标记、符号、图案、颜色以及它们的不同组合等构成。品牌通常由三部分构成：品牌名称、商标和其他品牌标志。

品牌是企业可资利用的无形资产，有利于开展商品广告宣传和推销工作；有助于树立企业良好的形象；有利于企业推出新产品。

（2）品牌策略

企业可以选择适用的品牌策略。具体包括品牌化策略、品牌提供者策略、品牌地位策略、品牌质量策略、品牌种族策略、品牌延展策略、品牌重塑策略。

二、实际企业经营的规划

（一）配称均衡——经营规划的功能

年初经营会议上需要考虑的因素：

（1）企业想进入哪些市场？

（2）企业想开发哪些产品？

（3）企业想投资什么样的生产线？

（4）企业是否需要进行 ISO 认证？

（5）企业的融资策略是什么？

（6）企业今年的市场投入（广告）策略是什么？

这些都要用数据说话。

（二）数据说话——经营规划的方法

1. 市场开发规划

进行市场开发首先要明确几个问题：企业为什么要进行市场开发？应当开发哪些市场？什么时候开发？是否是市场开发越多对企业就越有利？

如果产品只在一个市场销售，则产品的销量会非常有限；如果所有的企业将同类的产品放在同一市场销售，竞争就会非常激烈。因此，企业要扩大产品销售，必须扩大产品的销售市场。在沙盘模拟中，产品的销售市场包括本地市场、区域市场、国内市场、亚洲市场和国际市场五个市场，每个市场开发周期不相同，开发费用不相同。

企业市场的开发应根据以上情况决策，一般而言，企业市场开发在三个以上，如果在资金和产能许可的情况下，应尽早开发、尽早占领。如果开发期间出现失误，资金紧张，则应适当放弃一些市场的开发，毕竟生存是企业的第一位。

2. ISO 认证开发规划

ISO 认证包括 ISO 9000 和 ISO 14000 认证。企业 ISO 认证完成，企业可以参与有 ISO 条件产品订单的竞争，但 ISO 认证条件只在部分市场有要求，所以企业开发 ISO 认证时，应根据企业市场开发策略和产品策略而定。例如，企业重点市场为本地、区域和国内市场，市场预测表中可以知道，在这三个市场对 ISO 认证条件要求不高、企业资金紧张的情况下就可以不开发或晚开发。

3. 生产线投资规划

企业要增加利润，必须减少产品成本和提高产品销量，产品成本的减少和销售量的增加受到产品生产的制约，生产产品涉及用什么样的生产线生产的问题。生产线包括手工、半自动、全自动和柔性四种，每种生产线的安装周期、安装费用、转产周期和转产费用各不相同。生产线投资问题涉及企业应购买什么生产线、购买多少、什么时候购买的问题。通常情况下，企业在资金和市场许可的情况下，应尽可能购买全自动生产线并配置1条或2条柔性生产线，并且安装完成的时间越早越好。

4. 产品生产规划

企业的产品开发出来后，必须投入生产才能产生效益。这就涉及产品什么时候生产、生产多少的问题。一般情况下，只要企业的资金许可，就不应当停止产品的生产，即使当期生产有库存，也可以在后期通过扩大市场需求销售出去。

企业在进行产品生产规划时，首先，应考虑生产单位产品毛利率高的产品，如果各种产品单位毛利率比较接近，应当选择生产占用资金少的产品。其次，还应当考虑资金链的状况。在企业经营的前期，资金链往往紧张，一般不宜生产占用资金多的产品；在经营后期，如果资金宽裕，应尽可能生产单件产品毛利率高的产品，这样才能保证利润的快速增长。

（三）经营决策——产品营利性分析

生产多少才赚钱？

销售额和销售数量成正比。而企业成本分固定成本和变动成本两部分，固定成本和销售量无关，如综合费用、折旧、利息等。如图11-8所示，成本曲线和销售曲线交点即盈亏平衡点。通过该图可以分析出，赢利不佳，是因为成本过高或产量不足。

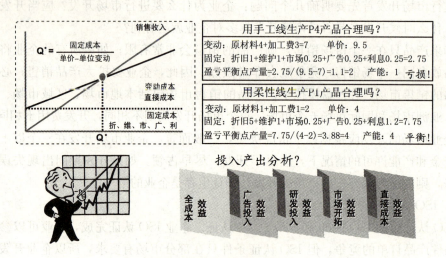

图11-8　产品赢利分析图

（四）系统思考——经营规划的调整

通过系统思考，不断地调整经营规划思路，如图11-9所示，已达到降低成本获取最大利润。

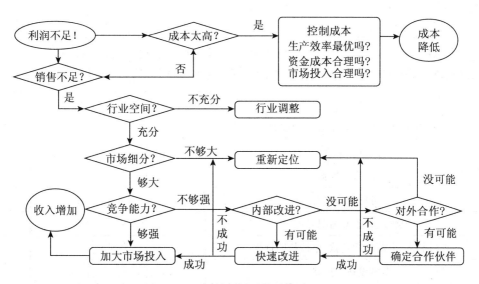

图 11-9 经营规划调整图解

第二年实验相关内容如表 11-12 至表 11-19 所示。

【实验内容】

表 11-12　　　　　　　第二年运行记录

企业经营流程 请按顺序执行下列各项操作。	每执行完一项操作，CEO 在相应的方格内打钩。 财务总监（助理）在方格中填写现金收支情况。			
新年度规划会议				
参加订货会/登记销售订单				
制订新年度计划				
支付应付税				
季初现金盘点（请填余额）				
更新短期贷款/还本付息/申请短期贷款（高利贷）				
更新应付款/归还应付款				
原材料入库/更新原料订单				
下原料订单				
更新生产/完工入库				
投资新生产线/变卖生产线/生产线转产				
向其他企业购买原材料/出售成品				
开始下一批生产				
更新应收款/应收款收现				

续　表

企业经营流程 请按顺序执行下列各项操作。	每执行完一项操作，CEO 在相应的方格内打钩。 财务总监（助理）在方格中填写现金收支情况。			
出售厂房				
向其他企业购买成品/出售原材料				
按订单交货				
产品研发投资				
支付行政管理费				
其他现金收支情况登记				
支付利息/更新长期贷款/申请长期贷款				
支付设备维护费				
支付租金/购买厂房				
计提折旧				（　　）
新市场开拓/ISO 资格认证投资				
结账				
现金收入合计				
现金支出合计				
期末现金对账（请填余额）				

表 11 - 13　　　　　　　　　　　　　现金预算表

	1	2	3	4
期初库存现金				
支付上年应交税				
市场广告投入				
贴现费用				
利息（短期贷款）				
支付到期短期贷款				
原料采购支付现金				
转产费用				
生产线投资				
工人工资				
产品研发投资				
收到现金前的所有支出				

续　表

	1	2	3	4
应收款到期				
支付管理费用				
利息（长期贷款）				
支付到期长期贷款				
设备维护费用				
租金				
购买新建筑				
市场开拓投资				
ISO 认证投资				
其他				
库存现金余额				

要点记录

第一季度：_____

第二季度：_____

第三季度：_____

第四季度：_____

年底小结：_____

表 11－14　　　　　　　　　　　订单登记表

订单号											合计
市场											
产品											
数量											
账期											
销售额											
成本											
毛利											
未售											

表 11 – 15　　　　　　　　　　　　　　组间交易表

买入			卖出		
产品	数量	金额	产品	数量	金额

表 11 – 16　　　　　　　　　　　　　　产品核算统计表

	P1	P2	P3	P4	合计
数量					
销售额					
成本					
毛利					

表 11 – 17　　　　　　　　　　　综合管理费用明细表　　　　　　　　　单位：百万元

项目	金额	备注
管理费		
广告费		
保养费		
租金		
转产费		
市场准入开拓		□区域　□国内　□亚洲　□国际
ISO 资格认证		□ISO 9000　□1SO 14000
产品研发		P2（　　）P3（　　）P4（　　）
其他		
合计		

表 11 – 18　　　　　　　　　　　　　　　利润表

项目	上年数	本年数
销售收入		
直接成本		
毛利		
综合费用		
折旧前利润		

续 表

项目	上年数	本年数
折旧		
支付利息前利润		
财务收入/支出		
其他收入/支出		
税前利润		
所得税		
净利润		

表 11 - 19　　　　　　　　　　资产负债表

资产	期初数	期末数	负债和所有者权益	期初数	期末数
流动资产：			负债：		
现金			长期负债		
应收款			短期负债		
在制品			应付账款		
成品			应交税金		
原料			一年内到期的长期负债		
流动资产合计			负债合计		
固定资产：			所有者权益：		
土地和建筑			股东资本		
机器与设备			利润留存		
在建工程			年度净利		
固定资产合计			所有者权益合计		
资产总计			负债和所有者权益总计		

【总结与反思】

第二年总结

现在已经是第二年了，你们肯定有很多不同于第一年的感受，渐渐从感性走向理性。将你的感受记录下来和你的团队分享。

学会什么，记录知识点：

企业经营遇到什么问题？

下年准备如何改进？

第三节　科学管理——第三年

【单元实验目的】

1. 学会分析市场，通过竞争对手分析，定位目标市场。

2. 感受生产与销售、生产与采购的密切关系，理解生产组织与技术创新的重要性。

【实验准备知识】

一、市场分析与定位

1. 市场细分

如图 11 - 10 所示，市场细分是指根据整体市场上顾客需求的差异性，以影响顾客需求和渴望的某些因素为依据，将一个整体市场划分为两个或两个以上的消费者群体，每一个需求特点相类似的消费者群就构成一个细分市场。

市场细分是选择目标市场的基础。

2. 目标市场选择策略

目标市场的选择一般有以下三种策略。

（1）无差异营销策略：指企业不进行市场细分，把整个市场作为目标市场。

（2）差异性营销策略：指企业将整个市场细分后，选择两个或两个以上，直至所有的细分市场作为其目标市场。差异性营销策略包括完全差异性营销策略、市场专业化策略、产品专业化策略和选择性专业化策略。

（3）集中性营销策略：又称产品市场专业化策略。指企业在对整体市场进行细分后，由于受到资源等条件的限制，决定只选取其中一个细分市场作为企业的目标市场，以某种市场营销组合集中实施于该目标市场。

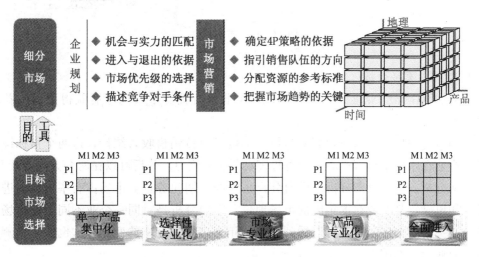

图 11-10　细分市场

3. 市场定位

如图 11-11 所示，市场定位就是使企业产品具有一定的特色，适应目标市场一定的需求和爱好，塑造产品在目标客户心目中的良好形象和合适的位置。市场定位的实质就在于取得目标市场的竞争优势，确定产品在目标顾客心目中的适当位置并留下值得购买的印象，以吸引更多的客户。

市场定位——机会与实力的平衡

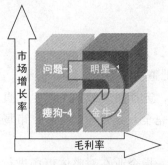

产品	本地	区域	国内	亚洲	国际
P1	4	4	4	4	3
P2	3	3	3	3	2
P3	3	2	2	1	1
P4	2	1	1	1	2

企业通过市场调查与分析可能发现许多机会，但还需要分析自己有没有实力。机会大而实力不够会出现什么情况呢？你吃不下；如果发现机会很小而企业实力很大，你吃不饱，可能会饿死。

为什么世界上大型企业、中型企业、小型企业各有各的活法，就是它要把握这个机会和实力的平衡。各有各的战场各有各的地盘，大企业不能做小市场，小企业也不能做大市场。

图 11-11　市场定位

4. 市场占有率分析

市场占有率是企业能力的一种体现，企业只有拥有了市场才有获得更多收益的机会。

市场占有率指标可以按销售数量统计，也可以按销售收入统计，这两个指标综合评定了企业在市场中销售产品的能力和获取利润的能力。分析可以在两个方向上展开，一是横向分析，一是纵向分析。横向分析是对同一期间各企业市场占有率的数据进行对比，用以确定某企业在本年度的市场地位。纵向分析是对同一企业不同年度市场占有率的数据进行对比，由此可以看到企业历年来市场占有率的变化，这也从一个侧面反映了企业成长的历程。

（1）综合市场占有率分析

综合市场占有率是指某企业在某个市场上全部产品的销售数量（收入）与该市场全部企业全部产品的销售数量（收入）之比。从图 11-12 中可以看出，在该市场 A 企业因为为拥有最大的市场份额而成为市场领导者。

某市场某企业的综合市场占有率＝该企业在该市场上全部产品的销售数量（收入）/全部企业在该市场上各类产品总销售数量（收入）×100％

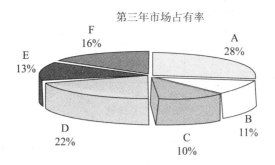

图 11‑12　综合市场占有率分析

（2）产品市场占有率分析

了解企业在各个市场的占有率仅仅是第一步，进一步确知企业生产的各类产品在各个市场的占有率，对企业分析市场，确立竞争优势也是非常必要的。图 11‑13 是以 P2 为例在第三年的各企业所占市场份额。

$$某产品市场占有率＝该企业在市场中销售的该类产品总数量（收入）市场中该类产品总销售数量（收入）×100\%$$

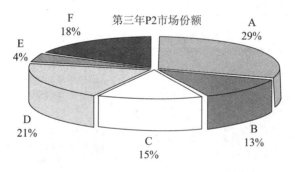

图 11‑13　第三年 P2 产品各企业所占市场份额

二、生产与运营管理

1. 生产计划

企业主要有五个计划层次，即经营规划、销售与运作规划、主生产计划、物料需求计划和能力需求计划。从数据处理逻辑上讲，主生产计划与其他计划层次之间的关系如图 11‑14 所示。

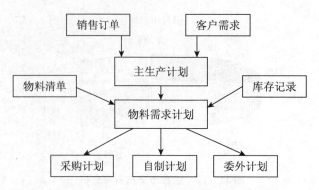

图 11‑14　主生产计划与其他计划层次之间的关系

主生产计划要回答 A：生产什么？生产多少？何时生产？

物料清单回答 B：用什么来生产？

库存记录回答 C：我们已经有什么？

物料需求计划回答 D：还应得到什么？

它们共同构成了制造业的基本方程：$A \times B - C = D$。

根据上述结果，得到产销排程结果，如图 11‑15 所示。

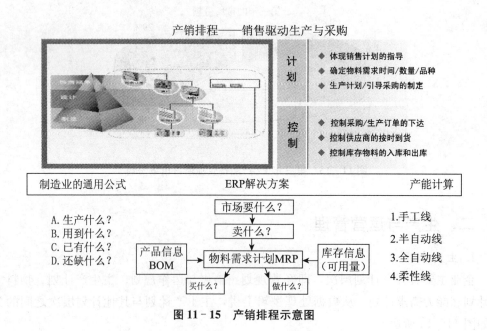

图 11‑15　产销排程示意图

2. 采购计划

采购计划要回答三个问题：采购什么？采购多少？何时采购？

（1）采购什么。从图 11‑15 中不难看出，采购计划的制订与物料需求计划直接相关，并直接上溯到主生产计划。根据主生产计划，减去产品库存，并按照产品的 BOM 结构展开，就得到了为满足生产所需还要哪些物料，哪些可以自制，哪些必须委外，哪些需要采购。

（2）采购多少。明确了采购什么，还要计算采购多少，这与物料库存和采购批量有直接联系。

（3）何时采购。要达到"既不出现物料短缺，又不出现库存积压"的管理境界，就要考虑采购提前期、采购政策等相关因素。

（4）实例分析。现在，在制造业比较流行的也是大家追求的 1 个最高境界就是 JIT（Just In Time）准时制，又被称为及时生产，其追求的是零库存、无缺陷和低成本。而在实际生产中，为了预防需求或供应方面的不可预见的波动，在仓库中经常保持低库存数量作为安全库存量。

在客户、销售、生产、库存、供应商和用户之间就形成了一个既不出现短缺，又不挤压的需求供应链，如图 11 - 16 所示。

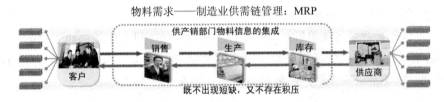

图 11 - 16　制造业物料需求供应链管理

例如：P3 在第 3 年年初的库存是 2 单位，上年度第 4 季已经投入生产的数量为 1，本年度已经拿到的销售订单需求按季度划分数量分别为 0，2，3，1，并预测到明年第一季度可能要接到一张 3 单位的订单。P3 的加工的时间为 1 个季度，那么根据以上的需求，为了完成用户的订单，我们进行进行计划排产，在 SIT 的管理体制下，根据图 11 - 17 的 P3 排产示意图，我们可以制订以下的生产计划，如表 11 - 20 所示。

表 11 - 20　　　　　　　　　　　P3 的生产计划示例

MPS	第 3 年				第 4 年
时间	1 季度	2 季度	3 季度	4 季度	1 季度
库存数量	2	3	1	0	0
订单需求量	0	2	3	1	3
完工数量	1	0	2	1	3
安排生产数量	0	2	1	3	

故排产计划（安排上线）为：0、2、1、3。

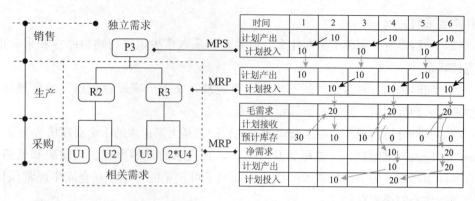

图 11 - 17　P3 排产示意图

3. 产能的计算

销售主管参加客户订货会之前，生产主管应正确计算企业的产能，并向销售主管提供可承诺量（ATP）数据。

当年某产品可接单量＝期初库存＋本年产量＋可能的外协加工数量

为了准确地计算产能，首先要了解不同类型的生产线生产周期不同，年初在制品状态不同，本年能够完工的产品数量也不同，如表 11 - 21 所示。

表 11 - 21　　　　　生产线类型和年初在制品状态都影响年生产力

生产线类型	年初在制品状态	各季完成的生产　1　2　3　4	年生产力
手工生产线	○　○　○	□ □ □ ■	1
	●　○　○	□ □ ■ □	1
	○　●　○	□ ■ □ ■	1
	●　●　○	■ □ ■ □	2
半自动生产线	○　○	□ □ □ ■	1
	●　○	□ ■ □ ■	2
	○　●	■ □ ■ □	2
柔性/全自动生产线	○	□ ■ ■ ■	3
	●	■ ■ ■ ■	4

标注：黑色图符表示在制品的位置或产品完工下线。

了解了以上产能计算的基础，很容易推演出用表格计算产能的方法，考虑到设备投资与产品生产的关联性，将它们合并在一个工具中进行表述。附录 A 中提供了 1～6 年产品生产计划和设备采购计划编制工具，附录 B 中提供了开工计划工具，附录 C 提供了采购及材料付款计划编制工具。

4. 库存管理

（1）传统定货点法。管理——发出订单、进行催货；物料真实需求的确定靠缺料表；按照过去的经验预测未来需求；订货点法的实质——补充库存；要求保留一定的安全库存储备。

（2）VMI——"供应商管理库存"。这是目前国际领先的物流管理模式。它要求供应商等上游企业通过信息手段掌握其下游客户的生产与库存信息，并对下游客户的库存调节作出快速反应，最大限度地降低供需双方的库存成本。第三年相关实验内容如表 11-22 至表 11-29 所示。

【实验内容】

表 11-22　　　　　　　　　　第三年运行记录

企业经营流程 请按顺序执行下列各项操作。	每执行完一项操作，CEO 在相应的方格内打钩。 财务总监（助理）在方格中填写现金收支情况。			
新年度规划会议				
参加订货会/登记销售订单				
制订新年度计划				
支付应付税				
季初现金盘点（请填余额）				
更新短期贷款/还本付息/申请短期贷款（高利贷）				
更新应付款/归还应付款				
原材料入库/更新原料订单				
下原料订单				
更新生产/完工入库				
投资新生产线/变卖生产线/生产线转产				
向其他企业购买原材料/出售成品				
开始下一批生产				
更新应收款/应收款收现				
出售厂房				
向其他企业购买成品/出售原材料				
按订单交货				
产品研发投资				
支付行政管理费				
其他现金收支情况登记				
支付利息/更新长期贷款/申请长期贷款				
支付设备维护费				
支付租金/购买厂房				

续 表

企业经营流程 请按顺序执行下列各项操作。	每执行完一项操作，CEO 在相应的方格内打钩。 财务总监（助理）在方格中填写现金收支情况。			
计提折旧				（ ）
新市场开拓/ISO 资格认证投资				
结账				
现金收入合计				
现金支出合计				
期末现金对账（请填余额）				

表 11－23　　　　　　　　　　现金预算表

	1	2	3	4
期初库存现金				
支付上年应交税				
市场广告投入				
贴现费用				
利息（短期贷款）				
支付到期短期贷款				
原料采购支付现金				
转产费用				
生产线投资				
工人工资				
产品研发投资				
收到现金前的所有支出				
应收款到期				
支付管理费用				
利息（长期贷款）				
支付到期长期贷款				
设备维护费用				
租金				
购买新建筑				
市场开拓投资				
ISO 认证投资				
其他				
库存现金余额				

要点记录

第一季度：_____

第二季度：_____

第三季度：_____

第四季度：_____

年底小结：_____

表 11‐24　　　　　　　　　　　　订单登记表

订单号										合计
市场										
产品										
数量										
账期										
销售额										
成本										
毛利										
未售										

表 11‐25　　　　　　　　　　　　组间交易表

买入			卖出		
产品	数量	金额	产品	数量	金额

表 11‐26　　　　　　　　　　　　产品核算统计表

	P1	P2	P3	P4	合计
数量					
销售额					
成本					
毛利					

表 11‐27　　　　　　　　　　综合管理费用明细表　　　　　　　单位：百万元

项目	金额	备注
管理费		

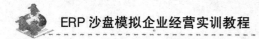

项目	金额	备注
广告费		
保养费		
租金		
转产费		
市场准入开拓		□区域　□国内　□亚洲　□国际
ISO 资格认证		□ISO 9000　□1SO 14000
产品研发		P2（　　）P3（　　）P4（　　）
其他		
合计		

表 11 - 28　　　　　　　　　　利润表

项目	上年数	本年数
销售收入		
直接成本		
毛利		
综合费用		
折旧前利润		
折旧		
支付利息前利润		
财务收入/支出		
其他收入/支出		
税前利润		
所得税		
净利润		

表 11 - 29　　　　　　　　　　资产负债表

资产	期初数	期末数	负债和所有者权益	期初数	期末数
流动资产：			负债：		
现金			长期负债		
应收款			短期负债		
在制品			应付账款		

续 表

资产	期初数	期末数	负债和所有者权益	期初数	期末数
成品			应交税金		
原料			一年内到期的长期负债		
流动资产合计			负债合计		
固定资产：			所有者权益：		
土地和建筑			股东资本		
机器与设备			利润留存		
在建工程			年度净利		
固定资产合计			所有者权益合计		
资产总计			负债和所有者权益总计		

【总结与反思】

第三年总结

三年是一个很长时间跨度，回头审视你们的战略是否成功，对产品和市场做一次精确的分析有助于发现你们的利润在哪里。

学会什么，记录知识点：

企业经营遇到什么问题？

面对未来的三年，你如何扬长避短，超越竞争对手。

第四节 全面预算——第四年

【单元实验目的】

1. 了解企业发展过程中资金的重要性，掌握使用和筹集资金的方法。

2. 掌握财务预测和预算的方法，学会在预算的基础上进行财务控制。

3. 掌握分析个业的偿债能力、资金的使用效率、赢利能力、现金流和成长力的方法。

【实验准备知识】

1. 资金预算

利用资金预算表进行资金预算，测算何时会出现资金短缺，以便采取合理的融资方式进行融资，控制资金成本，保证企业运营的正常进行。

2. 融资管理

利用借贷表进行贷款和还贷记录。

3. 财务分析

财务分析是以会计核算和报表资料及其他相关资料为依据，采用一系列专门的分析技术和方法，对企业等经济组织过去和现在有关筹资活动、投资活动、经营活动的偿债能力、赢利能力和营运能力状况等进行分析与评价，为企业的投资者、债权者、经营者及其他关心企业的组织和个人提供准确的信息。

财务分析的方法一般有比率分析、结构分析、比较分析、趋势分析。

比率分析是对财务报表内两个或两个以上项目之间的关系进行分析，它用相对数表示，又称为财务比率。这些比率可以揭示企业的财务状况及经营成果。比率分析是一种简单、方便、广为应用的分析方法，只要具有一个财政年度及以上的资产负债表和利润表，就能完整地分析一家公司的基本经营状况。

结构分析是把一张报表中的总合计作为分母，其他各项目作为分子，以求出每一项目在总合计中的百分比，如百分比资产负债表、百分比利润表。这种分析的作用是要发现异常项目。

比较分析是将本期报表数据与本企业预算或标杆企业或行业平均水平作对比，以找出实际与预算的差异或与先进企业的差距。比较分析的作用是要发现企业自身的问题。

趋势分析是将三个年度以上的数据，就相同的项目，做多年度高低走向的观察，以判断企业的发展趋向。

（1）五力分析

近年来，人们常用五力分析来综合评价一个企业，五力包括收益力、成长力、安定力、活动力、生产力五方面。如果企业的上述五项能力处于优良水平，就说明企业的业绩优良。财务上讲求定量分析，用数据说话，五力分析需要具体到可以量化的指标。五力分析的具体理论与计算详见第一篇第四章。

（2）杜邦分析

财务管理是企业经营管理的核心之一，而如何实现股东财富最大化或公司价值最大化是财务管理的中心目标。任何一个公司的生存与发展都依赖于该公司能否创造价值。出于出资者（股东）揭示经营成果和提高经营管理水平的需要，他们需要一套实用、有效的财务指标体系，以便据此评价和判断企业的经营绩效、经营风险、财务状况、获利能力和经营成果。杜邦财务分析体系就是一种比较实用的财务比率分析体系。这种分析方法最早由美国杜邦公司使用，故名杜邦分析法。

杜邦分析法利用几种主要的财务比率之间的关系来综合地分析企业的财务状况，用来评价公司赢利能力和股东权益回报水平。它的基本思想是将企业净资产收益率（ROE）逐级分解为多项财务比率乘积，这样有助于深入分析比较企业经营业绩。

如图 11-18 所示，杜邦分析图解告诉我们，净资产收益率是杜邦分析的核心指标。这是因为，任何一个投资人投资某一特定企业，其目的都在于希望该企业能给他带来更多的回报，因此，投资人最关心这个指标。同时，这个指标也是企业管理者制订各项财务决策的重要参考依据。通过杜邦分析，将影响这个指标的三个因素从幕后推向前台，使我们能够目睹它们的庐山真面目。所以，在分析净资产收益率时就应该从构成该指标的三个因素的分析入手。

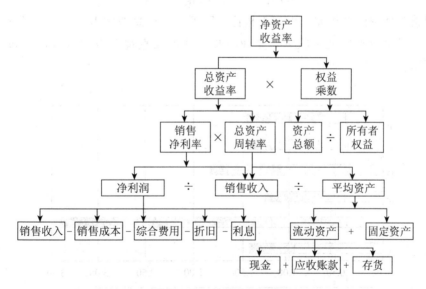

图 11-18 杜邦分析图解

为了找出销售利润率及总资产周转率水平高低的原因可将其分解为财务报表有关项目，从而进一步发现问题产生的原因。销售利润率及总资产周转率；财务报表有关项目之间的关系可从杜邦分析图中一目了然。有了这张图，可以非常直观地发现是哪些项目影响了销售利润率，或者是哪个资产项目扯了总资产周转率的后腿。

总资产收益率水平高低的原因可类似进行指标分解。总资产收益率低的原因可能在于销售利润较低，也可能在于总资产周转率较低。如果属于前一种情况，则需要在开源节流方面挖掘潜力；倘若属于后一种情况，则需要提高资产的利用效率，减少资金闲置，加速资金周转。

权益乘数反映企业的负债能力。这个指标越高，说明企业资产总额中的大部分是通过负债形成的，这样的企业将会面临较高的财务风险。而这个指标低，说明企业的财务政策比较稳健，负债较少，风险也小，但获得超额收益的机会也会小很多。

杜邦分析既涉及企业获利能力方面的指标（净资产收益率、销售利润率），又涉及营运能力方面的指标（总资产周转率），同时还涉及举债能力指标（权益乘数），可以说杜邦分析法是一个三位一体的财务分析力法。

4. 成本分析

企业经营的本质是获取利润，获取利润的途径是扩大销售或降低成本。企业成本由多项费用要素构成，了解各费用要素在总体成本中所占的比例，分析成本结构，从比例较高的那些费用支出项入手，是控制费用的有效方法。

在"ERP 沙盘模拟"课程中，从销售收入中扣除直接成本、综合费用、折旧、利息后得到税前利润。明确各项费用在销售收入中的比例，可以清晰地指明工作方向。费用比例计算公式为：

$$费用比例＝费用/销售收入$$

如果将各费用比例相加，再与1相比，则可以看出总费用占销售比例的多少。如果超过1，则说明支出大于收入，企业亏损，并可以直观地看出亏损的程度，如图11-19所示。

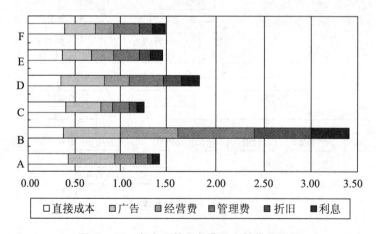

图 11-19 各企业第一年费用占销售的比例

如果将企业各年成本费用变化情况进行综合分析，就可以通过比例变化透视企业的经营状况，如图 11-20 所示。

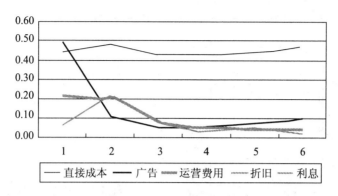

图 11-20　成本费用比例的变化

5. 产品赢利分析

企业经营的成果可以从利润表中看到，但财务反映的损益情况是公司经营的综合情况，并没有反映具体业务、具体合同，具体产品、具体项目等明细项目的赢利情况。赢利分析就是对企业销售的所有产品和服务分项进行赢利细化核算，核算的基本公式为

单产品赢利＝某产品销售收入－该产品直接成本分摊给该产品的费用

这是一项非常重要的分析，它可以告诉企业经营者哪些产品是赚钱的，哪些产品是不赚钱的。

在这个公式中，分摊费用是指不能够直接认定到产品（服务）上的间接费用，如广告费、管理费、维修费、租金、开发费等，都能直接认定到某一个产品（服务）上，需要在当年的产品中进行分摊。分摊费用的方法有许多种，传统的方法有按收入比例、成本比例等进行分摊，这些传统的方法多是一些不精确的方法，很难谈上合理。本课程中的费用分摊是按照产品数量进行的分摊，即：

某类产品分摊的费用＝分摊费用/各类产品销售数量总和×某类产品销售的数量

按照这样的计算方法得出各类产品的分摊费用，根据赢利分析公式，计算出各类产品的贡献利润，再用利润率来表示对整个公司的利润贡献度，即：

某类产品的贡献利润/该类产品的销售收入＝（某类产品的销售收入直接成本分摊给该类产品的分摊费用）/该类产品的销售收入

其结果如图 11-21 所示的产品贡献利润和图 11-22 所示的产品利润率表示。

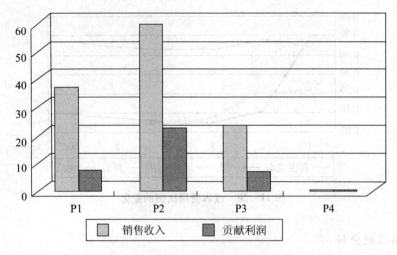

图 11 - 21　产品贡献利润

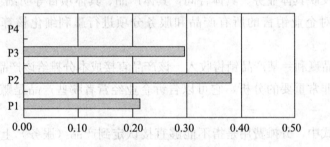

图 11 - 22　产品利润率

尽管分摊的方法有一定的偏差，但分析的结果可以说明哪些产品是赚钱的产品，值得企业大力发展，哪些产品赚得少或根本不赚钱。企业的经营者可以对这些产品进行更加仔细的分析，以确定企业发展的方向。

6. 全面预算

（1）全面预算管理在企业经营中的作用

全面预算管理在企业中发挥着十分重要的作用，全面预算是企业战略与日常经营的链接，通过预算可以实现企业与环境的沟通、日常经营与战略的沟通。科学的预算方案蕴含着企业管理的战略目标和经营思想，是企业对未来一定时期内经营思想、经营目标、经营决策的财务数量说明和经济约束依据，是企业整体"作战"方案。全面预算管理贯穿企业经营的全过程。企业是一种资源依赖的组织，其决策发生在组织内，但决策处理的对象是组织所处的环境，如图 11 - 23 所示。

- 为企业的经营者、投资者和股东描述企业未来经营发展蓝图
- 为企业高层领导提供快速的、可靠的和科学的辅助决策依据
- 实现对内部业务的快速沟通、处理和对外部市场的快速反应
- 有效提高工作效率和质量，增强企业经营的计划性和监管性
- 理顺业务关系，统一数据源头，使业务流程化、规范化管理

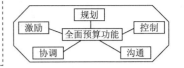

初创期—资本投资　　成熟期—成本预算
成长期—销售预算　　衰退期—现金流量

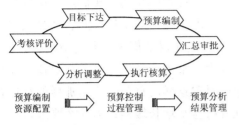

预算编制　　预算控制　　预算分析
资源配置　　过程管理　　结果管理

- 多层次——战略规划、业务计划、账务预算
- 多部门——销售部、生产部、采购部、行政
- 多类型——收入预算、费用预算、利润预算
- 全过程——预算编制、预算控制、预算分析

图 11‑23　全面预算图解

（2）预算执行——控制分析

①事中控制

全面预算管理在 ERP 沙盘模拟教学中的作用不仅体现在事前计划上，还体现在事中控制中，企业经营的过程实际上就是预算实施的过程。在预算实施的过程中，由于种种原因可能会出现与预算不符的情况，此时就需要进行及时的控制与调整，预算执行具体情况如图 11‑24 所示。

经过批准并发布的预算，进入预算执行的流程。在预算执行中，预算不仅起到指导和协调作用，而且还起到控制作用，尤其是对费用和资金的控制。

以预算为基准，对照实际执行的结果，考察预算差异和预算执行进度；在进行分析的过程中，考虑到异常因素，剔除异常因素后进行分析。

企业管理工具 ➡ 协助管理层提高管理效率与经营效益

预算管理效果 ➡ 依赖于各级管理层的重视与有效执行

预算管理保障 ➡ 制定严格高效的执行控制流程与制度

图 11‑24　预算执行图解

②事后分析

在实际教学中，通常学生在第一轮经营模拟结束之后能够意识到预算和计划的重要性，但很少有同学会注意到其广告的投入产出比这个指标。经常会有学生发出这样的疑问，"为什么竞争对手的广告费用明明比我少得多却比我拿得多？""如何判断我的订单质量、订单数量、单价是多种因素的组合？"出现这些问题的主要原因之一就在于

同学们只注意了事前计划和事中控制，却没有重视事后分析。

在事后分析中，应该建立预算考评体系：对于作业层，其主要考核指标可以是成本（费用）增减额和升降率；对于利润中心层的生产经营部门，一般用贡献毛益、营业利润为主要评价指标；对于具有投资决策权的子公司，主要考核其投资报酬率和剩余收益；而对于整个企业集团，则使用经济增加值、市场增加值等作为其考评指标。参考其评价体系，结合教学实际，综合教学软件提供的功能，我们对影响最终评价指标的各种因素进行分析，对广告投入产出比、市场与产品销售分布、直接成本、间接成本等指标进行分析，对于有能力的同学，我们建议他们进行杜邦分析。通过分析，许多同学恍然大悟，为什么使用这种生产线生产某种产品实际上是在赔钱，导致其生产得越多、销售得越多就赔得越多；为什么要拿这样的订单而不是那样的订单；为什么企业的生产明明处于良性循环，其所有者权益却增长缓慢；为什么要进行长贷和短贷的结合而不是仅仅依赖短贷或长贷；为什么必要的时候可以进行紧急采购而不是违约。

在教学中的这种事后分析帮助同学们明确了一些一直想不通的问题，而这种分析正是建立在全面预算管理的基础之上的。第四年相关实验内容如表 11-30 至表 11-37 所示。

【实验内容】

表 11-30　　　　　　　　　　第四年运行记录

企业经营流程 请按顺序执行下列各项操作。	每执行完一项操作，CEO 在相应的方格内打钩。 财务总监（助理）在方格中填写现金收支情况。			
新年度规划会议				
参加订货会/登记销售订单				
制订新年度计划				
支付应付税				
季初现金盘点（请填余额）				
更新短期贷款/还本付息/申请短期贷款（高利贷）				
更新应付款/归还应付款				
原材料入库/更新原料订单				
下原料订单				
更新生产/完工入库				
投资新生产线/变卖生产线/生产线转产				
向其他企业购买原材料/出售成品				
开始下一批生产				
更新应收款/应收款收现				

续 表

企业经营流程 请按顺序执行下列各项操作。	每执行完一项操作，CEO 在相应的方格内打钩。 财务总监（助理）在方格中填写现金收支情况。		
出售厂房			
向其他企业购买成品/出售原材料			
按订单交货			
产品研发投资			
支付行政管理费			
其他现金收支情况登记			
支付利息/更新长期贷款/申请长期贷款			
支付设备维护费			
支付租金/购买厂房			
计提折旧			（ ）
新市场开拓/ISO 资格认证投资			
结账			
现金收入合计			
现金支出合计			
期末现金对账（请填余额）			

表 11-31   现金预算表

	1	2	3	4
期初库存现金				
支付上年应交税				
市场广告投入				
贴现费用				
利息（短期贷款）				
支付到期短期贷款				
原料采购支付现金				
转产费用				
生产线投资				
工人工资				
产品研发投资				
收到现金前的所有支出				

	1	2	3	4
应收款到期				
支付管理费用				
利息（长期贷款）				
支付到期长期贷款				
设备维护费用				
租金				
购买新建筑				
市场开拓投资				
ISO 认证投资				
其他				
库存现金余额				

要点记录

第一季度：＿＿＿＿＿＿＿＿＿＿＿＿＿＿＿＿＿＿＿＿＿＿＿＿＿＿＿＿＿＿

第二季度：＿＿＿＿＿＿＿＿＿＿＿＿＿＿＿＿＿＿＿＿＿＿＿＿＿＿＿＿＿＿

第三季度：＿＿＿＿＿＿＿＿＿＿＿＿＿＿＿＿＿＿＿＿＿＿＿＿＿＿＿＿＿＿

第四季度：＿＿＿＿＿＿＿＿＿＿＿＿＿＿＿＿＿＿＿＿＿＿＿＿＿＿＿＿＿＿

年底小结：＿＿＿＿＿＿＿＿＿＿＿＿＿＿＿＿＿＿＿＿＿＿＿＿＿＿＿＿＿＿

表 11 - 32　　　　　　　　　　　　订单登记表

订单号								合计
市场								
产品								
数量								
账期								
销售额								
成本								
毛利								
未售								

表 11－33 组间交易表

买入			卖出		
产品	数量	金额	产品	数量	金额

表 11－34 产品核算统计表

	P1	P2	P3	P4	合计
数量					
销售额					
成本					
毛利					

表 11－35 综合管理费用明细表 单位：百万元

项目	金额	备注
管理费		
广告费		
保养费		
租金		
转产费		
市场准入开拓		□区域 □国内 □亚洲 □国际
ISO 资格认证		□ISO 9000 □1SO 14000
产品研发		P2（ ）P3（ ）P4（ ）
其他		
合计		

表 11－36 利润表

项目	上年数	本年数
销售收入		
直接成本		
毛利		
综合费用		
折旧前利润		

项目	上年数	本年数
折旧		
支付利息前利润		
财务收入/支出		
其他收入/支出		
税前利润		
所得税		
净利润		

表 11－37　　　　　　　　　　　　　　　资产负债表

资产	期初数	期末数	负债和所有者权益	期初数	期末数
流动资产：			负债：		
现金			长期负债		
应收款			短期负债		
在制品			应付账款		
成品			应交税金		
原料			一年内到期的长期负债		
流动资产合计			负债合计		
固定资产：			所有者权益：		
土地和建筑			股东资本		
机器与设备			利润留存		
在建工程			年度净利		
固定资产合计			所有者权益合计		
资产总计			负债和所有者权益总计		

【总结与反思】

第四年总结

又是一个新的三年的开始，已有的管理经验已使你今非昔比。如何利用资源、扩大市场份额、提升利润是管理者必须关注的。

学会什么，记录知识点：

企业经营遇到什么问题？

下年准备如何改进？

第五节　化战略为行动——第五年

【单元实验目的】

1. 了解平衡计分卡的概念。

2. 学会应用平衡计分卡为企业实现战略管理。

【实验准备知识】

一、什么是企业战略计划

企业战略计划是将企业视为一个整体，为实现企业战略目标而制订的长期计划。企业战略计划的工作方式一般有以下四种：自上而下的方法；自下而上的方法；上下结合的方法；设立特别小组的方法。

1. 企业战略计划的工作步骤

（1）确定各事业部战略目标，制订各事业部的战略方案。

（2）确定各职能部门的任务及策略。

（3）资源分配及资金预算。

2. 目标管理

目标管理是这样一种程序或过程，它使企业的上级与下级一起商定企业的共同目标，并由此决定上下级的责任和分目标，并把这些目标作为经营、评估和奖励每个单位和个人贡献的标准。目标管理的步骤如下。

（1）建立目标体系。将总目标分解为企业各内部单位的具体目标，形成目标体系，各项目标必须具体化、定量化，各目标间应相互协调，既具有"挑战性"，又要有现实性。

（2）企业内各级之间在制定各级的各项目标时要经过充分的磋商，并取得一致意见。简单地将下级目标汇总不是目标管理，而是放弃领导；将预定的目标视为不可改变的，强迫下级接受也不是目标管理。

（3）在目标确定的基础上，上级应授予下级实现目标所必需的各种权力。

（4）定期检查，发现与目标相偏离时，上级应进行指导和帮助。

（5）要及时反馈目标的达成情况，进行考核，并和奖惩制度挂钩。

二、平衡计分卡（Balanced Scorecard）

平衡计分卡以平衡为目的，寻求企业短期目标与长期目标之间、财务度量绩效与非财务度量绩效之间、落后指标与先进指标之间、企业内部成长与企业外部满足顾客需求之间的平衡状态，是全面衡量企业战略管理绩效、进行战略控制的重要工具和方法。

平衡计分卡包括四个方面：财务、顾客、企业内部流程、员工的学习与成长。

平衡计分卡提供的将战略转化为企业绩效管理的框架如图 11 - 25 所示。

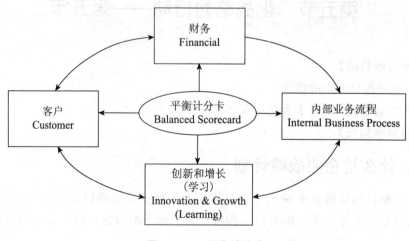

图 11 - 25　平衡计分卡

三、平衡计分卡与 ERP 系统的关系

尽管传统的 ERP 评价方法对于系统的实施与应用起到很大的作用，但是随着经济

环境不断地变化、企业不断地发展，它们已经远远不能满足企业的要求。因此，很多学者提出运用平衡计分卡来评价 ERP 系统的思想。ERP 给与我们的启示在于它集企业的管理思想、管理方法、管理工具为一体，把企业基础的业务运作管理、战略管理进行一体化集成；平衡计分卡是一个开放的系统，它给予我们的启示在于着眼于战略、立足于管理，采用综合平衡的思想，通过彼此间的联系和相互渗透建立立体化和网络化的结构。将两者联合起来，运用两者各自的优势充实对方，不仅可以全方位对 ERP 的实施结果进行评价，而且可以克服传统 ERP 系统对战略支持的缺点和不足，自上而下地统筹企业的战略管理，从而使 ERP 所提供的各种决策能够符合已定的战略目标，减少管理的盲目性。

四、企业实施平衡计分卡的步骤

（1）建立企业的远景与战略。公司的远景与战略要简单明了，并对每个部门均有意义，每个部门可以采用一些业绩衡量指标去完成公司的远景与战略。

（2）在企业的高层管理中对公司的远景及战略达成共识。建立财务、顾客、内部业务、学习及成长四方面的具体目标。

（3）为四个方面的具体目标找出最具有意义的业绩衡量指标。具体流程如图 11 - 26 所示。

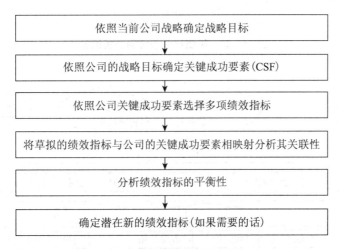

图 11－26 制定关键业绩衡量指标流程

（4）加强企业内部沟通与教育。

（5）确定每年、每季、每月的业绩衡量指标的具体数据，并与公司的计划和预算相结合。

（6）将每年的报酬奖励制度与平衡计分卡挂钩。

（7）经常采纳员工意见修正平衡计分卡衡量指标并改进公司战略。

五、企业实施平衡计分卡实例分析

平衡计分卡分析图解如图 11 - 27 和图 11 - 28 所示。

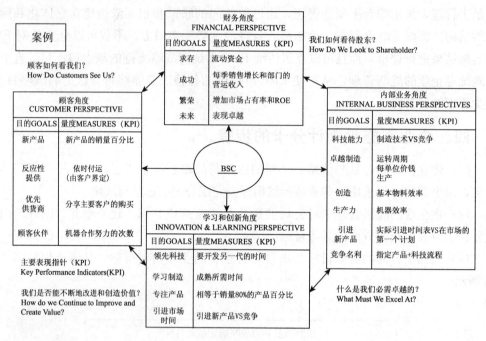

图 11 - 27　平衡计分卡实例分析图解 1

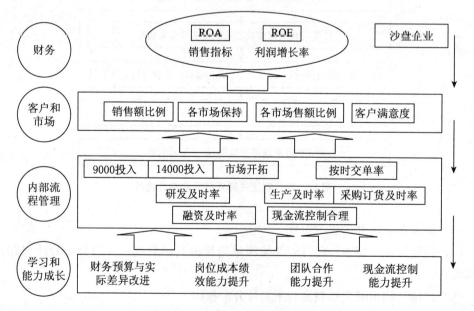

图 11 - 28　平衡计分卡实例分析图解 2

第五年相关实验内容如表 11－38 至表 11－45 所示。

【实验内容】

表 11－38 第五年运行记录

企业经营流程 请按顺序执行下列各项操作。	每执行完一项操作，CEO 在相应的方格内打钩。 财务总监（助理）在方格中填写现金收支情况。			
新年度规划会议				
参加订货会/登记销售订单				
制订新年度计划				
支付应付税				
季初现金盘点（请填余额）				
更新短期贷款/还本付息/申请短期贷款（高利贷）				
更新应付款/归还应付款				
原材料入库/更新原料订单				
下原料订单				
更新生产/完工入库				
投资新生产线/变卖生产线/生产线转产				
向其他企业购买原材料/出售成品				
开始下一批生产				
更新应收款/应收款收现				
出售厂房				
向其他企业购买成品/出售原材料				
按订单交货				
产品研发投资				
支付行政管理费				
其他现金收支情况登记				
支付利息/更新长期贷款/申请长期贷款				
支付设备维护费				
支付租金/购买厂房				
计提折旧				（　　）
新市场开拓/ISO 资格认证投资				
结账				
现金收入合计				
现金支出合计				
期末现金对账（请填余额）				

表 11－39   现金预算表

	1	2	3	4
期初库存现金				
支付上年应交税				
市场广告投入				
贴现费用				
利息（短期贷款）				
支付到期短期贷款				
原料采购支付现金				
转产费用				
生产线投资				
工人工资				
产品研发投资				
收到现金前的所有支出				
应收款到期				
支付管理费用				
利息（长期贷款）				
支付到期长期贷款				
设备维护费用				
租金				
购买新建筑				
市场开拓投资				
ISO 认证投资				
其他				
库存现金余额				

要点记录

第一季度：_____

第二季度：_____

第三季度：_____

第四季度：_____

年底小结：_____

表 11 - 40　　　　　　　　　　　订单登记表

订单号									合 计
市 场									
产 品									
数 量									
账 期									
销售额									
成 本									
毛 利									
未 售									

表 11 - 41　　　　　　　　　　　组间交易表

买入			卖出		
产品	数量	金额	产品	数量	金额

表 11 - 42　　　　　　　　　　　产品核算统计表

	P1	P2	P3	P4	合 计
数 量					
销售额					
成 本					
毛 利					

表 11 - 43　　　　　　　　　　　综合管理费用明细表　　　　　　　　单位：百万元

项 目	金 额	备 注
管理费		
广告费		
保养费		
租 金		
转产费		
市场准入开拓		□区域　□国内　□亚洲　□国际
ISO 资格认证		□ISO 9000　□1SO 14000

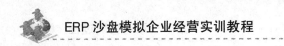

项目	金额	备注
产品研发		P2（　　）P3（　　）P4（　　）
其他		
合计		

表 11－44　　　　　　　　　　　　　　利润表

项目	上年数	本年数
销售收入		
直接成本		
毛利		
综合费用		
折旧前利润		
折旧		
支付利息前利润		
财务收入/支出		
其他收入/支出		
税前利润		
所得税		
净利润		

表 11－45　　　　　　　　　　　　　　资产负债表

资产	期初数	期末数	负债和所有者权益	期初数	期末数
流动资产：			负债：		
现金			长期负债		
应收款			短期负债		
在制品			应付账款		
成品			应交税金		
原料			一年内到期的长期负债		
流动资产合计			负债合计		
固定资产：			所有者权益：		
土地和建筑			股东资本		
机器与设备			利润留存		

续　表

资产	期初数	期末数	负债和所有者权益	期初数	期末数
在建工程			年度净利		
固定资产合计			所有者权益合计		
资产总计			负债和所有者权益总计		

【总结与反思】

第五年总结

管理是科学，管理更是艺术。你已走过了五年，一定有很多深刻的体会，那就一吐为快吧。

学会什么，记录知识点：

企业经营遇到什么问题？

下年准备如何改进？

第六节　全面信息化管理——第六年

【单元实验目的】

1. 建立基于信息时代的思维模式。
2. 了解企业战略及层次。

【实验准备知识】

一、企业为什么要全面信息化

1. 企业经营成败的关键是什么？——决策

企业管理驾驶仓不能犯任何一个"小错误"！！！

2. 科学的经营决策需要什么做支撑？

决策源于数据，数据源于信息系统，信息系统能够为企业和管理者提供丰富的决策信息。如图 11 - 29 所示。

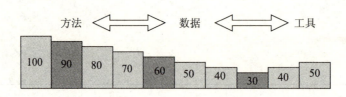

图 11 - 29　数据决策示意图

3. 管理为什么需要信息化

（1）内部管理混乱。凭证满天飞，报表一大堆；一家一个数，责任相推诿；决策无依据，老总难指挥。

（2）业务相互脱节。业务流程割裂，产供销不协调；财务业务脱节，财务数据滞后；信息孤岛严重，会议低效协调。

（3）经营运作困难，管理效率低下。财务风险增加，资金回笼困难，成本居高不下，市场机遇丢失；资金变紧张了，利润被吞蚀了。

可见缺乏实时、动态、准确的信息支持决策、计划、控制。

二、提升企业竞争力

如果要提升你企业的竞争力，你必须从根本上彻底改变你的企业。

（1）改变过去手工管理业务的习惯。

（2）把企业的流程无缝连接起来。

（3）提高你使用信息的能力及水平。

三、企业信息化管理

1. 信息集成

信息集成——信息化管理的必要特点。如图 11 - 30 所示。

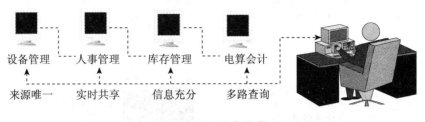

设备管理　人事管理　库存管理　电算会计

来源唯一　实时共享　信息充分　多路查询

图 11 - 30　信息集成

信息化管理的核心理念是管理规范化、流程合理化、工作效率化、管理扁平化、决策数据化。如图 11 - 31 所示。

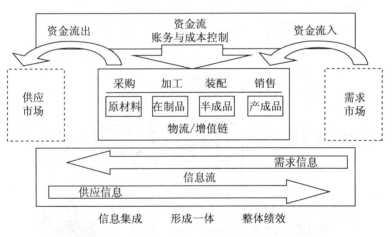

企业物流、信息流、资金流的集成

图 11 - 31　企业信息化示意图

2. 企业信息化成功关键因素

如图 11 - 32 所示。

统一的信息平台
统一的基础数据
统一的财务业务规范
标准
信息资源的集中
管理信息的集中
标准、规范的授权与监控
集中
成员单位间计划协同
成员单位间的业务协同
跨管理层级工作、审批流
协同
业务财务核算自动化
与外部系统集成应用
整合
经营过程的实时监控
控制信息的实时反馈
支持移动通信平台
敏捷
基于数据仓库的
企业绩效管理平台
绩效

图 11－32　信息化成功因素

3. 企业信息化推动企业的进步

如图 11－33 和图 11－34 所示。

信息技术
＋
管理措施
＝
企业目标
信息集成
信息共享
规范流程
实时响应
全面分析
正确决策
整体优化
协同运作
提高管理水平
提升核心竞争力
管理模式的变革，管理水平“质”的飞跃

图 11－33　信息化管理模式示意图

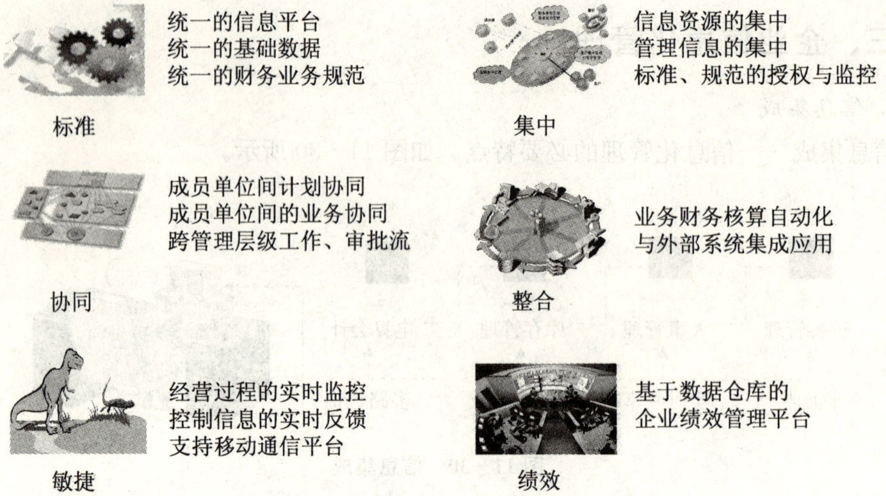

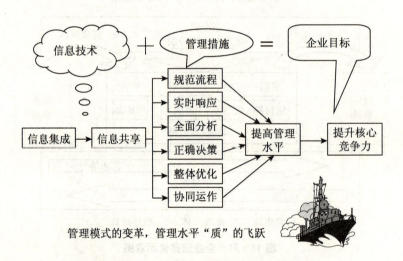

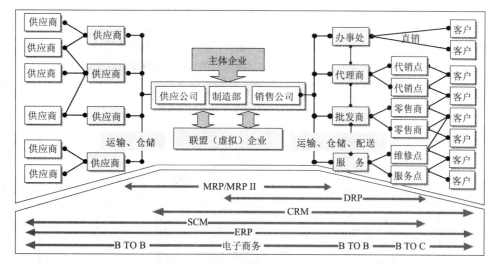

今后的竞争是 供需链 对 供需链 的竞争

图 11 - 34 信息化供应链管理示意图

四、人力资源管理

在沙盘模拟实验结束前，各公司要对各个岗位进行行业业绩衡量及评估，理解"岗位胜任符合度"的度量思想，有效地监控各个岗位的绩效。从岗位分工、职位定义、沟通协作、工作流程到绩效考评，使每个人能了解自己的不足和增强团队意识，学会换位思考。明确只有在组织的全体成员有着共同愿景、朝着共同的绩效目标、遵守相应的工作规范、彼此信任和支持的氛围下，企业才能取得成功。

第六年相关实验内容如表 11 - 46 至表 11 - 53 所示。

【实验内容】

表 11 - 46　　　　　　　　　　第六年运行记录

企业经营流程 请按顺序执行下列各项操作。	每执行完一项操作，CEO 在相应的方格内打钩。 财务总监（助理）在方格中填写现金收支情况。			
新年度规划会议				
参加订货会/登记销售订单				
制订新年度计划				
支付应付税				
季初现金盘点（请填余额）				
更新短期贷款/还本付息/申请短期贷款（高利贷）				
更新应付款/归还应付款				

企业经营流程 请按顺序执行下列各项操作。	每执行完一项操作，CEO 在相应的方格内打钩。 财务总监（助理）在方格中填写现金收支情况。			
原材料入库/更新原料订单				
下原料订单				
更新生产/完工入库				
投资新生产线/变卖生产线/生产线转产				
向其他企业购买原材料/出售成品				
开始下一批生产				
更新应收款/应收款收现				
出售厂房				
向其他企业购买成品/出售原材料				
按订单交货				
产品研发投资				
支付行政管理费				
其他现金收支情况登记				
支付利息/更新长期贷款/申请长期贷款				
支付设备维护费				
支付租金/购买厂房				
计提折旧				（　　）
新市场开拓/ISO 资格认证投资				
结账				
现金收入合计				
现金支出合计				
期末现金对账（请填余额）				

表 11-47　　　　　　　　　　　　　　　现金预算表

	1	2	3	4
期初库存现金				
支付上年应交税				
市场广告投入				
贴现费用				
利息（短期贷款）				

续 表

	1	2	3	4
支付到期短期贷款				
原料采购支付现金				
转产费用				
生产线投资				
工人工资				
产品研发投资				
收到现金前的所有支出				
应收款到期				
支付管理费用				
利息（长期贷款）				
支付到期长期贷款				
设备维护费用				
租金				
购买新建筑				
市场开拓投资				
ISO 认证投资				
其他				
库存现金余额				

要点记录

第一季度：＿＿＿＿＿＿＿＿＿＿＿＿＿＿＿＿＿＿＿＿＿＿＿＿＿＿＿

第二季度：＿＿＿＿＿＿＿＿＿＿＿＿＿＿＿＿＿＿＿＿＿＿＿＿＿＿＿

第三季度：＿＿＿＿＿＿＿＿＿＿＿＿＿＿＿＿＿＿＿＿＿＿＿＿＿＿＿

第四季度：＿＿＿＿＿＿＿＿＿＿＿＿＿＿＿＿＿＿＿＿＿＿＿＿＿＿＿

年底小结：＿＿＿＿＿＿＿＿＿＿＿＿＿＿＿＿＿＿＿＿＿＿＿＿＿＿＿

表 11 - 48 订单登记表

订单号									合计
市场									
产品									
数量									
账期									

订单号								合计
销售额								
成本								
毛利								
未售								

表 11－49　　　　　　　　　　　组间交易表

买入			卖出		
产品	数量	金额	产品	数量	金额

表 11－50　　　　　　　　　　　产品核算统计表

	P1	P2	P3	P4	合计
数量					
销售额					
成本					
毛利					

表 11－51　　　　　　　　　　综合管理费用明细表　　　　　　单位：白力兀

项目	金额	备注
管理费		
广告费		
保养费		
租金		
转产费		
市场准入开拓		□区域　□国内　□亚洲　□国际
ISO 资格认证		□ISO 9000　□1SO 14000
产品研发		P2（　　）P3（　　）P4（　　）
其他		
合计		

表 11 - 52 利润表

项目	上年数	本年数
销售收入		
直接成本		
毛利		
综合费用		
折旧前利润		
折旧		
支付利息前利润		
财务收入/支出		
其他收入/支出		
税前利润		
所得税		
净利润		

表 11 - 53 资产负债表

资产	期初数	期末数	负债和所有者权益	期初数	期末数
流动资产：			负债：		
现金			长期负债		
应收款			短期负债		
在制品			应付账款		
成品			应交税金		
原料			一年内到期的长期负债		
流动资产合计			负债合计		
固定资产：			所有者权益：		
土地和建筑			股东资本		
机器与设备			利润留存		
在建工程			年度净利		
固定资产合计			所有者权益合计		
资产总计			负债和所有者权益总计		

【总结与反思】

第六年总结

培训结束了，是否有意犹未尽的感觉。结束也意味着新的开始，好好回顾一下，两天的课程，你最主要的收获得什么？关于课程有哪些建议和希望？

你经营得如何？成绩怎样？

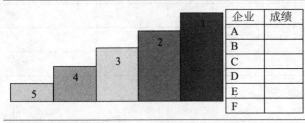

企业	成绩
A	
B	
C	
D	
E	
F	

本次培训你印象最深的内容有哪些？

你最重要的收获有哪些？有哪些教训愿意和他人分享？

你认为决定企业经营成败的最关键因素是什么？为什么？

有什么希望和建议？

第十二章　实训总结与成绩考核

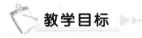　　　▶▶▶

　　通过学习 ERP 沙盘模拟总结的内容和编写方法、成绩考核和评价方法，对 ERP 沙盘模拟实践的成果及时进行归纳总结，这是 ERP 沙盘模拟实践教学与学习过程中不可缺少的重要环节。

第一节　ERP 沙盘模拟实践总结报告

　　ERP 沙盘模拟实践课程的最后一个步骤就是撰写总结报告。总结报告是对经验的书面总结，其目的在于让学生将参与 ERP 沙盘模拟实践课程的实战经验及心得体会记录下来，进一步加深学生对 ERP 的理解。

一、ERP 沙盘模拟实践总结的意义

　　ERP 沙盘模拟实践的总结报告的撰写可以培养和提高学生的逻辑思维能力和书面表达能力，培养学生分析和综合、演绎和推理、归纳和总结等方面的综合能力，同时也可以帮助学生培养一个良好的学习习惯。因此，这既是 ERP 沙盘模拟实践过程中的一个不可缺少的环节，也是有益于学生能力提高的一个非常有益的工作，需要学生认真对待，努力配合教师的安排，高质量地完成 ERP 沙盘模拟实践的总结报告。

　　1. ERP 沙盘模拟实践总结的必要性

　　俗话说"好脑筋不如烂笔头"，及时地总结和记录，能有助于我们在繁多的操作步骤和巨大的信息量中筛选和提炼出模拟实验的方法和规律。

　　（1）沙盘模拟实践过程复杂、步骤多、信息量大。整个沙盘模拟实践过程中，学生要熟悉并从事企业采购、生产、经营及销售各个环节的流程，根据企业事先制定的发展战略，制定并实施每一期的广告决策、市场决策、研发决策、资金资本决策及采购生产决策。过程中的每环节的决策都是具有复杂、抽象性的特点，是通过筛选和分析多种相关条件所制定并实施的，都包含着十分巨大的信息量。

　　（2）沙盘模拟实践过程时间紧、任务重、紧凑性强。ERP 沙盘模拟实践课程以 ERP 沙盘的方式模拟企业的商务运作，将企业结构和管理的操作全部展示在沙盘上，把复杂、抽象的经营管理理论以最直观的方式让学生体验、学习。在短短的 2～3 天的时间内模拟企业 6～10 年的全面经营管理。时间十分紧张，各个步骤都是环环相扣，若不及时总结，学生的体会、收获和灵感转瞬即逝，试验的效果也将会大打折扣。

2. ERP 沙盘模拟实践总结的重要性

ERP 沙盘模拟实践课程以完整生动的视觉感受将极为有效地激发学生的学习兴趣，增强学生学习能力。对该课程的总结能加深对企业管理和 ERP 原理的理解与领悟，提高自己的业务技能，培养自己的合作意识，获得最佳的学习体验。

（1）对于学习者个人的意义。ERP 沙盘模拟实践训练完全不同于传统的课堂灌输授课方式，它是通过直观的企业经营沙盘来模拟企业运行状况，让学生在分析市场、制定战略、组织生产、整体营销和财务结算等一系列活动中体会企业经营运作的全过程。ERP 沙盘模拟实践使学生形象地认识到企业资源的有限性，从而深刻理解 ERP 的管理思想，领悟科学的管理规律，提升管理的能力。

（2）对于实训团队的意义。ERP 沙盘模拟实践课程最大的特点是"在参与中学习"，学生的学习过程接近企业现状，在短短几天的训练中，会遇到企业经营中经常出现的各种典型问题。学生必须和大家一起去寻找市场机会，分析规律，制定策略，实施全面管理。在各种决策的过程中，与本团队的队员们一起体验成功和失败，学习管理知识，掌握管理技巧，提高管理素质，在管理实践的过程中，学习、实践并提高自己的沟通交流与协作关系，培养学生们的集体精神与团队意识，加深学生之间的友谊。在谈到这个问题时，一位学生曾在其感言中写道："整个沙盘模拟实践课程是学生们一同演练沙盘，一同学习软件，一同讨论和解决问题，一同为公司的发展出谋划策的过程。学生们通过互相帮助、互相支持走过整个艰难的探索道路，一同分担忧愁，一同为团队的命运担忧，这些共同经历虽不能与人生的坎坷相比，但也将是团队成员的美好回忆。一个学期的沙盘演练，使我意识到在团队中，团队意识和合作精神是如此的重要，这也恰恰是社会对我们刚毕业的大学生的基本要求。虽然我们也有不少方式广交好友，但我想没有哪种方式是能够让彼此在短时间内产生如此深厚的友谊……"

3. ERP 沙盘模拟实践成绩的评价

在 ERP 沙盘模拟实践中，学生们通过实践竞争都取得了相应的成绩。但这个成绩只代表了过去，只代表在这一特定场合的水平发挥；并不一定代表了自己的真实水平，更不能代表将来。所以 ERP 沙盘模拟实践课程特别安排了"总结"这个教学环节，一方面充分展现自己的水平，更重要的是通过总结：归纳成绩、发现问题、明确下一步努力的方向。因此，学生总结是否实现了上述目的，将是 ERP 沙盘模拟实践课程成绩的重要方面。

二、ERP 沙盘模拟实践总结的内容

ERP 沙盘模拟实践总结的过程是系统地分析与归纳课程当中的成功经验与失败教训的过程，是整个课程步骤环节与知识理论的再现。总结的内容则不仅是沙盘模拟实践过程的成败得失，更要与理论、与实际相联系，才能得到更大的收获。ERP 沙盘模拟实践总结时要撰写 ERP 沙盘模拟实践的书面总结报告。ERP 沙盘模拟实践的书面总结报告一般是在学习团队及全班讨论结束后才开始撰写，本身包括了集体智慧的成分。在撰写 ERP 沙盘模拟实践的总结报告时，应当允许同一学习团队的成员使用团队共同

准备的图表资料和分析结论，但总结报告的正文部分仍然必须由个人独立撰写，严格禁止互相抄袭。

ERP 沙盘模拟实践总结的内容主要有整体战略、产品研发、生产及原料、市场及营销、财务及资金、团队协作与沟通几个方面。

1. 整体战略方面的总结

战略是对企业全局的总体谋划；战略是对企业未来的长期谋划；战略是在对企业外部环境和内部环境深入分析及准确判断的基础上形成的；战略对企业具有决定性的影响；战略的本质在于创造和变革，在于创造和维持企业的竞争优势。战略方面的内容主要分两个层面。

（1）对企业长、中、短期策略的制定

我们每个企业的初始状态是相同的，给定的企业资源（包含的范围很广，厂房、设备、物料，还包括人力资源、资金、市场、信息，甚至包括企业上下游的供应商和客户）也是相同的，企业的目标可以说是在资源给定的情况下，追求尽可能大的产出。从外延上来看是追求利润，本质是资源的合理利用。在充分分析企业资源及市场信息的基础上，应从以下几个方面总结制定企业的战略规划。

①市场主导型与产能主导型。市场主导型与产能主导型是沙盘模拟实践中较为普遍采用的两种战略路线。但在仅进行 6 期的沙盘模拟实践课程中，由于受各种规则和假设的限制，企业产能的大小却成为能否扩大市场份额从而占领市场的决定性的因素，以产定销的模式体现出较好的比赛成绩。因此，如何分析、选择和制定企业的主导类型是企业确定市场和产品开发策略的前提，是企业战略首先要考虑的基本问题，这方面的问题也就成了学生们首先总结的问题。

②固定资产投资的战略。由于固定资产投资的数额特别巨大，收益期比较长，风险较高，因此，固定资产投资的决策也就成为企业战略最重要的部分之一。固定资产投资的合理性决定了企业发展的成长性往往是企业成败的关键点。企业要想发展、要想扩大规模、要想扩大产能必须通过固定资产投资、提高产能来实现。固定资产投资战略主要考虑的内容是在何时出多少钱购置或租用什么资产，因此学生们需要总结以下三个方面：第一，如何尽可能形成保证满足销售计划需要或是尽早地形成达到预计的产能规模，包括生产线及厂房如何获得；第二，如何做好财务规划，保证企业有充足的现金作为支持，不能因固定资产投资而使企业现金链断裂，防范和规避企业破产的风险；第三，如何选择性价比较高的资产进行投资，充分计算考虑设备及厂房的各项指数，每项资产的特性，及总共 6～10 年的投资经营期，合理及时地更新资产。每一个部门都要统一理解公司的战略路线，并在战略路线的指导下，在 6～10 年决策中合理分配部门资源。生产和人力资源部门就要根据战略路线配比各期的产能，营销部门就要根据战略路线确定各期市场竞争思路，财务部门则要根据战略路线调节和平衡各期现金流量等。因此在总结中也要分析战略的落实与执行情况。战略思考是要落实到具体每个部门的。这不仅是一个从战略到策略的概念，更重要的理解是，战略决策直接落实到职能部门，使职能部门的各期决策都能从不同的方面反映出公司战略。

（2）市场趋势的预测、既定战略的调整

沙盘模拟实践的过程中，企业所面对的是一个不断变化的市场和一个不断变化的竞争环境，预测市场和调整战略也应该是企业每一期首先面临的任务，因此对这方面的总结也就显得尤为重要。

①市场预测的总结。市场预测的总结分为以下几个方面：第一，市场是通过哪些因素分析预测出的，有哪些方法与技巧；第二，市场预测的是否准确，可以总结出哪些经验和教训；第三，怎样把市场预测与企业战略相结合，预测结果对战略有哪些影响。

②战略调整的总结。环境变动的经常性使得战略的作用必须以变制变。这种以变制变的结果变现为：当环境出现较小变动时，一切行动必须依战略行事，体现战略对行动的指导性；当环境出现较大变动并影响全局时，经营战略必须做出调整，财务战略也随之调整。战略调整主要从以下几个方面进行总结：第一，在模拟实践过程中调整了哪些战略，怎样调整的；第二，战略调整的原因是什么，哪些因素可以影响战略，怎样影响；第三，对战略的调整是否必要，调整方法是否正确。

2. 市场营销与销售方面总结

企业的生存和发展离不开市场这个大环境。市场是企业营销的场所，也是企业进行产品销售的对象，市场标志着企业的竞争潜力。市场是瞬息万变的，变化增加了竞争的实践性与复杂性。谁赢得了市场，谁就赢得了竞争。市场营销与销售方面的总结主要有以下内容。

（1）市场预测及开发决策。市场预测是指对市场趋势的判断。对市场趋势的把握是公司战略制定和实施的重要前提。市场趋势分为区域性趋势和时间序列趋势。区域性趋势是指由地域的变化所带来的市场整体需求量的发展趋势，主要体现为宏观性的趋势，包括本地、区域、国内（亚洲及国际五个市场所需的产品结构及数量各不相同。对其的分析主要是根据有关的专业情报进行判断。产品的需求数量和价格是存在时间性差异的，每一种产品的需求数量和价格都不是一成不变的，随着时间的推移都会出现最高值与最低值，存在很大不同。这就是产品需求的时间序列趋势。市场预测要对两项趋势进行整合，计算分析比较得出市场及产品在各个时期总销售额和市场需求额的排序，确定各个市场开发、维护和退出的时间。通过以上分析，这部分内容需要总结的是，计算和分析各个市场的开发和维护费用与在这个市场赚得的毛利比率，分析总结市场开发时间和效率的合理性。

（2）在市场中投标竞价的效率。市场中投标竞价的效率主要通过广告投入产出分析和市场占有率分析两个方面说明。广告投入产出分析可以发现本企业与竞争对手在广告投入策略上的差距，是营销总监深入分析竞争对手，寻求节约营销成本，制定取胜策略的突破口。而市场占有率说明了企业在市场中销售产品的能力和获取利润的能力。总结中应着重分析每一期本企业的广告投入和产出比率，对比同行业竞争对手的策略，总结本企业在市场营销方面的策略是否得当。

3. 产品研发方面的总结

产品研究和开发是一个企业生存与发展的基础。产品研发企业根据宏观经济环境与企业自身的条件，将企业内外的资源有效地整合与利用，研发出具有核心、形式与延伸诸要素有机结合的产品的全过程。沙盘模拟实践课程中只有 P2、P3、P4 三种产品可供研发，其研发周期相同，但研发费有较大区别。总结产品研发方面的主要内容有以下几个方面。

（1）企业产品的研发是否与企业战略相一致，是否与市场预测相吻合，企业是否根据战略和市场的需要适当地选择了产品研发的种类。

（2）企业的产品研发是否与企业的生产相同步，有无因过多超前或滞后于生产环节而导致过度占用了资金或延误了生产。

（3）所选择研发的产品是否有效率，该产品所赚取的利润是否高于其研发成本，这里的成本不仅是研发本身的费用，而且还包括研发费用所占用资金的机会成本。

（4）是否出现因产品研发而导致企业资金链的断裂，如何控制和防范该风险，是否在必要时做出修改研发计划，甚至中断项目的决定。

4. 财务管理方面总结

财务方面在总结报告中无疑是最为重要的部分之一。财务既能够对整个企业的经营业绩和财务状况进行评价，同时财务分析对企业经营和投资过程中的决策又是至关重要的。在总结报告中财务方面可以具体从以下五点进行总结。

（1）制订投资计划，评估应收账款金额与回收期。总结时要从投资计划的制订对财务的影响上入手，分析在沙盘模拟中本企业对把握资金流的长期规划的程度，预计现金的流入和流出的准确性如何，其投资回收期是否准确，资金是否出现战略上大的缺口等。投资计划是与一个企业的战略息息相关的。这里的投资，包括购置固定厂房、机器设备，原材料的采购，还包括市场拓展的广告费、新产品的研发费、各项认证费用。在财务上关注投资计划，主要动因是解决资金流的问题。从战略上，对企业的资金流进行一个长期的规划很重要，许多企业的破产就在于资金链的断裂。

（2）预估长、短期资金需求，寻求资金来源。现金流量作为企业生存发展的"血液"，其对管理的重要作用是毋庸置疑的。资金是企业价值链的重要组成部分。保证"资金不断流"是企业生存的基本法则，也是企业财务的基本职能。在既定战略下，对投资计划和回收期已定，那么资金需求就已知了。下一步财务上的任务就是寻找资金来源。这时资金来源就成为企业生存的一个至关重要的因素。要洞悉资金短缺前兆，以最佳方式筹措资金。总结的任务就在于深化学生对资金来源的预计和掌控。要总结模拟企业的资金具体来源于哪里，如何取得这些来源，其每个资金来源渠道能够筹集的资金额度是多少，在哪个时点上筹资，其代价又是多大。

（3）掌握资金来源与用途，妥善控制成本。财务上有一条原则：绝不能用流动负债解决长期资金问题。资金的用途也应在财务规划与管理范围之内。模拟中的企业是制造性企业，其资金大多用在生产方面，如固定资产与厂房的购置，原材料的采购等，所以这还同时涉及生产上的成本控制问题。在总结时，要深入分析其资金的来源与用途是否匹配，有否存在滥用资金的现象。对生产过程中成本的控制也需要在总结中加以体现。

（4）制定预算。预算能够通过对业务、资金、信息的整合，明确、适度的分权授权，战略驱动的业绩评价等，来实现资源合理配置、作业高度协同、战略有效贯彻、经管持续改善、价值稳定增加的目标。应用预算的优势在于：①能够明确决策方案的优化程度。②通过预算目标、实际业绩的比较，预算控制能使经理人员随时了解预算主体范围内的企业实际业绩进展情况。③通过分析目标与实际的差异，揭示产生差异的原因。④能够反映原始预算的现实性与可行性，并由此决定是否修改原始预算，使之更有利于目标的科学与合理。总结要体现模拟中企业运用预算的情况。该企业的预算是如何制定出来的，参与制定及决策的主体有哪些，预算的执行情况如何，其结果如何，如果实际与预算之间的差异过大，原因在哪里等。

（5）分析财务报表，运用财务指标进行管理决策。财务报表体现了一个企业的经营结果与财务状况。分析财务报表，总结当期经营成果与财务状况对下一期的经营与内部决策是十分有益的。借助一些重要的财务指标，如毛利率、资产负债率、存货周转率等，使用一些财务分析方法，如杜邦分析、五力分析、成本结构变化分析、产品赢利分析等，都能对企业决策和内部诊断提供帮助，在总结报告中应包括对这方面内容的企业应用情况。

5. 生产与运作方面总结

在以营利为最终目的企业中，收入和成本是最关键的考虑因素，而生产是企业中最核心的活动，也是最大的成本。生产虽然在一定程度上是按部就班地进行，但各种设备与其所生产的产品所形成的排列组合却给企业带来了很多的变化。在总结这一部分时，应关注以下几方面内容。

（1）如何选择获取生产能力的方式。依照规则，企业的生产线及厂房可以通过购买或租赁两种方式取得，企业究竟采用哪一种方式，要根据企业战略及当时的财务状况进行适当选择，使资金得以高效率、高回报的利用。

（2）如何决策设备更新与生产线改良。第一，在沙盘上共有手工、半自动、全自动及柔性四类生产线可供选择，四种生产线各具特点，价格也各不相同，如何选取一个最佳的生产线更新顺序及组合方式是应该首先计算决定的，使之匹配市场需求，保证交货期和数量，扩大设备产能。第二，生产线建设是有周期的，如何选择更新和新建生产线时间，使之与战略安排及产品研发同步，使其在 6～10 年的经营周期内尽量少的提取折旧，这些也是另一个总结的重要内容。第三，如何合理安排生产线所在厂房，使其所耗费的厂房成本最小，并在适当的时候出售设备，回笼部分资金，这些也是需要总结的方面。

（3）如何做好全盘生产流程调度决策，安排库存管理及产销配合。第一，沙盘中共有 P1，P2，P3 和 P4 四种产品，充分利用手工、半自动、全自动及柔性四类生产线各自的优势，合理安排每种产品的产能，使各种产品的产能最大化并且其比例与销售基本吻合，使产成品的库存降到最小。第二，企业可以生产的产品需要在 R1，R2，R3

和 R4 四种原材料中选取，其采购周期并不完全相同，根据需要产品的 BOM 表，合理安排原材料的订购时间，把原材料的库存降到最小，使企业占用的资金最少，同时又能充分保证生产的顺利进行。

6. 团队协作与沟通方面总结

团队合作与沟通是 ERP 沙盘模拟课程的初衷之一。如何树立团队的共同目标，建立团队的组织机构，如何制定保障目标实现的决策机制与规章制度应作为这部分的总结内容。

（1）实地学习如何在立场不同的各部门间沟通协调。ERP 沙盘模拟课程是互动的。当学生对模拟过程中产生的不同观点进行分析时，需要不停地进行对话。除了学习商业规则和财务语言外，增强学生的互动技能，并学会如何以团队的方式工作。总结时应重点总结队员间沟通的形式与技巧，如何把自己所掌握的信息与其他队员共享，如何通过沟通与协调获取自己所需要的信息。

（2）培养不同部门人员的分工合作经营理念。在 6～10 期的实践学习并完成繁多的内容和复杂的步骤，没有良好的分工协作，很难做出合理周全的决策。对于如何分工则可以说是仁者见仁、智者见智，并不强调统一的分工模式，可以在学习和熟悉比赛规则阶段自行摸索，但可以肯定的是：分工是必需的。分工是合作的前提与基础，合作是分工的目的与保障。没有明确分工的队伍不可能有默契的合作，没有合作的队伍分工也是毫无意义的，比赛结果自然不甚理想。总结时一是要描述自己团队的分工情况，并阐述分工的依据及职责的范围；二是要分析分工的合理性与弊端，查找在合作时出现的问题。

（3）建立以整体利益为导向的组织。一个团队要有明确的整体目标，一切以全队的整体利益为重，同时设立队规并严格执行。明确的目标才能支持队员在时间和精力上的投入。沙盘模拟有助于学生形成宏观规划、战略布局的思维模式。通过这一模拟，各层面学生对公司业务都会达成一致的理性及感性认识，形成共同的思维模式，以及促进沟通的共同语言。

第二节　ERP 沙盘模拟成绩考核与评价

ERP 沙盘模拟实践教学不仅是一个个人学习的过程，更重要的是，它还是一个集体学习的过程。为了反映 ERP 沙盘模拟实践教学集体学习的成果，必须采取一定的形式对 ERP 沙盘模拟实践教学集体学习的成果进行总结和成绩考核。本节主要学习 ERP 沙盘模拟成绩考核与评价等内容。

一、ERP 沙盘模拟实训成绩的评定

ERP 沙盘模拟实践教学集体学习的成果是全体师生共同努力的结果，也是集体智慧的结晶，因此，ERP 沙盘模拟实践教学质量的高低取决于全体同学的参与程度和贡

献水平。总之，ERP 沙盘模拟实践教学不能离开集体。但是，在 ERP 沙盘模拟教学过程中，并非所有的学生都做出了等量贡献，每个学生在不同的课程上或在不同的问题上，各有其兴趣爱好和知识专长，需要在教师的引导下扬长避短，同时更要注意取长补短，这样才能使个人的能力在 ERP 沙盘模拟实践教学的过程中得训练和提高。这就需要教师及时掌握和全面考察学生的学习情况，实施 ERP 沙盘模拟教学的考试制度改革。ERP 沙盘模拟实践教学主要侧重学生全面素质和综合能力的考核，而不是局限于以分数衡量知识水平。

课程结束后，每个团队都会有一个实践成绩，但这个成绩并不能充分反映学生的真实情况，有的团队虽破产了，但运营过程中，团队成员可能一直积极参与，而且积累了很多宝贵的经验，下面给出一种较为科学的成绩评定方式，即：

ERP 沙盘模拟实践课成绩＝ERP 沙盘模拟实战成绩（40％）＋团队成员表现（30％）＋实践总结（30％）

ERP 沙盘模拟实战成绩：此课程把参加训练的学生分成 6 个团队，每团队代表不同的虚拟公司，每个团队的成员分别担任公司中的重要职位（CEO、CFO、市场总监、生产总监、采购总监等）。6 个公司是同行业中的竞争对手，他们从先前的管理团队中接手同样的企业，大家要在模拟的 6 年中，在客户、市场、资源及利润等方面进行一番真正的较量。最后根据各企业的所有者权益，综合发展系数等对各个企业进行综合排名，这就是 ERP 沙盘模拟实战成绩。

二、ERP 沙盘模拟实战成绩评定

1. "成绩评价"思考的逻辑框架

对沙盘各小组比较"公正"的评价应当考虑两方面的因素。

（1）"利润"肯定是一个关键因素。赢利的多少是各组沙盘经营综合决策的客观结果。但也有许多学习者在经营的最后一年结束时，将生产线全部卖掉，因此，增加的"额外收入"计入"利润"之中，从而使积分加大。此时若仅考虑"利润"就产生了偏颇。

（2）综合考虑企业的未来发展是另一个关键因素。企业的固定资产（生产线、厂房等），现金流状况（应收款、应付款、当前现金），市场份额（总市场占有率、各个分市场占有率），ISO 认证、产品研发等因素均应当综合考虑。

依据实践经验，对"积分评价"问题的思考框架如图 12-1 所示。

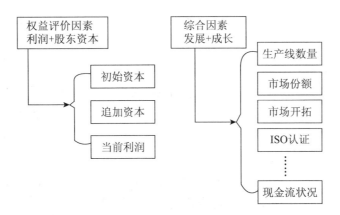

图 12 - 1 沙盘"积分评价"问题的思考框架

2. 权益评价因素分析

沙盘中各企业的权益结构很简单，所有者权益＝股东资本＋利润。

（1）利润是利润留存（以前年度未分配利润之和）。当然，利润越大，意味着"赚钱越多"。

（2）股东资本是企业经营之初，所有股东投入的资金。但在训练中，有些小组决策失误，导致"资不抵债"（权益为负）且"现金资本断流"时，处于训练的"延续性"考虑，要对其进行"股东资本追加"。此时该小组股东资本＝股东原始资本＋追加股东资本。追加股东资本后，权益加入。此时如果还按照权益去计算"积分"，显然对未追加资本的小组是不公平的。

（3）变卖生产线增加的"额外收入"，可以提高当年的"利润"，这样提高的"积分"属于"投机取巧"。

由以上分析可以看出仅仅依赖"权益"进行考评，确实存在"消极"和"不公正"因素。

3. 综合因素评价分析

对各小组的综合因素评价，主要考虑企业未来的发展潜力，此时评价的前提当然是如果下年继续经营，考虑企业已存在的各种有形资产和无形资产。

（1）生产线数量

生产线越多、越先进，个业未来的"产能"越大。

（2）自主厂房（已购买）数量

自主厂房越多，意味着企业固定资产规模大，未来生产经营中"租金"费用低，赢利能力强。

（3）ISO认证

ISO认证可以认为是一种投资回报。未来有ISO认证需要的订单一般其"价格"和"应收款"期限都比较优惠，广告成本小，赢利能力强。

（4）市场开拓数量

可以认为其是一种投资回报。未来市场"宽广"，拿订单易于达到"最大可销售数量"降低库存。而且可以更好地定位于价格高的市场，加快资金周转，降低广告费用，赢利能力强。

（5）产品研发种类

可以认为其是一种投资回报。产品市场选择宽广拿订单易于达到"最大可销售量"降低库存。而且可以更好地定位于价格高、毛利大产品，加大"毛利率"，降低广告费用分摊比例，赢利能力强。

（6）市销量

"销量最大"意味着在该市场占"主导地位"，可以认为是一种"优势"。在有"市场龙头"规则的情况下，可以降低广告费成本，赢利能力强。

（7）未借高利贷、未贴现

这方面体现的是运营过程中"现金流"控制得当，财务须算与执行能力较强，财务成本较低。这样对未来的财务费用控制能力也可以有较高的期望。

总成绩计算规则如下：

$$总成绩＝所有者权益×（1＋企业综合发展潜力/100）$$

企业综合发展潜力如表 12-1 所示。

表 12-1　　　　　　　　　　　　企业综合发展潜力

序号	总类	单项目	综合发展潜力系数
1	厂房（至少生产出一件产品）	大厂房	＋15 /每厂房
2		小厂房	＋10 /每厂房
3	生产线	手工	5分/条
4		半自动	10分/条
5		全自动/柔性	15分/条
6	开发完成并形成销售的市场	区域	10分
7		国内	15分
8		亚洲	20分
9		国际	25分
10	研发完成并形成销售的产品	P2	5分
11		P3	10分
12		P4	15分
13	完成管理体系认证	ISO 9000	10分
14		ISO 14000	15分
15	贷款	高利贷	每次15分
16	其他	—	

三、团队成员表现成绩评定

团队成员表现：岗位分工明确，各司其职，制订计划，合作愉快，团队间公平竞争，各个企业的团结程度、每个成员的参与程度，以及各种表格如运营表、损益表、现金流量预算表、采购计划表、贷款登记表、资产负债表的填写等都列为企业成员的综合表现评价。

四、实践总结成绩评定

实践总结：包括个人总结和团体总结。个人总结是课程结束后每个同学上交的一份实践报告，是对自己几天的体会、经验以及在实践中应用的理论知识进行的总结与归纳。团体总结就是以团队的形式上交一份PPT，在全班总结时各个企业要站在团队全局的角度上利用多媒体向全班同学边展示边讲解，这也是经验共享的一个过程，包括本企业的企业文化、成员构成、整体战略、广告策略、市场定位、企业运营得失等。

本章引导学生对六年模拟企业经营的归纳总结，撰写研究总结报告和小组成绩评定。

复习思考题

1. 总结报告提纲

ERP沙盘模拟学习者总提纲包括以下内容：

（1）简要描述所在企业的经营状况；

（2）分析所在企业成败的关键点及因素；

（3）总结所担任角色的得与失；

（4）提出对所在企业下一步发展的意见和建议。

学生也可以在ERP沙盘模拟学习的过程，不断地总结经验，形成自己的风格和特点。

2. 成绩计算（见表12-2）

表12-2　　　　　　　　　　　　成绩计算

序号	总类	单项目	综合发展潜力系数	得分
1	厂房（至少生产出一件产品）	大厂房	+15/每厂房	
2		小厂房	+10/每厂房	

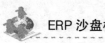
续 表

序号	总类	单项目	综合发展潜力系数	得分
3	生产线	手工	5分/条	
4		半自动	10分/条	
5		全自动/柔性	15分/条	
6	开发完成并形成销售的市场	区域	10分	
7		国内	15分	
8		亚洲	20分	
9		国际	25分	
10	研发完成并形成销售的产品	P2	5分	
11		P3	10分	
12		P4	15分	
13	完成管理体系认证	ISO 9000	10分	
14		ISO 14000	15分	
15	贷款	高利贷	每次15分	
16	其他	—	—	
企业综合发展潜力				
总成绩				

参考文献

［1］田艳．企业管理模拟（ERP 沙盘）实训教程［M］．广州：暨南大学出版社，2011.

［2］滕佳东．ERP 沙盘模拟实训教程［M］．沈阳：东北财经大学出版社，2009.

［3］樊晓琪．ERP 沙盘实训教程及比赛全攻略［M］．上海：立信会计出版社，2009.

［4］杨天中，符超．ERP 沙盘模拟企业经营实训教程［M］．武汉：华中科技大学出版社，2011.

［5］陆安生．ERP 原理与应用［M］．北京：清华大学出版社，2010.

［6］闪四清．ERP 系统原理和实施［M］．北京：清华大学出版社，2006.

［7］周玉清，刘伯莹，周强．ERP 与企业管理：理论、方法、系统［M］．2 版．北京：清华大学出版社，2012.

［8］刘永胜．供应链管理基础［M］．北京：中国物资出版社，2009.

［9］陈延寿，宋萍萍．ERP 教程［M］．北京：清华大学出版社，2009.

［10］李冬梅，谷增军，葛红．ERP 财务管理实务［M］．北京：清华大学出版社，2011.

［11］黄娇丹，毛华扬．金蝶 ERP 沙盘模拟经营实验教程［M］．北京：清华大学出版社，2010.

［12］赵权．企业成本控制技术［M］．广州：广东经济出版社，2003.

［13］陈信元．财务会计［M］．北京：高等教育出版社，2000.

［14］张力上．成本会计［M］．成都：西南财经大学出版社，2004.

［15］卢家仪，蒋冀．财务管理［M］．北京：清华大学出版社，2001.

［16］陈光会，康虹．ERP 原理与应用［M］．西安：西北工业大学出版社，2009.

［17］孙福权，等．企业资源计划 ERP［M］．沈阳：东北大学出版社，2006.

［18］童杰成．ERP 沙盘模拟教程［M］．徐州：中国矿业大学出版社，2009.

［19］董红杰，吴泽强．企业经营 ERP 沙盘应用教程［M］．北京：北京大学出版社，2012.

［20］陈玉菁，宋良荣．财务管理［M］．北京：清华大学出版社，2005.

［21］杨尊琦，林海．企业资源规划 ERP 原理与应用［M］．北京：机械工业出版社，2006.

［22］刘金安，兰小毅，介彬．ERP 原理及应用教程［M］．北京：清华大学出版社，2013.

［23］朱阳生．新会计准则下会计错弊常见形式及查账技巧［M］．长沙：湖南人

民出版社，2009.

　　[24] 刘智英，于冬梅．成本会计［M］．北京：清华大学出版社，2012.

　　[25] 中国就业培训技术指导中心．ERP 工程师职业能力认证培训教程（基础能力）［M］．北京：人民邮电出版社，2007.

　　[26] 常丹．企业资源规划（ERP）综合实训［M］．北京：中央广播电视大学出版社，2008.

　　[27] 张秋燕．ERP 知识与供应链应用［M］．上海：上海财经大学出版社，2012.

　　[28] 桂海进．ERP 原理与应用［M］．北京：中国电力出版社，2005.

　　[29] 王新玲，郑文昭，马雪文．ERP 沙盘模拟高级指导教程［M］．北京：清华大学出版社，2009.

　　[30] 张前．ERP 沙盘模拟原理与实训［M］．北京：清华大学出版社，2013.

　　[31] 邹德平，逢卉一，李芳懿．ERP 沙盘模拟［M］．北京：清华大学出版社，2013.

　　[32] 邓文博．企业经营模拟沙盘实训［M］．广州：华南理工大学出版社，2010.

　　[33] 何虹，庄洪．ERP 企业经营管理沙盘模拟实训教程［M］．北京：北京交通大学出版社，2011.

　　[34] 苗雨君．ERP 沙盘模拟教程［M］．北京：清华大学出版社，2013.

附录A　生产计划及采购计划

附表A-1

生产计划及采购计划编制举例

生产线		第一年 一季度	二季度	三季度	四季度	第二年 一季度	二季度	三季度	四季度	第三年 一季度	二季度	三季度	四季度
1 手工	产品			P1			P1						
	材料		R1										
2 手工	产品	P1	P1			P1							
	材料	R1			R1								
3 手工	产品	P1			P1								
	材料	R1											
4 半自动	产品	P1	P1		P1								
	材料	R1											
5	产品												
	材料												
……	产品												
	材料												
合计	产品	1P1	2P1	1P1	2P1						P2	P2	P2
	材料	2R1	1R1		1R1								

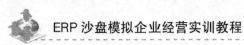
附表 A－2

生产计划及采购计划编制（1～3 年）

生产线		第一年				第二年				第三年			
		一季度	二季度	三季度	四季度	一季度	二季度	三季度	四季度	一季度	二季度	三季度	四季度
1	产品												
	材料												
2	产品												
	材料												
3	产品												
	材料												
4	产品												
	材料												
5	产品												
	材料												
6	产品												
	材料												
7	产品												
	材料												
8	产品												
	材料												
合计	产品												
	材料												

附表 A-3

生产计划及采购计划编制（4～6年）

生产线	产品/材料	第四年				第五年				第六年			
		一季度	二季度	三季度	四季度	一季度	二季度	三季度	四季度	一季度	二季度	三季度	四季度
1	产品												
	材料												
2	产品												
	材料												
3	产品												
	材料												
4	产品												
	材料												
5	产品												
	材料												
6	产品												
	材料												
7	产品												
	材料												
8	产品												
	材料												
合计	产品												
	材料												

附录 B 开工计划

产品	第一年				第二年				第三年			
	一季度	二季度	三季度	四季度	一季度	二季度	三季度	四季度	一季度	二季度	三季度	四季度
P1												
P2												
P3												
P4												
人工付款												

产品	第四年				第五年				第六年			
	一季度	二季度	三季度	四季度	一季度	二季度	三季度	四季度	一季度	二季度	三季度	四季度
P1												
P2												
P3												
P4												
人工付款												

产品	第七年				第八年				第九年			
	一季度	二季度	三季度	四季度	一季度	二季度	三季度	四季度	一季度	二季度	三季度	四季度
P1												
P2												
P3												
P4												
人工付款												

附录 C 采购及材料付款计划

产品	第一年				第二年				第三年			
	一季度	二季度	三季度	四季度	一季度	二季度	三季度	四季度	一季度	二季度	三季度	四季度
R1												
R2												
R3												
R4												
材料付款												

产品	第四年				第五年				第六年			
	一季度	二季度	三季度	四季度	一季度	二季度	三季度	四季度	一季度	二季度	三季度	四季度
R1												
R2												
R3												
R4												
材料付款												

产品	第七年				第八年				第九年			
	一季度	二季度	三季度	四季度	一季度	二季度	三季度	四季度	一季度	二季度	三季度	四季度
R1												
R2												
R3												
R4												
材料付款												